OWN

独到的视角，独立的思想

宋京生　李娟　著

匹配的艺术

THE ART OF MATCHING

生活乐趣背后的
运营创新

OPERATIONS
INNOVATION AND JOY
OF LIVING

社会科学文献出版社
SOCIAL SCIENCES ACADEMIC PRESS (CHINA)

他序（一）

生活乐趣和理论光芒

非常高兴能够为《匹配的艺术》作序！说来也巧，本书的两位作者，一位与我长期工作过的学校有关，另一位与我正在工作的学校有关。宋京生老师是哥伦比亚大学商学院的博士毕业生，也是我多年的同事与合作者，而李娟老师是上海交通大学安泰经济与管理学院的博士毕业生。大家或许知道，我在哥伦比亚大学商学院工作了25年，两年前离开，后加盟安泰经济与管理学院。应该指出的是，她们在我加盟这两个学校之前都毕业了。因此可以说，宋、李两位老师都为我的工作"打了前站"，她们是"开路先锋"。有了这层缘分，再加上本书的内容与我的研究领域直接相关，当接到作序邀请的时候，我便欣然答应了。

本书的理论基础是运营管理，这是一门研究如何高效做事的学问。一个社会的文明程度在很大程度上体现在人们做事的效率上。早在200多年前，亚当·斯密在《国富论》的开篇就讲述了一个有趣的故事。故事发生于一家生产针的工厂。我们都知道"铁杵磨成针"的典故，说的是再难的事，只要坚持、有恒心，就一定能做成。因此，"磨针"被作为艰难的象征。可想而知，在亚当·斯密的制针厂里，工人们很辛苦，生产效率也不高。但是，变化来了。人们重新组织了生产流程，把工人编成不同的小组，每个小组专门负责生产工序中的一小部分，也就是说，工厂开始使用一个以分工为核心思想的专业化、流水线的生产方式。《国富论》记载了这个流程创新给工厂带来的巨大变化：从原来每天十几枚针的产量，增长到成百上千枚针。这个故事说明了一个道理：如何做事很关键。同样一件事可能有多种做法，如何去选择、设计最佳的做法就成了一个十分重要的问题。这就是运营管理这门学问一直在努力回答的一个问题。

运营管理所研究的问题浩如烟海。大到国家，小到家庭，我们每天都要思考如何把事情做好，都要面临各种各样的决策问题。例如，我们国家20世纪70年代末推行的计划生育制度就是一个典型的运营管理问题。人口的规模对一个国家的发展至关重要，太多太少都不好，太多了资源不够，太少了生产力不够。多少是最佳的人口总量？什么是最有效的生育政策？对这些问题的回答需要运营管理理论的支撑，其中包含了许多科学的道理。其实这就是运营管理中的产能规划问题，只是人口问题涉及的面很广，影响周期很长。再例如，家庭每天都会遇到的柴米油盐问题就是一个经典的库存管理问题，它的科学决策和许多因素有关，如市场价格的波动、家庭财务状况、对未来需求的预测、存储空间的大小、物品的保质期、购物的方便程度，等等。当然，估计不会有哪个家庭会去全方位地思考柴米油盐的科学管理问题，但是未来的人工智能管家也许会这么做。总之，生活中有无数的运营管理问题，而如何做好科学决策是一门很高深的学问。

运营管理问题以及对这些问题的解决通常都可以从"匹配"的视角来描述和判别。比如前面提到的《国富论》里的制针厂，市场对针的需求主要有量大和价廉的特征，强调的是产品的功能性，而不太关心是否有个性化的设计或服务。面对这样的市场，原来的"工作间"就不是一个十分匹配的生产方式，而流水线的匹配度就高很多。也就是说，生产流程与市场需求有一个匹配的问题，不是任何一种生产方式都能够与某个产品市场相匹配。与此相仿，国家的计划生育政策是否与未来的国计民生对生产力的需求相匹配？家庭的柴米油盐购买计划是否与未来的厨房需求相匹配？如此林林总总，不一而足。因此，运营管理也可以说是在寻求供与需的最佳匹配方式，而可控的抓手可以是供给侧，也可以是需求侧，或者两者兼而有之。

《匹配的艺术》聚焦运营管理理论的一个重要组成部分，即流程匹配理论。所谓流程指的是生产一个产品或提供一种服务的具体方式、方法。本书通过大量的实际案例来阐述流程种类的多样性和市场的多样性，以及在选择最佳（最匹配）流程的过程中需要考虑的种种因素。企业实践是理论的重要源泉，企业家战斗在管理的一线，他们的经验是在残酷的市场竞争中千锤百炼而成的，因此非常值得我们认真学习。另外，结合大家都熟悉的生活案例来讲的理论，更容易理解，更容易记住，更容易应用，也更容易普及。我国著名数学家华罗庚就是一个科普的楷模，他把高深的理论通过浅显易懂的例子表达出来，使听者深受启发。也因为这个原因，"优选法"得到了广泛的关注和应用，也取得了巨大的社会经济效益。记得小时候，我就听过华罗庚先生的"泡茶"故事：是先烧水再洗杯子，还是先洗杯子再烧水呢？一个小小的问题，其中包含了很深的道理，在我幼小的心灵中埋下了一颗"优选法"的种子。相信《匹配的艺术》也将为广大读者打开心灵的窗口、埋下运营管理的种子。

希望大家在书中不仅能找到生活的乐趣，还能看到理论的光芒。

陈方若

2020 年 12 月 25 日于上海家中

他序（二）

运营管理的"菜根谭"

李娟副教授曾邀我给她的书《权衡的艺术》写序，现又邀请我为她与宋京生教授合作的新书《匹配的艺术》写序。她们选择用自己和身边的人遇到的一件件生活趣事叙述背后蕴含的运营管理哲理，生动形象地讲了一个个有关匹配艺术的故事，很有《菜根谭》的味道。

作为凡人，衣、食、住、行是最基本的物质生活需要，也是构成生活的基本元素，我们每天无时无刻不进行着这方面的决策。企业为满足我们这些需要绞尽脑汁，乃至把作为顾客的我们比作上帝，并试图通过更多样的产品、更快捷的响应、更优良的质量和更低廉的价格让"上帝"满意。假设企业能在"多、快、好、省"这四个维度上做到最优，同时假设我们真的具有上帝般通晓万物的能力，是无限理性者，能够对企业提供的每一种方案进行精确计算并做出最优决策以实现效用最大化，即使这样，我们也很难感到非常满意，因为对于一个最优化者而言，似乎永远无法对自己的最终选择感到满意。何况这些"上帝"终究是凡人，没有无所不知的本领，不擅长精密计算，可能也搞不清楚什么是最好的。以"多"为例，一般认为企业为顾客提供的产品或服务的选择（选项）越多，顾客将越满意。但实际上，随着选择的增加，个体的满意度未必提升，甚至还可能出现下降，正如巴里·施瓦茨在他的著作《选择的悖论》中所提出的观点：当选择数量持续增加时，海量选择的消极作用就会显现，要是可供选择的数目继续疯长，可能会压得我们喘不过气来。亚格尔和莱珀也发现了这种"悖论"，他们有一项研究在零售店中进行，研究者让顾客进店后先品尝各种果酱样品，然后让他们选择购买。结果发现，顾客在面临 24 种不同口味的果酱时，购买比例只有 3%，而在只有 6 种不同口味的果酱时，购买比例则高达 30%。他们还进行了一项有关巧克力的实验室研究，分别提供 30 种和 6 种巧克力，结果同样出乎意料，参与者在前者中所获得的满足感明显低于后者，做出购买决策所需时间也更多[1]。由此看来，要让"上帝"满意，企业提供的产品或服务可能无须做到"最多、最快、最好、最省"，关键是要与"上帝"的实际需求相匹配。

今年疫情隔离期间，在抖音上看到一段由李叔同等男性画像做成的视频：

任何关系走到最后，不过是相识一场，不负遇见，不谈亏欠。

梅（宋京生）与兰（李娟）的关系，当是很奇特的遇见关系。出生于两个时代的人从相识，到一起用女性细腻的笔触刻画运营管理中的匹配之美，这本身就是一件不负遇见的事。本书出版时，人们已不会像在 2020 年初那样被新冠肺炎疫情困在家中，而是可以走出家门，尽情享受多姿多彩的生活。能让读者从一个个"衣、食、住、行"案例中很快触摸到背后看不见、摸不着的"运营管理"理数，梅与兰已然做到了互不亏欠，这一切都是最美好的安排。

李 纾

2020 年 11 月 23 日夜

1　Iyengar, S., Lepper, M., "When Choice is Demotivating: Can One Desire Too Much of a Good Thing?", *Personality Process and Individual Differences* 79 (6), 2000, pp.995-1006.

自序（一）

大道至简，匹配之美

大千世界，丰富多彩。我崇尚大道至简，也追求美与乐趣。

我是一名商学院教授，研究和讲授运营和供应链管理。运营管理是一门既实用又有大学问的学科，有无数棘手的问题都还无解。随着时代和技术的进步，新的问题总是层出不穷。学者的责任和使命之一就是透过现象看本质。我力求通过自己的分析与思考，找到某些问题的因果关系和规律，以寻求解决问题的方向和方法。当然，每个学者看问题的角度和思考的方式不可避免地受到其背景和兴趣的影响，我也不例外。我天生喜欢自然的、简洁的和哲学的美，这激发了我对数学的喜爱和多年的学习，也在无形中影响了我在学术上的侧重点。

运营管理关注的是如何通过设计和计划生产活动实现供需匹配。我们日常生活中的需求丰富多彩，用来满足这些需求的流程也各式各样。一个企业的诞生与存在是为了满足市场上的某一类需求，比如吃饭、穿衣，或出行。每一类需求都有其特征，所需的生产技术和资源也有其特殊性。该如何刻画这些特性呢？有效的管理能不能由少数却关键的概念所度量，由几个原则所描述和推演，就像几何学的公理系统一样？重要的权衡和逻辑关系可不可以量化，并用一个数学公式展现，使其以不变应万变？这是一个理想，是我内心对大道至简的一种向往。在研究和教学时，我有意地寻求这些。在生活中我也留意发现它们，并常在讲课时用生活中的例子来帮助学生理解这些原理和激发学生学习的乐趣。这种理论与实践的相对而相依，工作与生活的相对而相依，与我一向欣赏和追求的哲学的美是一致的。

本书想与读者分享运营管理中的产品与产品生产流程需要匹配的道理或原则。这种产品与流程的对应呈现了商业世界背后的奥秘与逻辑，是一种哲学的、匹配的美，它的简洁和一般性又与数学之美异曲同工。

我对此的感悟是逐渐加深的，也很早就想把它写出来，一来让它更系统化以便普及和进一步发展，二来可以与更多的读者分享而不是局限于我课堂上的学生。我曾几次动笔，草拟了题目诸如"厨房里的运营管理""生活中的运营奥秘""从产品－流程矩阵谈起"等，但都半途而废。一晃十几年过去了，这个想法始终没能实现，直到发现了李娟的写作天分。和李娟认识是2007年在上海交通大学的安泰经济与管理学院。那时她正在那里读博士，而我是运营管理系的海外系主任。她善于聆听，我们天南海北无所不聊，成为忘年之交。2018年6月，我们在台北INFORMS国际年会再次相遇，我邀请她一起写此书，她欣然同意了。她是那么勤奋和有才华，在整个写作中都是她拽着我，把我从散漫、自由、天马行空的状态拉回创作的点点滴滴上。我们的互补，成就了这本书。

衷心希望此书对读者有所启发，并领略到产品与流程的匹配如何改善我们的生活，以及技术与创新在其中所扮演的重要角色。

宋京生

2019年5月9日于美国北卡教堂山Hogan湖畔

自序（二）

运营内外

我喜欢观察人与人之间的交流和互动。幼时的我有机会默默地伫立在各类人旁，听形形色色的故事，好奇于其中的跌宕起伏，仿佛是他们世界的旁观者。工作中的我与学生们朝夕相处，体验他们的感受，反思、改进教学和科研方式，一边享受教书育人的乐趣，一边也担忧是否误人子弟。与学生一起完成的科研工作能帮助他们更好地理解某些问题吗？能帮助进入职场的学生匹配到合适的职位吗？这种既令人欣喜也令人谨慎的双重感受无时无刻不跟随着我。

我的研究兴趣围绕着运营管理，思考信息、不确定性与库存之间存在什么关系。在漫长又反复的思考中，我的学业导师们容我自由、大胆地探索。自2007年至随后几年的暑假，宋京生教授访问我所就读的系，组织暑期学校，开设运营管理课程。当我遇到研究困惑时，我会请教她如何处理，她常能温和而谦虚，又一语中的地指出我的不足，再给我指出一条"活路"。一来一回，我们结下亦师亦友的情感。我旁观她不断地自我完善，她用一套公理体系解读生活中运营管理的大道至简之美。我潜意识中知道，要待十几年后，方能理解其中奥妙。

写作是思考的开始。2008年我博士毕业，自此开启了自己的职业生涯，日复一日地教学，反复修改、投稿的经历催我思考：我所研究问题的本质何在？无数次的自省令我感觉可以握住刹那之美。于是，自 2015 年起，我陆续撰写了《决策的基因》《学术的阶梯》《权衡的艺术》三本书，表达了我对行为决策、学术研究、运营管理研究的理解。在这些书稿的修订过程中，宋京生教授给予我很多宝贵的建议，也不断地质疑我：书稿中讨论的话题背后的逻辑体系是什么？所言的权衡之道是否具有普适性？什么样的现实问题促使我思考那些抽象的策略？常被追问得哑口无言的我觉察到宋老师讲的东西既简洁又"京"益求精，这让我意识到简单和常识的力量。

《权衡的艺术》考虑运营微观情境中供应与需求的不确定性，分析企业如何权衡供需匹配过程中的得与失。宋老师与我分享关于产品定位与流程设计之间匹配的感悟，我深感荣幸。她对运营管理中宏观层面的匹配之美有一种大道至简的直觉，这引导她规律性地发现运营管理战略的逻辑。她的思想深刻地影响了我。她问我是否可以合著一本，将这些感悟体系化地表达出来。我非常乐意从一个更高层面再写一本关于运营管理的书，也从一个特别角度记录下生活乐趣。

本书借助两位虚拟人物——梅和兰之间的对话生动、通俗地呈现生活乐趣与运营创新，系统化地论述了运营管理与创新的相关理论。初稿形成后，宋老师和我有着上万分钟的讨论，不断推敲，希望借助对话、问答、生活场景，活泼且准确地表达运营管理的道理。与此同时，神州大地上每天都在呈现精彩绝伦的模式，也赋予我们灵感与动力去阐述和丰富运营管理理论。这本书与《权衡的艺术》是姊妹篇，忠诚地记录了我对运营管理的理解。希望读者有共鸣、受启发。

李娟

2019 年 7 月 20 日于南京紫金山麓

相　识

大道肇始于寻常

本书中有两位女主人公：梅与兰。她们相识于一个 2007 年开设的运营管理暑期班。彼时，梅是老师，兰是学生。梅邀请了几位运营管理学者开设暑期课程，所讲授话题无所不囊：从服饰需求特性分析其从设计、生产到运输的统筹安排，从街边包子铺的包子品类到相关原材料订购的最优策略，从出门需求分析到出租车、地铁如何按需调度，以及私家车生产流程的管理，从学校 MBA 公寓的运营策略到星级酒店的客房管理。上述种种话题背后的本质问题是，企业应如何有效地利用资源生产各类产品（如衣服、食物）和提供各类服务（如航班、酒店）。这是运营管理的核心研究问题所在。

梅生于 20 世纪 60 年代初，求学于中国与美国，现任教于美国一所大学，研究领域为运营管理。梅读着《毛主席语录》中"俏也不争春，只把春来报"的诗句，看着《红灯记》中漂亮又富有革命精神的李铁梅，启蒙看世界。看那蜡梅，在寒冷冬日，百花俱寂时，那么勇敢、娇艳地凌霜而开，独树一帜，不受外界环境影响，只凭自己的信念和感受，相信世界总会有人得益于自己的绽放，看到希望。梅欣赏这种品格，也深深地感到自己与生俱来的性格和价值观与蜡梅是如此吻合，为自己名为梅而感到骄傲。

岁月也不断地打磨着梅。12 岁时，梅陪家中的病人求医问药，并看到很多病人历经千辛万苦，千里迢迢赶到北京，只为能被一位老中医诊断一下，梅感受到老中医的威望和给病人带来希望的魅力。那时，梅梦想长大后不管做什么，都要争取成为那一行中的"老中医"！因此，在学术上，梅以能使盘根错节的现象变得有迹可循为乐，这就是大道至简的理念。

兰生于 20 世纪 70 年代末，求学与工作于中国的大学。受梅大道至简理念的启发，工作经历渐丰的兰，尽其所能，将看似复杂的运营管理理论化繁为简，用通俗易懂的方式教给学生。

梅第一眼看到兰，觉得她与自己特别投缘，虽然有着年龄与阅历的差距，她们却相似又相知。久而久之，梅与兰结下亦师亦友的情感，常一起吃饭、开会、购物，就像两个半圆，拥有相似的美好，却又可互补，形成美丽的闭环。每当兰向梅请教，梅总给兰传递一种理念：生活里不经意的事情，都有其道理。交流久了，两人决定一边享受生活，一边从管理角度品味生活，记录其背后的运营创新做法。

目　录

1

运营管理：匹配之美

在会场上，梅与兰久别重逢，相约会议结束后到餐馆叙旧。

走在夜色渐临的街道上，看着中国的巨大变化，梅感慨万千。看着街边一排排共享单车，梅想起求学时代的一段往事：有一年暑假她想要买一辆自行车，每次出门，她都误以为周围管理存车的人是卖自行车的。现在需要自行车的人们不再需要买车和存车了，而是可以借助各类共享单车 App，随时使用，多方便啊！

梅再看兰用各类 App 选择餐馆、预订网约车，一方面感叹科技的迅速发展、网络支付的便捷令人们的生活多姿多彩，另一方面也感叹企业家能够利用技术创造出这么多新的流程，使得供应与需求的匹配达到了一个又一个新的高度！

梅一边与兰感叹，一边情不自禁地笑道，真是三句话不离老本行！

搭上网约车，边行边聊，梅问起兰的教学近况。兰提及讲授运营管理课程的经历：每次上课，她都要讲产品－流程矩阵，但是每次又觉得内容枯燥，不得不几句带过。梅的感觉却与兰相反，她初见产品－流程矩阵，就觉察到它的美与妙，因此常借助这个矩阵讲解日常生活中的种种现象。

听到梅的这番言论，兰颇为好奇：如何用日常生活中的例子解读那些看似枯燥的运营管理理论？于是，趁着与梅见面，兰求教于方家：产品－流程矩阵为何美妙？它为何又能与丰富多彩的生活联系在一起呢？

1.1 顾客方："多、快、好、省"人人爱

会议结束，梅、兰结伴出门吃饭，二人下了网约车，来到炙子老北京烤肉店。

兰跟着百度地图：左拐……到啦，就这儿！

服务员迎上梅、兰二人，带她们入座，并奉上迎客茶。

兰：这家餐馆装修别致，墙上贴着"为人民服务"，是20世纪70年代的风格。

梅：可能对你这个年龄的人来说有些陌生了，我伴着这些字眼长大。当年，大街小巷、田间地头、学校工厂、广播报纸都宣传着《毛主席语录》。工作后，我会不自觉地将其中的词句与运营管理的理念联系在一起，我觉得为人民服务用在企业身上也合适。

兰：企业追求为人民服务？

梅：人民是创造世界历史的动力。一个企业存在的意义就是提供产品或服务，满足某类顾客的需要，比如，交通、饮食、住宿、穿衣等方面的需求，而顾客就是人民，所以，企业提供产品或服务就是为人民服务。

兰：看这边，还有"多快好省地建设社会主义"。

梅：20世纪70年代，"多、快、好、省"是指生产数量多、速度快、质量好与成本省。随着人们生活水平的提高，"多"从产品的数量多变成产品的品类多，"快"从生产速度快变成对顾客需求的响应快。

兰：数量多的需求依然存在。比如，顾客希望下单后，商家能有足够的货品，及时地满足自己的需求。

梅：数量多也反映在"快"上了。顾客有需要时，企业要有产品或库存，能及时地满足顾客所需。

兰：企业需要足够大的产能和库存。

梅：很对！如今，产品"好"是指产品质量可靠、用起来得心应手、服务到位，这些通常与产品或服务的高档次、产品与顾客需求的高度匹配相吻合。

兰：广义地讲，"好"还包括产品品类"多"、服务"快"。

梅：不过，为了不混淆，我们将"好"狭义地定义为产品档次高以及与顾客需求相匹配。

兰：顾客因为需求得到满足，而对产品或服务产生支付意愿。那这与运营管理有什么关系？

梅：企业的功能就是通过技术，将人力、物力和资本转化为产品与服务，而这个转化过程形成了一环接一环的流程——设计、采购、仓储、生产、运输等，就像餐馆后厨做菜的流程一样，先择菜，再洗菜、切菜，最后烧菜、上菜。运营管理就是关于如何优化这些环节的学问。比如，后厨做菜和上菜的流程、采购食材的频次与数量、餐厅座位的预订和等候管理等。在既定资源下，企业运营管理得越有效，就越能够为顾客提供"多、快、好、省"的产品与服务，顾客就越愿意支付。

兰："为人民服务"和"多、快、好、省"在运营管理的语境中竟然可以被这样解读！

早上起床，洗漱完毕的兰，打开备货充足的冰箱想着做一顿什么样的早餐；打开衣橱看着款式各异的服饰，思考如何搭配出一款得体的造型。锁上门后，思考是走楼梯运动一下，还是搭乘电梯下楼。下楼后，思考着是骑行一辆共享单车，搭乘公交、地铁，预订一辆网约车，还是自己开车。到了办公室，兰考虑是到茶水间冲泡一杯茶或速溶咖啡，还是现磨一杯咖啡，或是在线点一杯咖啡。临近午餐时间，兰要计划是去学校餐厅就餐，还是买一份盒饭，或在线点一份外卖。临下班，兰需要计划是在外就餐，还是在线买菜配送到家自己动手做。用餐完毕，是要和家人一起观看哪一档电视节目，还是各自拿着智能手机或平板电脑，共处一室，却各看自己喜欢的节目。

我们的生活里充满了各种各样的便利，也充满了许许多多的乐趣。在日常生活中，你或许觉得这些便利与乐趣的存在是理所应当的，没有想过它们从何而来。那么，企业是如何提供这些产品或服务的呢？提供这些产品或服务的流程有何共性？运营管理就是研究这些问题的一门专业。为领会其中道理，在 1.1 节，我们从企业如何洞察不同类型的顾客需要说起；在 1.2 节，我们解读企业如何正确认知自己拥有什么样的"天赋"和资源，以精准地满足不同类型的顾客需要；在 1.3 节，我们探索企业如何根据顾客需求的类型，利用相匹配的生产流程类型，做到"对症下药"。

瞬息万变的顾客需求不外乎是"多"（多种选择）、"快"（快速获取）、"好"（物美）与"省"（价廉）。

多、快、好与省

1.1.1 追求"好"是天性使然

"好"通常有两重意义。一是指产品或服务的质量可靠性，"好"的质量令顾客放心，这与企业的运营管理水平和产品质量水平息息相关；二是指产品性能和服务档次，这与产品的市场定位密切相关。我们将**"好"定义为性能好、能确实帮助顾客解决生活上的不便**。特别地，在服务业，"好"通常表现为档次高，即服务周到体贴，让顾客感到舒服。这里，在给定一个产品或服务的性能和档次后，我们假设其质量不存在问题，即企业可以说到做到。

好的产品能帮人们完成一些事情，不仅体现为功能方面的好，还体现为品质方面的好。在穿衣情境中，人们不仅希望衣服穿在身上舒适、不刺激皮肤，也希望式样剪裁得当；在吃饭情境中，人们希望吃的饭美味、可口又健康；在居住情境中，人们自然希望所居住的空间通风、干净、噪声少，并且地理位置便利，行事方便；在出行情境中，出行者希望出行便捷、交通井然有序且行驶安全。再比如，在就诊制度与花费承担允许的情况下，患者都希望能请专业的、经验丰富的医生诊断病情，并且在等待就诊过程中，环境干净、安静、不拥挤，等待时间短。

值得一提的是，顾客需要的"好"也是有针对性的。有些产品质量、档次没问题，却不能满足某类顾客的特殊要求，那么，对这些顾客来说，这个产品就不够好，他们也就不愿意花钱买它。比如，给定一款冰箱，其档次、工作电压、外观也就给定了，虽然在平常条件下，这款冰箱是没毛病的，但是在某些农村地区，因为电压不稳，这款冰箱可能无法正常工作，产品性能不好，自然就不够"好"了。要想为人民服务，企业需要不断地洞察顾客对"好"的追求，这也是企业发明新产品的源泉。

秉承上述理念，针对某些农村地区电压不稳的问题，海尔推出宽电压冰箱；针对城市地区顾客对家电外观的需求，海尔推出外形漂亮的冰箱；针对非洲国家的高温情境，海尔设计出永不生锈的冰箱与 100 小时不化冻的冰柜。有一次，海尔维修人员去为一个四川地区的农民修洗衣机，发现该洗衣机不工作的原因是他们用洗衣机洗土豆而把排水管堵上了。与农民顾客交流后，他们发现该地区的农民对洗土豆有很大需求。于是，针对四川地区农民需要用洗衣机洗衣服、洗土豆的现实，海尔设计了电机功率大、排水管足够粗的洗衣机。这使海尔踏上了"无所不洗"之路：开发了适合高原地区使用的能够打酥油的洗衣机，又推出了能洗荞麦枕头的洗衣机，甚至还发明了一款洗小龙虾的洗衣机……

提供一种独特且有价值的好产品，的确会让企业取得成功，但这不是企业成功的唯一途径，企业的成功还可体现在服务流程所创造的价值上。在网上购物，顾客选择多，且无须舟车劳顿，可是，顾客担心先付款后收货带来的商品质量问题。据此，淘宝网不仅提供平台使顾客有更多的选择，还通过支付宝提供担保交易功能，规避网上交易中顾客与商家间的不信任因素，改善了淘宝网顾客的购物体验。

"仓廪实而知礼节，衣食足而知荣辱。"当顾客对产品或服务的质量放心，对可靠度和性能满意后，随着时代的进步，他们又在环保、可持续发展方面有了新诉求。更多顾客不再是因为没有钱而穿旧衣，而是出于环保考量，选择购买二手衣服；也有更多顾客不再仅仅追求食材的便宜，还会考虑种植农户是否施用有机肥等保护环境的种植方式；还有些顾客不再只是追求汽车的驾驶体验，还考虑到汽车是采用燃油驱动模式，还是更为环保的电力驱动或天然气驱动模式。

1.1.2 想要"省"是情不自禁

省就是性价比高。给定企业的市场定位，也就是说，给定同样程度的"好"，顾客本能地会货比三家，希望找到最低价格。再比如，在几家三甲医院均能够治疗患者的条件下，哪位患者不希望去费用低的医院就诊呢？

攻读博士学位时的梅需要一张书桌，但又没有太多余钱，考虑到价格，梅决定购买一张旧书桌，满足基本的看书需求。买完一张旧书桌之后，梅可以用节省下的钱，为公寓添置音响等物件。

在穿衣情境中，人们去实体百货店一站式购衣，省去搜寻品类繁多的服饰的成本；人们也去淘宝、天猫平台购衣，获得价格低廉的服饰；人们还会选择去闲鱼等平台买旧衣，实现换装多花钱少的意愿。

在食材购买情境中，一些人离不开网上购物，"如何花钱才划算"是其常常面临的问题。在电商比价引擎领域，中国的"什么值得买"App、"盖得"App、美国的 Pricegrabber、Shopping.com、Nextag 和 Pronto 等比价平台，借助大数据分析等技术手段，致力于向顾客推荐性价比高的产品。一些企业采取了精选有限品类商品的策略，如沃尔玛山姆会员店、Costco、网易严选、淘宝心选等，有效地抓住顾客希望省却无精力或没能力货比三家的痛点，帮助顾客省钱、省时地购买商品。

在居家情境中，居家的学生借助在线学习方式，足不出户获得课堂知识，节省时间。

在休闲出行情境中，人们通过爱彼迎预订各地的民宿，获得旅馆开销方面的"省"。参观博物馆时，人们借助博物馆公众微信号、自助讲解器，省去雇用人工讲解员的费用，也能获得必要的讲解信息。

1.1.3 能够"多"是锦上添花

给定产品或服务的"好"与"省"之后，顾客自然希望产品的品类多样化。 产品选择多，顾客就能更容易地找到适合自己的东西。希望选择多是人的天性。比如，选购水笔的顾客，会优先去提供各种颜色水笔的商店购买，而非去只卖黑色或蓝色水笔的商店购买。在穿衣、食材购买情境中，受时间和精力的约束，顾客希望一站式购买多样的商品，这令商品品类成为企业之间竞争的维度之一。在网上购物的顾客，自然会选择能够提供小到针头线脑大到房子、飞机等产品的一站式电商平台。为了满足顾客对"多"的追求，电商平台不仅自己进货直接售卖产品，还允许各类产品供应商在平台上开店售卖。在居住情境中，人们常用携程网、爱彼迎预订酒店，而非直接到某家酒店官网预订，以获得更多选择。在出行情境中，乘客自然倾向于选择航班多的航空公司，不仅便利了出行，也便于灵活地改签机票。

1.1.4 希望"快"是合情合理

在给定"好"、"省"与"多"的前提下，若企业能较之竞争对手更快速地响应顾客的需求，就能赢得顾客欢心。也就是说，"好"、"省"与"多"都是顾客看重的，同时顾客也希望和企业更高效地互动，从而快速地获得产品或服务。为此，**企业需要具备较为充足的库存和产能，提高顾客购买产品的可获得率，并能将产品快速地配送到顾客手中，或快速地为顾客提供服务。**

在网络购衣情境中，哪位顾客不希望在线下单后能尽快拿到货品呢？在线交易支付和信息沟通技术的发展，使得淘宝网能够越来越快地满足顾客的需求。顾客当然乐享其成：顾客选择到淘宝网购买产品，原因之一是淘宝网提供的物流配送服务。

　　兰：在一些电商平台上下单购买产品，迟迟不能收到货。不清楚是产品可获得率低，还是快递出了问题。

　　梅：一些电商平台为了让顾客下单时的体验好，选择"负卖"，即便没有现货，依然允许顾客下单，导致顾客从下单到收货的时间过长。

　　兰：至少在中国长三角地区，快递速度不是服务流程的"瓶颈"。这么想来，主要是产品的库存不够，导致产品的可获得率低。

　　梅：也有反过来的情况。我曾到一家电商企业调研，了解到销售部门与物流部门的"冲突"：销售部门有足够的库存，但是物流部门的配送能力跟不上，导致顾客从下单到收货的时间过长。

兰："双 11"期间曾经的爆仓就是物流能力跟不上的极端体现。

梅：电商企业也越来越有经验，它们可能采取一些应对措施。

兰：是的，一些电商企业采用预售策略，提前收集顾客需求，从而有计划地把一些库存提前布置到前置仓。一旦顾客正式下单，就可以快速发货。

肯德基不仅可快速地满足食客下单的需求，其上新品的速度也有口皆碑。因《知否知否？应是绿肥红瘦》一剧热播，肯德基推出玫瑰酥饼，广告词为"吃否吃否，应是香酥可口"。一个时期火爆的明星有谁，肯德基海报上的新品代言人就是谁。与此同时，肯德基新品多是热销商品，可诱发顾客的冲动消费。其中的道理是，肯德基用频繁更新的食品制造新鲜感，唤醒顾客的消费欲望。不过，新品只为吸引顾客进店，基础款产品方是肯德基的利润支柱。

身患疾病的人们可以在线就诊，及时地获得医生的专业指导；突发紧急疾病需要看急诊的人们，可以借助在线急诊室的一些服务，用"远水"解"近渴"，先尽快地控制住病情，再去大型综合医院就诊。

租房的用户当然希望花费最少的时间，看到最多的房源。链家等租房平台为用户提供了在线虚拟看房服务，让用户足不出户就可粗略地浏览大量房源，经过初步筛选后，再到实地有针对性地看几套房源，从而快速地把租房事宜确定下来。

哪位旅客不希望尽快地到达目的地呢？滴滴、优步等网约车服务商的创新不在于它们提供了什么新的运输方式，而在于它们将司机与乘客快速地匹配在一起。在面对因天气原因引发的航班延误时，一些航空公司可以快速地满足旅客的改签需要。面对旅客办理值机、登机的需求，一些航空公司利用分组登机等方式，快速且有序地引导旅客通过狭长走道，在座位上坐下。

总而言之，不管世界如何变，顾客对"多、快、好、省"体验的追求是雷打不动的。顾客肯定不会想要"品类少一些"、"价格贵一些"、"产品质量差一些"或"配送速度慢一些"。亚马逊、京东、沃尔玛创始人均强调顾客体验是第一位的。亚马逊创始人坚持将产品存放地称为"订单履约中心"而非"仓库"，这是在强调顾客体验的重要性。京东创始人每天在京东上下单，体验物流服务的微妙变动，并提前多年"烧钱"，铺设物流系统，是为了与更好的顾客体验"10年后见"，而非将钱直接补贴给顾客，因为那真是"烧钱"。沃尔玛在创立初始，就立志为顾客提供一站式购物体验，为此建设物流系统、信息系统、配送系统，所提供的产品品类从针头线脑到家电床具，包罗万象。这三家家喻户晓的企业具有一个共性：专注于提升顾客服务体验；特别是，京东还将其服务顾客的理念提炼为"多、快、好、省"，这与本书讨论的精神是一致的。

梅：回溯历史，顾客追求"多、快、好、省"的脚步从未停歇。

兰：这种解读令人耳目一新，又贴切合理。顾客不要"多、快、好、省"，还能要别的吗？

梅：顾客的"瞌睡"来了，企业送来"枕头"，再好不过！多年前的标语被企业，如京东，运用到了当下的经营活动中。

兰："好"与"省"是第一要义，但是，"多"与"快"并没有一个重要次序，比如顾客着急时，"快"也是"好"，是排在首位的。

梅："多、快、好、省"可以统统地被归为"好"。在这里，我们对"好"的内涵界定是狭义的。顾客需要的是"多、快、好、省"，这仅是一个上口的说法，而不是说顾客的需求必须要划分为此。

兰：肚子发出抗议了，咱们看看菜单，看有什么特色菜。

梅：炭烤香菇、酿苏子叶、辣白菜都不错。

兰：蔬菜虽好，但我的食谱里还是不能少了肉！一天工作耗费了大量脑细胞，需要猪肉、牛肉、羊肉、鸡肉……

梅：肉食给予你动力，蔬菜给予我健康。虽然我们的饮食喜好不同，但都从万千食材中找到了最爱，获得营养，这便足矣。

兰：没错。顾客的饮食需求多样，消费水平亦不相同。企业很难全方位地满足顾客对"多、快、好、省"的需求。

梅：的确如此。这中间大有乾坤，我们边点菜边聊。

1.2 企业方："鱼"与"熊掌"不可兼

兰：看菜单，有羊肉、牛肉、鸡肉、猪肉、鱼片等，跟别家比，价钱稍贵。

梅：俗话说，"十分钱，买不错！"

兰：古之俗语有其道理。对普通工薪阶层而言，这家餐馆不是顿顿都能消费得起的。"多、快、好"有了，如何获得"省"呢？

梅：Too good to be true（好得令人难以置信）！哪能所有好事都被一家企业占着呢？企业的运营流程有局限性，不可能在"多、快、好、省"所有维度都做到位。

兰：餐馆都面临如何权衡"多、快、好"与"省"之间的关系，有些餐馆就是比其他餐馆做得好，能在某一个维度上赢得顾客的胃，令其时常光顾。老师看，这家餐馆客流不断。

梅：这里大有学问。餐馆提供的菜品品类多，这可以更好地匹配食客的多样化需求，食客自然络绎不绝。但是，由于顾客的需求具有不确定性，这些多品类的食材很可能出现积压或过期，造成浪费，或需冷藏成本，餐馆就不那么容易做到"省"。并且，提供多品类食材，餐厅就需要聘请具有不同技能的"多面手"厨师。厨师技能水平高，所要求的工资水平自然就高，餐馆运作成本也就不低。

兰：好东西之所以贵是因为其所需资源多。在"多、快、好"任一维度，若餐厅提高一点，成本就上去了，"省"就有所损失，所以不可兼得。

两人扫二维码点餐后，将点单信息上传，确定下单。

梅：企业一味地满足顾客的"省"，而做不到自身运作流程的"省"，就不能持久。

兰：日常生活中的种种便利都是企业创造出来的，那么，企业是如何提供这些产品或服务的呢？提供不同类型产品或服务的企业有没有什么共性呢？

梅：这就需要企业开动脑筋，施展运营管理智慧了。

1.2.1 "多、快、好、省"意难全

"一分钱，一分货；十分钱，买不错！"企业很难兼顾"多、快、好"与"省"。在降低成本获得"省"之时，企业不得不降低服务水平，也就失去了"多、快、好"。

顾客对"多、快、好、省"有内在需求，但是企业不可能全部给予满足。企业需要聪明地做出"牺牲"，即明确选择在一个维度上表现突出，而在另一个维度上表现欠佳。比如，在以亚马逊、当当网为代表的网上书店成立之前，顾客需要到实体店购买书籍，顾客可以实地翻阅书籍并且迅速地获得；当互联网技术兴起后，似乎什么东西都可以上网了，这时，亚马逊选择

在网上售卖图书，虽然网上书店牺牲了顾客获得书籍的及时性及实地翻阅的感受，却为顾客提供了海量的图书品类。

企业要给顾客提供"省"，必须要有省的源头。 企业的"省"可能源自成本低，比如原料、人工费用等低，也可能源自管理水平高，比如高效率带来低运营成本。企业需要控制好运营成本，方能较"省"地为顾客提供"多、快、好"。顾客可以享受到"多、快、好"，企业也可以盈利，实现双赢。因此，企业需要发现顾客的需求，提供一种产品或服务，并应用一些技术手段和管理理念，将它做好，从而在竞争市场中找到"为人民服务"的契机。比如，企业要卖一款 1000 元的背包，它不仅需要让顾客觉得该定价合理，同时也要选择合适的生产流程，能够让其以尽可能低的成本制作出这款包，方可从中获利。

有些企业为抢占市场份额，不顾自身所长，一味地迎合顾客的诉求，以牺牲企业的"省"满足顾客的"省"，使顾客同时获得"多、快、好、省"，却无法持续地经营。有些餐厅，全力以赴为食客提供"多"品类的菜品，但是考虑到成本需要控制，常常不得不将一些菜品所需的原材料库存降到一个较低水平，当食客点单时，常常被告知这些菜品已经售罄。此时，餐厅在可获得性方面，没有让食客感觉到行事便利，也反映出餐厅在"好"、"多"与"省"之间的冲突。

"好"与"快"存在冲突。 慢工出细活，若企业提供产品或服务快了，可能在"好"方面就不到位。比如，餐厅要提供一款煨汤，这道汤要做好，需要耗费很多工序与时间，就不能"快"；若餐厅简化了某些工序，或者缩短了某道工序所需时间，这道汤的味道可能就要逊色了。

"多"、"快"与"省"之间存在冲突。 顾客经常可看到淘宝商家开展两件八折促销活动。为获得低价优惠，顾客选择多买同一品类的商品，甚至为优惠而购买并不急需或并不必需的商品，以获得价格折扣。顾客虽获得

"省"，却无法享受到多品类的商品服务。为解决这个问题，以拼多多为代表的商家为顾客提供一件产品也打折的商品服务，利用社交网络拼单，实现多人共同购买一款产品，同享价格折扣，解决了一时"多"与"省"之间的矛盾。

紧随拼多多，2019 年，京东与腾讯合作推出京喜 App 社交电商平台。顾客登录京喜 App 不免发现，其商业模式与拼多多"撞衫"。京喜 App 进入市场后，为了赢得市场需求，将试图做到更"省"，这可能使得"多"、"快"与"省"之间的冲突进入新状态。

再比如，人们在寄件时需要选择一家物流公司，如"三通一达"（圆通速递、申通速递、中通速递和韵达快递）、顺丰、EMS 等。在这些物流公司当中，顺丰较快却不省，其他物流公司较省却较慢，这表明"省"不保证"快"。与此同时，为拉开与其他物流公司在"快"方面的差距，面临"快"与"省"冲突的顺丰，既想要"快"又想要"省"，据此，顺丰细分服务业务，与其他物流公司展开差异化竞争。

快递物流发展使异地生鲜上了平常人家的餐桌。兰的一位朋友用顺丰生鲜给她快递了一块牛肉，前一天 19：37 从临夏回族自治州发出，次日 16：04 便到了南京。打开一看，用于低温冷藏的冰袋还有剩余！顾客之所以能享受到异地优质生鲜，要归功于发展迅猛的快递服务和冷链技术，相应地，顾客也要为之支付一笔较高的快递费。

行笔到"省"导致的"不快"，出差中的梅有亲身体会。梅发现笔记本电脑发生故障，于是拨打售后电话，却发现电话那头是自动语音应答系统，绕了一圈，梅方接通了人工服务，按照人工指示解决了问题。梅回想起在学校时笔记本电脑出现故障，通过学校行政服务系统维修的经历。就学校行政服务系统而言，教职员工的满意度是决策者考虑的首要目标，所以该系统可快速地为梅提供维修支持服务。出差中的梅使用笔记本电脑公司的售后服务支持系统，电脑公司侧重于节省人力成本，而非为顾客提供好的服务。为了节省运营成本，电脑公司利用自动语音应答系统，为梅这类顾客提供售后服务。

再以患者就诊为例，我们假设无论是在公立医院还是私立医院，医生均能准确诊断病症并给出恰当治疗方案。如果患者选择去公立三甲医院，就要做好经历漫长等待的心理准备，患者能够获得"省"，却无法享受"快"；如果选择去私立医院，虽然能够很快得到诊断，但花费要比在公立医院高，此时，患者能够获得"快"，却无法获得"省"。

1.2.2 "答非所问"的供与需

有人星夜赴考场，有人辞官归故里。有成千上万家企业站起，也有成千上万家企业倒下。那些没有将"多"、"快"、"好"与"省"的冲突处理妥当的企业，其运作策略不成功之处各有不同。

有些企业对顾客所认为的"多、快、好、省"的解读可能是错的：它们忽略顾客希望的"好"，却看重不被顾客认可的"好"，自我想象和界定顾客需要的"好"。没有什么比正确地回答错误问题更危险的了。某些企业曾成功过，成功时的它们在"多"、"快"、"好"与"省"间达到了平衡，但是它们没有意识到，对"多"、"快"、"好"和"省"的权衡是动态的，随着科技的发展，一些企业的已有产品无法满足顾客对"好"的新要求了。

在移动通信行业，2008 年北京奥运会期间，一些国际电信企业巨头如摩托罗拉、诺基亚等的 CEO 受邀参加奥运会的开幕式。到 2019 年，回看电信业的市场格局，不禁令人唏嘘！这些企业，如摩托罗拉、诺基亚、阿尔卡特，要么消失，要么被收购。这是因为，顾客对手机"好"的评价标准逐渐发生变化：从小灵通、按键手机转变为智能手机。面对苹果智能手机的挑战，也许是诺基亚没有对症下药，仍以为结实耐用的手机才是顾客首选；也许是诺基亚坚持用塞班系统，不接纳安卓系统；也许是诺基亚直面挑战，但对手太强大，最终被智能手机行业所淘汰。无论是哪种原因，都是因为诺基亚的流程管理没有跟上科技与创新的潮流。

在电子产品行业，戴尔曾跻身全球最成功企业的队列，这要归功于其能为企业顾客提供相匹配的产品。企业客户对电脑的样式没有太多要求，于是，戴尔采用基于模块化的产品装配方式，很好地做到了"为人民服务"。然而，辉煌之后，戴尔遭遇双重打击。其一，当企业客户的市场需求饱和后，戴尔转向个人消费市场。个人消费者对电脑的外观有要求，戴尔却仍坚持服务企业客户的思维模式，无法很好地做到"为人民服务"。随之，个人消费者所需的智能手机及平板电脑出现，以苹果的平板电脑为代表的产品给顾客追求的"好"带来革命性的冲击，这令戴尔雪上加霜。其二，2004 年，联想公司收购了 IBM 的个人电脑业务，并针对企业客户与个体顾客需求的差异，分别采用以大客户为对象的关系型业务模式和以渠道为核心的交易型业务模式，一手画圆，一手画方，赢得了两类市场需求，导致戴尔股价大幅下跌（陈宏等，2008）。

在数码照相行业，一些人将柯达的失败归咎于数码成像技术，认为柯达没有尽早地进入该领域。事实上，柯达在 20 世纪 90 年代初已斥资于该领域，只是，柯达错误地判断了顾客的需求——假设顾客拍照是为了冲洗照片。然而，冲洗出的照片不易保存，并且顾客只会看上几次，所以这种需求不再重要。顾客希望借助手机，方便地将照片分享出去，特别是给不在身边的亲友，从而完成沟通任务，获得"好"。用户借助手机能够便捷地完成拍摄任务，并可以在 Instagram 上很方便地与更多人分享照片。即便是那些有冲洗照片需求的顾客，也可借助在线网店，上传电子照片，网店冲洗照片后，再快递给顾客。

手机拍照（朱亚文 作）

服务员将餐食端上桌，两人边吃边聊。

兰：企业围绕满足顾客"多、快、好、省"的需求，便利顾客行事，让顾客省钱、省时间，从而有机会去做更多事情，拥有更多东西，享受生活。

梅：不是所有顾客都要同样的"多、快、好、省"。有的顾客需要餐馆的选择多，他们也准备花这个钱；而有的顾客只吃简单食物，不愿意在吃上花费过多。

兰："多"、"快"、"好"和"省"就像鱼与熊掌，不可兼得。想要这个，就必须放弃那个。

梅：没错！You can't have your cake and eat it. （你不可既拥有蛋糕又品尝到它。）

兰：企业一味地用"省"吸引顾客，就无法保持长久竞争力。企业需在"多"、"快"、"好"和"省"之间权衡，最大化收益。

梅：为此，企业要把没有附加值又很乏味的事情，尽量地减少。比如，本来只有三天假期，如果人们能说走就走，且能很快到达目的地，自然地，人们就能有更多享受时光。

兰：企业的所作所为让人们能够从容地工作，有更多时间享受。

1.3　匹配的逻辑：对症下药

1.3.1　产品与流程类型

梅：每家企业的运营管理都有其匹配之道，但万变不离其宗，企业希望在供应端以尽可能低的成本运营生产流程，在需求端提供足够好的产品和服务。

兰：企业如何达成生产流程与不同类型产品或服务的匹配呢？

梅：这需要从生产流程的类型说起。企业依从人们的需求选择相应的生产流程。比如，人们在不同的情境中对吃什么、如何吃和吃的环境等的要求都不同。

兰：这次久别重逢，我们找了具有本地特色的餐馆，小聚聊天。

梅：如果是尊贵客人来访，为了表达欢迎之意，主人可能选择晚上在一家高级的法式餐厅为客人接风；像我们平时处于日常工作节奏中，为了不打断工作节奏，我们可能选择到公司或学校的餐厅吃工作餐。

兰：我认识的一位前辈跟我分享，若他正在等待一个重要项目的答辩，为了便于自己随时开始答辩，他会点一份三明治带在身上，时不时地吃上一口，等待答辩开始。

梅：自然地，企业需要采取不同的生产流程满足不同类型顾客的需求。

兰：我知道企业的生产流程可被划分为五大类：项目流程、工作间流程、批次流程、装配线（流水线）流程及连续流程（Garvin，1981）。

梅：接下来，我们以餐馆运营为主线，解读这些生产流程。

项目流程

项目流程是为个性化定制的产品或服务而组成的专一流程。在一段时间内，企业根据不同顾客的需求，有针对性地提供产品或服务，集中做好一件事情。由于采用项目流程的企业所提供的产品或服务是具有针对性的，因此，企业所需要的机械、厂房等固定投资较少，即设备资本较低，但对高水平人才的需求量大，即人力资本较高。采用项目流程的企业是在收到顾客订单后再开工做，属于按订单生产（make-to-order）模式。

比如，古代皇帝的每一餐都是由御厨个性化定制的；平常人家，在家吃的每一顿饭，也是个性化的；一些提供上门做菜服务的私人厨师，也可为顾客提供个性化的餐食定制服务。也就是说，在上述用餐情景中，彼时彼刻，只吃一次，所有的资源，都是专门为那件事情做准备。

村宴。在中国的广大农村，有一种"美食游击队"，行动迅速，全副武装，训练有素。他们被称为"村宴厨师"，为村民家里的红白喜事准备大小宴席。

类似地，SpaceX 为美国航天局制造一艘载人火箭，企业为特定客户开发一套信息管理系统，服装设计师为一个人专门设计一套礼服，以及广告设计制作、港珠澳大桥的建设等均为项目流程。

工作间流程

若企业采用项目流程服务食客，好是好，但是给定有限的人力、物力，不能同时满足很多食客的需求。如果企业不是选择提供上门做菜的服务，而是开餐馆，试图服务更多食客，那么，企业就开始从项目流程向工作间流程过渡。

工作间流程是指企业设置若干不同的工作间，每一个工作间均专注于某一道工序、功能，是比较专门和专业的，但是顾客并不需要"访问"每一个工作间，按需访问部分工作间即可。由于不同顾客的需求不同，且是随机的，每一个工作间面临的需求也是随机的，因此工作间的利用率不会很高。进一步，企业若想为顾客提供较好的服务，避免让顾客等待过久，也会将工作间的产能设置到一个较低水平，自然地，工作间的利用率不会太高。同项目流程类似，由于采用工作间流程的企业也是在收到顾客订单后方组织生产，因此采取的也是按订单生产模式。

何为餐馆的"工作间"呢？餐馆的后厨包括炒菜工作台、蒸食品工作台、烧烤工作台、拌凉菜工作台等。到餐馆就餐的食客，不可能全都点炒菜、饺子、包子、烧烤和凉菜等，每一个食客的需求是不同的，自然地，所需要的后厨工作台的类型也不同。与此同时，后厨的每一个工作台也不是只为某一位顾客服务的，而是为到餐馆就餐的所有食客提供服务的。餐馆让食客坐下点餐，且不限制食客只能点其中的某几类菜品，这就降低了食客就餐的搜寻成本。

下了单的食客，可不是立刻就能吃到菜，而是需要等。究竟要等多长时间，取决于餐馆后厨工作台的数量。以九毛九餐馆为例，它需要应对不同食客的需求。某一天，来餐馆的 1000 位食客，不会全都点餐馆的招牌菜——焖面，但其中可能有 200 位食客会下单。餐馆不需要按照 1000 位食客的需求量配置制作焖面所需的设备，但是这 200 位食客什么时候下单是随机的。在某一个时段，可能没有一位食客下单点焖面，也有可能所有食客都下单点了焖面。那么餐馆要购置多少套做焖面的设备呢？若设备利用率高，食客等待的时间就会长。一般来讲，餐馆不希望食客苦等，以免影响食客的就餐体验，就有意地不让设备利用率高，背后原因是餐馆对设备利用率与食客等待时间进行了权衡。我们将这个道理用图 1–1 表示。

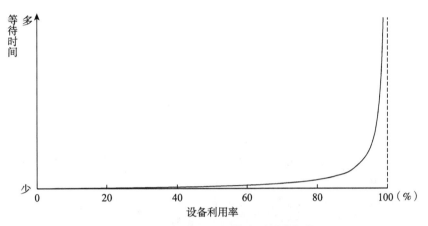

图 1–1　设备利用率与等待时间的权衡

兰：说了半天，我们所处的炙子烤肉店就是一个工作间！

梅：在生活中还有很多例子。早上，我在酒店健身房健身，健身房里有跑步机、哑铃、动感单车、举重机等健身设备，但是，去健身房的人可能只用某几个健身设备。因此，健身房也是采用了工作间流程提供健身服务。

兰：真是的，工作间到处都是！

两人正说着，看到一些用餐完毕的顾客打包了一些包子、牛肉起身离开。

梅：刚才我们说项目流程、工作间流程均采用的是按订单生产模式，一些餐饮企业还可以采用按库存生产（make-to-stock）的模式。

兰：老师能够及时发挥，想象力真好！看到打包的食客，就联想到了按库存生产。

梅：说曹操，曹操到！按库存生产模式的企业采用的是批次、装配线或连续流程。

兰：我们天天去吃饭的学校餐厅采取的就是批次流程，面包坊生产切片面包采取的流程是装配线。

梅：采用按库存生产模式的企业，所面临的需求都是有一定量的，且可以被标准化。比如，鞋袜可以标准化，也就能做到批量生产。

兰：真有意思。小朋友去坐旋转木马，游乐场提供的服务也是批次流程。

批次流程的旋转木马

梅：老师上课，教一班班的学生，也是批次的。

兰：就是！出门搭乘地铁、火车等也是批次的。

梅：让我们再回到餐饮行业，展开说一下批次、装配线和连续流程。

批次流程

批次流程是指企业小批量地生产几类产品，或同时服务一批次顾客。相

对于工作间流程，批次流程生产的产品更加标准化，所需设备的目的性更强，也更专业。与此同时，也不要求工人具有"多面手"技能，对工人技能的要求降低了，人力成本自然就降下来了。

从餐厅离开的食客，可能觉得刚才的某一道凉菜、某款点心味道不错，希望打包回家。这时，食客的需求不是现点现做的东西，而是方便携带、能随时食用的东西。能带走的东西是少品类的，不需要新鲜的，所以就可以批次做了，据此餐馆可以采用批次流程，提供有包装的食品外卖服务。类似地，街头的包子铺，也是为往来食客的临时所需提供服务。

采用批次流程生产的包子

这些食品都是企业提前按批次制作好的，而不是依从食客下单的需求制作的。也就是说，这些企业采取的是按库存生产流程，而非按订单生产流程。

装配线流程

如果顾客对某道菜、某款点心的需求量较大，企业会考虑采用装配线流程。**装配线流程是指企业大批量地生产一类产品。**在本书中，装配线和流水线的概念是可彼此替代的。在产品制造情境中，我们多用装配线；在服务情境中，我们多用流水线。在餐饮行业，肯德基、麦当劳、老乡鸡的食客，只能选择汉堡、薯条、辣子鸡套餐等有限品类的主食，提供这类食品的小吃店就能够大批量地采购食材，提前准备好各类半成品，便于随时满足食客所需。

在制造业领域，富士康将苹果手机模块化的各个零部件装配在一起的生产线、汽车制造商总装车间的生产线等都属于装配线。采用装配线流程的制造型企业，一方面，可延迟产品差异化，有时甚至可等到需求确定后再依据需求组装；另一方面，可实现组件的循环再利用。例如，电脑是一套复杂系统，企业将电脑分解成主板、处理器、磁盘驱动器、电源等功能相对单一的模块，可降低电脑制造的复杂度；再借助一定规则，确保不同品牌的电脑模块彼此兼容，不仅使模块可近乎独立地被设计、制造，还可令多家企业基于同一模块开展合作。

传统的装配线是将整个装配线分成几段，如图 1-2 所示，每个人各自负责各自的区域。在该方式下，装配线流程管理的重点是如何结合每个员工的能力划分区域，充分利用每个员工的能力，保证每个员工都处于忙碌的状态。因而员工能力强，分配的区域就较大；员工能力弱，分配的区域就较小。

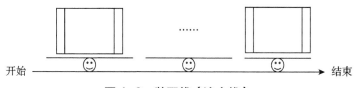

图 1-2　装配线（流水线）

采用上述方法会出现部分问题。一是"堵塞"：上游员工完成自己的工作部分，需交给下游员工，而下游员工之前的工作仍未完成，造成堵塞。二是"饥饿"：上游员工负责区域有较多工作，而下游员工负责区域有较少工作，因而，会出现上游员工未完成自己的工作，而下游员工已完成，需等待上游员工交接的情况。针对上述问题，解决方法是让员工间实现工作共享：上游员工不仅负责自己的区域，在下游区域繁忙时，也可去帮忙下游区域的员工。此时，工作共享的有效实施需要考虑人员调度的优化，从而达到平衡。

说到装配线上的人员配置，兰想起读过的一篇文章。受蚂蚁搬运食物回窝流程的启发，学者提出一种蚂蚁拣货法（bucket brigade policy）（Bartholdi and Eisenstein，1996）。起初，每个员工各自负责自己的订单，当上游员工完成自己的订单后，立即接手下游员工手中的工作，下游员工立刻去接手最下游员工的工作，最下游员工则立刻开始新的订单工作。采用该方式的企业不用再划分区域，同时保证每个员工都处于工作状态。蚂蚁拣货法的思想被以佳能为代表的企业运用在实践中（见图1-3）。

相对于批次流程，采用装配线流程的企业所需要的设备具有更高的专用性；相应地，对人员技能的要求相对较低。

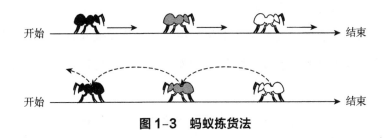

图1-3 蚂蚁拣货法

连续流程

连续流程是高度标准化和自动化的，产品流动如涓涓流水。如果某一类食品的需求量很大，并且没有太多品类可选，企业就能够采用连续流程提供，比如航空餐以及薯条、葡萄干、话梅等一些零食小吃。

> 梅：说到零食，当下，白领的工作时间长、压力大，他们需要一边吃，一边工作。
>
> 兰：我自己在看书、写作的时候，也喜欢吃零食。原因倒不是压力大，而是需要零食陪伴。
>
> 梅：洞察到顾客有这方面的需求，一些企业开始做休闲零食，比如薯片、原味小核桃、鸭脖、肉干等。
>
> 兰：这些小零食的需求量很大，产品的品类少，就很适合采用连续流程。企业如能够采用这类流程，利用专用设备实现生产的自动化，就能将生产成本控制到极致。企业自己做到了"省"，自然地，就能为顾客实现"省"。
>
> 梅：类似地，制药公司采用连续流程，大批量地生产药片。家里的天然气，是由供气公司采用连续流程提供的。连续流程适合生产高度标准化、品类单一的产品。炼油厂采用连续流程，大规模地生产成品油；饮料、啤酒的灌装厂采用连续流程，大规模地灌装；制糖公司采用连续流程，大批量地生产砂糖。
>
> 兰：我看到一家售卖辣椒粉的企业，用辣椒做店铺装饰，也展现了采用连续流程大批量生产极少品类辣椒粉的流程特性。

相对于装配线流程，采用连续流程的企业的运营流程是高度专业化、流水化的，因此就不灵活；与此同时，也不需要大量的人工，只需少数技术人员与操作工人。但是，恰恰是不灵活的标准化流程，方能令企业以较低单位成本生产大量产品，为"省"创造空间。由于启动机器和停机引发的成

采用连续流程生产大批量辣椒粉

本较高，机器最好长时间不间断地运行，所以连续流程适用于生产有大量需求的产品。由于连续流程基本依赖于机器的运作，一旦某一环节的机器损坏，就会影响生产线的整体运作，所以对机器的维护和监督管理工作尤为重要。

对比分析

无论是项目流程，还是工作间流程，企业均是按订单生产，让设备等人，而非人等设备。企业根据顾客的个性化需求，做到及时响应，不能持有库存，只能借助灵活的产能"为人民服务"。而**批次、装配线和连续流程能够一次生产较多的产品，其运营形态均是按库存生产**，企业需要根据顾客少品类、批量式的需求，通过持有一定水平的库存，较节省地做到"为人民服务"。相应地，由于企业的库存水平有限，为顾客提供的产品或服务的可获得率也有限。

在上面关于 5 种生产流程的介绍中，我们讨论了不同生产流程需要的设备资源与人力资源的类型，相应地，企业对资源的利用率和利用效果也不同。表 1-1 说明了不同流程类型的资源利用与产出的特性（Garvin，1981）。

表 1-1　生产流程的资源特性

资源类型	流程类型				
	项目流程	工作间流程	批次流程	装配线流程	连续流程
设备利用率	非常低	较低	低	高	非常高
固定资产投资水平	非常低	较低	低	高	非常高
边际成本	非常高	较高	高	低	非常低
产出的一致性	非常低	较低	低	高	非常高
人工劳动内容	非常丰富	较丰富	丰富	单调	非常单调

以工作间与装配线流程为代表，我们可以进一步领会出如下道理：相对于装配线流程，由于工作间流程对设备的利用率较低，所需的固定资产投资水平也较低，但是对人员技能要求较高。这虽然导致运营的边际成本较高，产出的一致性较低，却能够提供丰富和高水平的劳动内容，从而满足更多类顾客的需求。

1.3.2　产品与流程之匹配

梅：做得好的企业，都能找到一种平衡：既能满足顾客对产品或服务"多、快、好"的需求，又能让顾客付得起，做到"省"。这背后是企业采取的生产组织方式做到了产品与流程的匹配。

兰：产品与流程的匹配可以被总结为产品－流程矩阵的理论，这解读了企业如何在市场中定位的理念。这个理论是学者调研了制造业企业的普遍做法而总结出来的。当企业在市场中确定定位后，再去考虑如何采取各种运营管理方式，保证产品或服务的质量。

梅：多年前，我讲授运营管理课程时，多是从产品－流程矩阵讲起。从一开始，我就觉得从产品－流程矩阵的视角看企业生产、服务的流程，有的放矢、对症下药，这个道理非常简洁，我常把这种感悟分享给学生们。

兰：和老师一向追求的大道至简道理相同。

产品－流程矩阵

企业选择生产流程类型的道理可被归纳为产品－流程矩阵。企业如何选择生产流程呢？采用实证调研法，通过对业界的观察（Shih and Toffel，2017；Hayes and Wheelwright，1979）及数据分析（Safizadeh et al.，1996），学者证明了企业的生产流程选择大致服从一条原则，这条原则可被归纳为产品－流程矩阵。该矩阵描述了产品生产流程的类型——纵轴，表现为生产流程的灵活性，与产品品类、需求量和单位成本——横轴的关系。可将上述关系汇总如图1-4所示。

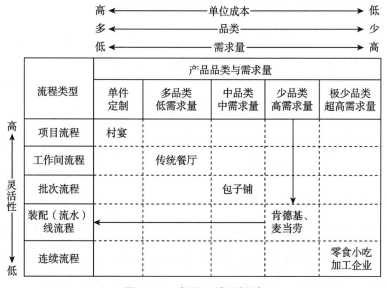

图 1-4 产品－流程矩阵

　　无论在哪个行业，企业的流程选择大致是在矩阵的对角线上；如果不在对角线上，大概率地，企业的运营效率不是最高的。因此，企业生产流程类型的选择轨迹需要落在对角线上：**在确定了产品"多、快、好"程度（在横轴的位置）的前提下，再根据对角线对应到纵轴上，确定相应的流程类型，达到"省"的目的。**

　　兰和一位到访同行到玄武湖一边晨跑，一边聊学术合作计划。这位同行不仅写得了高水平学术文章，还喜欢体育运动，常常陪着学生们跑步、打球，身体素质过硬。在晨跑前，兰建议他在腿上绑个沙袋，这样的话，两人晨跑的节奏方有可能匹配，同行客气地说可以减慢速度。在跑步途中，两人遇到一位练习铁人三项的跑步者，但见同行不自主地跟着"铁人"的节奏，跑走了！因为，他们在晨跑的"赛道"上是真正的"匹配"。

　　仔细揣摩一下，产品－流程矩阵所蕴含的原则不无道理。企业需要为人民服务，自然地，企业所选择的生产流程类型主要取决于其要满足的顾客需求是什么类型；与此同时，企业也要客观地评估自己所拥有的资源与"天赋"，看是否有那个"金刚钻"，再确定是否去揽那个"瓷器活"。比如，餐厅要满足的顾客需求属于"少品类高需求量"，它在图1-4的横轴上找到这个点，沿着这一点到对角线上找对应的一点，餐厅发现，其需要实施的生产流程类型为装配线流程。

　　找准市场定位需要企业家发挥创造力。如1.1节所言，"多、快、好、省"人人爱，但是受限于技术和资源，企业拿不到"金刚钻"，有些顾客的需求就没法得到满足。这就需要如图1-4所示，将需求进行分类。

生产流程类型的选择：没有金刚钻，不揽瓷器活

时常处于危机中的企业家可以采取哪些对策呢？企业家先通过电脑、手机了解到信息、技术，去想如何结合实践，看看能否有机会创新。随后，关掉电脑、放下手机，身处各种生活情形中，仰望天空，自我发问：顾客需要什么产品与服务？再根据自身所掌握资源，判断自己是否有生产优势去满足某类需求。根据竞争理论，企业若要在竞争市场中获胜，需要做到所提供的产品或服务具有独特性，或价格有竞争优势。

从揽"瓷器活"的视角，企业需要洞察顾客的需求是什么。看到"瓷器活"的需求特性后，企业再回头看自己所掌握的资源能够在多大程度上满足需求的哪一部分。在初始阶段，企业可能觉得自己应该采用工作间流程，满足某一类特殊的顾客需求。但是，受限于所掌握的资源及技术水平，该企业无法采用工作间流程。这时，企业可以加大对人力资源的投资，以采用工作间流程。企业也可以调整对顾客需求特殊性的认知，识别出不同类型顾客需求的共性，从而使批次流程变得可行。为此，企业可以加大对固定设备的投资。也就是说，企业可以通过在不同方面投资，使自己拥有"金刚钻"，从而揽到"瓷器活"。

梅：企业在生产流程方面的资源可被称为"金刚钻"。若企业是在美国硅谷、北京中关村，或南京的仙林大学城附近，当地受过高等教育的人较多，企业很容易招募到高素质的人才，就更容易采用产品－流程矩阵左上角的生产流程，比如工作间流程。

兰：若企业位于一个比较偏远的地方，当地人的平均受教育水平较低，企业天然地拥有丰富的基础劳动力资源，能够聚拢一批人力完成物流配送、流水线操作等工作，则可将投资重点放在基础设施建设方面，并选择产品－流程矩阵右下角的生产流程，比如装配线流程。

梅：这让我想起《温州一家人》里的剧情。改革开放前夕，农民希望致富，大家都没有什么资金和想法，却有一身力气。逐渐地，村子里一些脑筋活络的人出去闯，拿回来一个做生意的点子，该点子需要的技术比较简单，启动资金也少，村民不需要盖大厂房，而是借用自家后院，就可以生产出衣服、鞋以及小手工艺产品。随后，其他村民都跟着学和做。后来，越做越好，村民就有更多资金了，可以创立产品品牌，获得更多客户。

兰：因此，在温州等地，乡镇企业就发展起来了，小商品城也自然而然地产生了。

梅：全球的服饰、一次性打火机、家具、日用品等多数"瓷器活"是在中国完工的，就是因为在中国有着充足的劳动力这一"金刚钻"。

兰：类似地，电子产品装配厂需要流水线工人，先是在日本、中国台湾广泛铺开，再转移到中国的沿海城市，如深圳、东莞。随后，再转移到中国内陆城市，如郑州、成都。现在越来越多的电子产品装配厂开始向东南亚地区，如越南、孟加拉国等转移。

梅：上述转移轨迹表明，如果企业组织生产所需要的资源恰是所在地能够提供的资源，就有助于企业定位于产品－流程矩阵的对角线上。没有金刚钻，不揽瓷器活！选定要满足的一类顾客需求之后，企业就可利用所掌握的资源，有效地匹配顾客需求。

同一个行业的不同企业可能选择不同的生产流程类型。不同企业对生产流程的选择需要依据其所定位的不同顾客的需求。在餐饮行业中，"请厨师"App 采用项目流程满足一些顾客对"好"的追求，高级淮扬菜餐厅采用工作间流程满足一些顾客对"好"的追求。人们对"好"的理解是一致的，即菜品的档次高，自然就不"省"。相应地，企业就要选择图 1–4 所示的产品－流程矩阵左上角的流程类型。

同一家企业的不同产品可能选择不同类型的生产流程。对一家提供多种品类产品的企业而言，不是说所有品类的产品都要用同一种生产流程，不同品类的产品可能需要采取不同类型的生产流程。比如，药厂既可以采用连续流程，大批量地生产阿司匹林药片，也可以借助靶向治疗技术，采用项目流程，为患者个性化定制药品。再比如，面包坊售卖切片面包、夹心面包和生日蛋糕。切片面包的种类少、需求量大，因此其生产流程为装配线流程或连续流程。若是用于做三明治的白面包，企业的生产线一开工，一天不停工，就做完了，这种生产类型是连续流程；若企业生产的是需要加果仁等的面包，则多采用装配线流程。夹心面包的种类较多，每一种式样的需求量较小，因此其生产流程为批次流程。生日蛋糕若特别个性化（定制生日蛋糕），其生产流程为项目流程；而有些生日蛋糕个性化程度不是很高（普通生日蛋糕），企业采用工作间流程。一些餐饮企业不仅提供堂食，还提供外卖：食客可以坐下来，根据菜谱点菜下单，也可以打包外卖的有限样数的菜品。我们将上述道理汇总在表 1-2 中。

表 1-2　同一家企业的不同产品选择不同类型的流程

流程类型	产品品类与需求量				
	单件 定制	多品类 低需求量	中品类 中需求量	少品类 高需求量	极少品类 超高需求量
项目流程	定制生日蛋糕				
工作间流程		普通生日蛋糕			
批次流程			夹心面包		
装配线流程				切片面包 （含果仁等）	
连续流程					切片白面包 （用于三明治）

同一家企业的同一个产品的生产流程也可能随着产品生命周期而演变。

对于一家企业的一类产品而言，也不是从一开始选择了某一种生产类型，就保持不变，而是要根据产品生命周期的变化，选择不同的生产流程类型。在横轴，从左到右，产品越来越成熟，越来越标准化，需求量也在递增；在纵轴，从上到下，生产流程越来越标准化、机械化和自动化，也就是说生产流程越来越平稳和成熟。

在制造业，以苹果公司为例说明上述道理。苹果公司所生产的电脑产品有着不同的成熟度，当苹果 I 诞生时，只有有限几个人知晓并尝试使用；随后，苹果产品的技术开始完善，但产品本身没有那么成熟，市场需求较小，此时苹果公司采用工作间流程；慢慢地，产品成熟了，苹果采取批次流程满足市场需求；随后，市场需求变得更大了，企业能够采用装配线流程、连续流程，满足大量需求。我们将以苹果电脑产品为代表的生产流程类型的演变总结在表 1-3 中（Hayes and Wheelwright，1979）。

表 1-3　流程选择随产品生命周期而演变

流程类型	产品品类与需求量				
	单件 定制	多品类 低需求量	中品类 中需求量	少品类 高需求量	极少品类 超高需求量
项目流程	1976 年， 苹果 I 诞生				
工作间流程		1978 年， 苹果 II 由合同 制造商完成			
批次流程			1980 年，苹果 III 由在 得克萨斯州、爱尔兰 及新加坡的工厂生产		
装配线流程				2000 年，苹果采 用装配生产线	
连续流程					2012 年，苹果在成 都的代工工厂实施 "关灯工厂"政策

企业在产品－流程矩阵上的位置演变不是一个机械化的过程，而是一个具有艺术化成分的过程，并且要达到产品与流程的匹配，还需不断地磨合。根据表1-3，企业借助大数据、人工智能技术，使产品越来越个性化地匹配顾客的需求，即所采取的流程类型沿着产品－流程矩阵的对角线，从右下角向左上角演化，在满足顾客"多、快、好、省"的道路上，螺旋式上升。

理解并掌握产品－流程矩阵理论能启迪企业家思考和创新。因为技术在不断地进步，能帮助企业更大限度地满足顾客更细微的需求，这就使不同企业可以选择不同的流程类型。企业的市场定位不同，流程类型的选择也不同，不同生产流程之间不存在优劣之分。

如果企业选择的生产流程类型不在"对角线"上，就有可能存在执行性和制造性的瓶颈——要么会因为不能满足顾客需求而失去市场份额，要么会因为投资过度而无法持久地经营下去。

成本－响应能力效率边界

兰：我看到过成本－响应能力效率边界曲线，说的也是匹配那些事：从顾客角度出发，做出顾客需要的东西，把价格降到最低，让部分利给顾客。

梅：这是产品－流程矩阵的另一种表现形式（Frei，2006；Hopp，2008）。

兰：随着需求多样性的增加，企业所需生产流程的灵活性提高了，也就是说企业的响应能力提升，相应地单位成本也增加了。

梅：位于成本－响应能力效率边界内代表着在现有制造技术与管理水平下，给定响应能力，企业所需付出的最低单位成本，或者说在给定单位成本下，企业可获得的最高响应能力，即表示企业处于最优的运营状态。

在图 1–5 中，横轴表示单位成本，纵轴表示响应能力。定位于边界右下角的企业，多采用装配线、连续流程组织生产，这类生产流程大多需要动用专用设备，大批量地生产产品；相应地，专用设备的利用率高，单位成本因此较低。若企业的定位由右下角向左上角转移，依表 1–1 揭示的不同流程所需的资源类型，企业需要增加对人力资本、通用设备的投资，从而增加产品品类，减少产品生产的批量。然而，人力资本的水平越高，价格越贵，通用设备的灵活性越高，利用率就越低，相应地，企业要获得高响应能力，就需要付出高代价。因此，图 1–5 中成本 – 响应能力效率边界为凹函数。也就是说，**当企业的响应能力较弱时，企业仅需增加些许单位成本，即可使其响应能力上一个台阶；反之，当企业的响应能力较强时，企业想要继续提高些许响应能力，就需增加较多单位成本。**

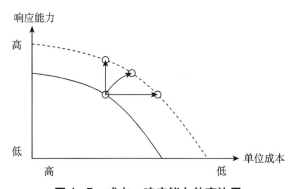

图 1–5　成本 – 响应能力效率边界

兰：新技术的出现和市场需求的变化，使企业的成本 – 响应能力效率边界随之而变？

梅：当企业在成本 – 响应能力效率边界上于此一时找准定位之后，还需随时警惕，思考彼一时新技术的出现和市场需求的变化。一般来讲，管理能力的提升与技术的变革会使成本 – 响应能力效率边界向外扩张。

兰：具体说一说。

梅：处在图 1-5 实线上的企业可有两种理想却极端的方法抵达新的最优经营状态。一是，给定响应能力，提升运营系统的效率，达到降低单位成本的目的（如图 1-5 的水平箭头所示）；二是，给定单位成本，加强响应能力（如图 1-5 的垂直箭头所示）。

兰：实践中，通过提升管理能力或利用新的技术，企业可以同时实现降低单位成本和加强响应能力，从而到达新的成本 – 响应能力效率边界（如图 1-5 中的中间箭头所示）。

站在风口上，猪都可起飞！但若要持续飞行，企业需牢记以成本 – 响应能力效率边界为代表的曲线所蕴含的匹配之道，并顺应技术化发展的潮流，调整生产流程的类型。企业家拍脑袋或许可抓住一些机会，特别是抓住显而易见的机会，满足顾客"多、快、好、省"中的某几项需求。但是由于决策问题复杂，企业家可能失去决策方向，可能力不从心，而忘记运营管理的初心——满足顾客对"多、快、好、省"的某几项需求。

兰：我从未意识到，在产品 – 流程矩阵背后有这么多道理！

梅：若用一个词概括产品 – 流程矩阵的中心思想，便是"对症下药"。企业需要明确"症"是指哪类顾客、哪类市场、哪个群体"多、快、好"的需求，而"下药"是指企业如何设计生产系统。只有企业"下对药"，方可事半功倍，达到自身的"省"，从而为顾客提供"省"。

兰：企业要洞察顾客当下所需，"对症下药"地满足顾客需求。（兰若有所思）学者做研究与企业家做生意，道理是一样的。

梅：你若想明白了，能帮助经理人更好地理解某个问题、改善决策质量，一定能写一篇不错的论文。

兰：在研究中，我需要时刻"揽镜自照"，做到对症下药；同样地，如果企业没有洞察顾客的需求，就无法将需求和产品生产流程类型匹配在一起，就不能为顾客提供好的产品，也就无法获利。

梅：无论哪家企业都希望能尽量省地满足顾客的更多需求，其中的运营道理是一致的。

1.4 小结

无论是什么产品或服务，都需要被制造或提供出来，它们可不会自己生出来！因此，企业就需要一些工具，而流程就是工具。这就好比，包饺子，就必须要有擀面杖；炒菜，就必须要有炒锅；蒸馒头，就必须要有蒸锅。不同的产品需要不同的流程，就像要炒菜，就必须用到炒锅，当然不能拿着擀面杖炒菜。因此，产品与流程是相依的、成对的、不可分割的，企业需要用对资源和工具，做到不浪费。也就是说，要做到产品与流程的匹配，这也表现为成本－响应能力效率边界曲线。

企业在洞察到顾客的需求，选择所要匹配的流程时，从一个企业内部运营有效的角度，需要选择是按订单生产的流程，还是按库存生产的流程。根据产品－流程矩阵，为了"多"与"好"地服务顾客，企业趋向于采用矩阵左上角的流程；反之，为"快"与"省"地服务顾客，企业趋向于采用矩阵右下角的流程。

2

匹配之美：外延与拓展

2.1 服务与流程之匹配

兰：当下，毕业的学生可能多数从事服务行业，产品－流程矩阵也适用于服务业吗？

梅：不管社会经济体系如何进化，企业所提供的产品与所采用的流程相匹配的道理不变。20 世纪 70 年代，制造业占据经济主导地位，根据制造业实践总结出的理论被命名为产品－流程矩阵。后来，企业的运营形态发生变化，并且企业利用了各种数智化工具。

兰：没有两年，世界又变了，自然地，企业所提供的服务与流程也在变，但是与流程匹配的道理不会变。

梅：非常对！不过在服务业中，企业需要依据顾客需求组织服务，是一种按订单生产流程。比如，在旅居、出行情境中，人是要经历一番。只有人到了，企业提供的服务活动才能开始。

兰：在服务流程中，不仅包括所有物，还包括人与信息。

梅：对，我们可以将其细分。当服务流程主要涉及人时，如理发、看病等，提供该服务的企业员工需要与顾客发生密切的互动，相应地，员工的工作强度也大。当服务流程主要涉及信息时，如网购、在线交费、购买地铁票、验票等流程，这些信息是客观的，于是，提供该服务的企业能够将上述流程标准化、自动化，自然地，就几乎不需要员工。涉及信息的服务流程最容易被自动化处理，而涉及人的流程，最不容易被信息化、自动化。

兰：那么，有人在的时候，流程管理应该是最难的，企业还得关心人会怎样，而有物、有信息在时，服务流程比较像制造业。

梅：就是！流程涉及所有物，企业就可以标准化流程中的一些做法，即便涉及信息，企业也可以按库存生产。

兰：上述说法让我颇受启发。

在 1.3.1 与 1.3.2 节中，主要以餐馆的生产流程为例，以产品为对象，说明流程类型及产品与流程匹配理论。然而，餐馆涉及的全套服务流程不止于此，从顾客进店、落座点餐，到后厨加工、上菜，再到顾客就餐、结账，餐馆的服务对象是人（people），除了提供饭、菜等产品，还要处理点单等信息（information）。

梅：我们俩坐下来点菜吃饭，可及时地将饭菜的咸淡、冷热反馈给服务员；与此同时，服务员也可以随时给我们介绍菜系、酒水、甜点，倒茶、倒酒。

兰：后厨的做饭流程不需要顾客在其中，顾客可一边聊天喝茶，一边等饭菜上桌。

梅：在顾客等待过程中，餐馆就不可掉以轻心，需要随时关注顾客有何需求，做到时刻准备、有求必应。

兰：这是点餐堂食的情境。还有一种简化的、标准化的餐饮服务流程，如快餐，虽然顾客也总是在此服务流程中，但是餐馆不需要为某一位顾客提供专门服务。这是因为餐馆简化了菜单，仅提供有限品类的套餐，饭菜制作也非常快。与此同时，餐馆也标准化了主要的服务流程，允许顾客自行完成一些用餐环节，如自助点餐、下单等。

梅：还有一种更简化的服务流程——叫外卖。顾客不需要身处餐馆，可以待在家里、办公室里，等快递送餐上门，这也省去了餐馆服务顾客的流程。

兰：从点餐堂食到吃快餐、点外卖，餐馆与顾客交互，服务顾客的流程越发简捷，所涉及的产品、人和信息的比例也各不相同。

梅：相应地，企业运营管理的侧重点也不同，在产品－流程矩阵中的定位也不同。让我们展开说一下。

2.1.1　从产品到服务

服务流程的主要元素

根据所涉及的主要元素——人、信息和所有物（property）的不同（Lovelock and Yip, 1996），服务流程有如下三类。

顾客。当服务流程主要涉及人时，如理发、看病、找专家咨询等，服务流程几乎不涉及有形产品，由于提供该服务的企业员工需要与顾客密切地互动，因此他们需要考虑到顾客的情绪、行为，提供好的服务，就需要增加人手，相应地，员工的劳动强度就高。该类服务流程多位于图1-4产品－流程矩阵的左上角，顾客能够获得的"好"主要来自其在与企业员工的互动流程中，感觉自己被很好地服务了。

信息。当服务流程主要涉及信息时，如理财、申请继续读书、网购、在线交费、自助购买地铁票等，这些信息需要被加工，并且这些信息是客观、可被精确化的，也几乎是免费的，于是，提供该服务的企业更有可能将上述流程标准化、数智化，自然地，几乎不需要员工就可以服务顾客，服务流程比较简单。该类服务流程多位于产品－流程矩阵右下角，顾客能够获得的"好"主要来自企业能够利用信息及时地响应顾客需求。

所有物。当服务流程主要涉及所有物时，如干洗衣服、寄快递、修理物品等，顾客把所有物交给服务方，然后离开，随后，所有物被加工或处理。在此流程的开始和结束环节，顾客是在其中的，但是在中间环节，顾客可以离开。比如，在干洗衣服的服务流程中，第一步，顾客交付衣服给服务方，服务方需要检查衣服、确定服务金额、顾客取衣服的时间等；第二步，衣服进入干洗服务流程，在此流程中，顾客不需要在其中；第三步，顾客来取衣服。因此，在此流程中的前后阶段，顾客参与，但在中间环节，只涉及所有物。

上述讨论的所有物是已然存在的，顾客持有它，并送到服务流程中进行加工或处理。而产品则需要企业制造出来，比如餐馆后厨需要制作饭菜，这是产品。但是，无论是顾客持有的所有物，还是企业生产的产品，它们均是物，一旦进入服务流程，就可以被加工、处理。

主要涉及所有物的服务流程在产品 – 流程矩阵的位置，多处于主要涉及人的服务流程和主要涉及信息的服务流程之间。在此情境中，顾客能够获得的"好"主要来自顾客所需的服务能够以恰当方式在恰当时间被完整地提供给顾客。

对比分析

三类服务的管理侧重点不同。主要涉及信息的服务流程最容易被自动化处理，也最容易管理；而主要涉及人的流程最不容易被信息化、自动化，也最不容易管理。这是因为在多数情况下，主要涉及人的流程，需要顾客自身停留在服务系统中，相应地管理变数就大。而在不太涉及人的流程中，企业可以利用数智化手段，合并看似不同的流程，提高运营效率。比如，无论哪一位患者到什么科室做什么检查，都需要预约、挂号、交费等，据此，医院将这些共性的流程标准化、自动化，令患者在同一个平台上，完成各自所需的操作，之后，再依据自身的实际情况，选择相应的就诊流程。

通过产品 – 流程矩阵的道理能够解读服务业的商业实践。这是因为无论是针对产品，还是服务，都是一个从输入到输出的价值增值流程，只不过，输入的可能是所有物，也可能是一个人，还有可能是一类信息。由于在服务流程中，输入的可能是人或信息，需要物、人或信息到了服务系统后，方开始工作，因此看起来，企业只能采用按订单生产方式，满足顾客的需求，似乎只用到了产品－流程矩阵的左上角。其实不然，企业可以将一些信息标准化，并储存到系统中，当一个顾客发出服务申请时，企业不一定要派一名员工与顾客一对一地沟通，而可以让顾客进入信息系统，由系统（如智能机器人问答系统）根据历史问答记录，回答顾客的提问。此时，流程表现为按库存生产模式。企业也可以将一些东西标准化，尽量减少供应方与需求方之间打交道的场景，比如，邮局标准化一些快递箱子、袋子，基于外包装尺寸而非重量计费，极大地降低了人力成本。

在服务系统中，无论涉及的是所有物、人，还是信息，总是会需要一些员工参与到服务流程中，人工一般会比较贵。那么，怎么把成本降下来呢？如果涉及的是所有物、信息，就更容易标准化。比如，停车服务、洗衣服务，主要涉及的是所有物，就容易做到标准化，自然地，就容易用到产品－流程矩阵右下角的流程类型。而看病就医，主要涉及的是人，人得去医院确诊自己得的是疑难病还是常发病，自然地，就容易用到产品－流程矩阵左上角的流程类型。为了说明其中的道理，接下来，我们以医院为主线，说明服务与流程的匹配。根据患者的需求特征，医院会有好几类，而不仅是三甲医院。我们将根据 1.3.1 节讨论的五种生产流程，逐一举例说明，进而讨论服务与流程匹配的道理，以及企业方提供的服务劳动强度与顾客方需求之间的关系。

2.1.2 服务流程类型

项目流程

针对身患重疾久未确诊的患者，医院可组织多学科专家会诊，共同商讨出一套治疗方案；随后，再根据患者的身体状况和医院条件，实施一台综合型手术，有针对性地帮患者消除疾痛。在手术流程中，从麻醉师、护士到主刀医生，所有人都是为这一位患者提供服务，没有轮到麻醉师工作的时候，他就只能在一旁等着，什么也做不了。并且，这套手术方案就是为这位患者量身打造的，不适用于其他患者。这种需要多学科专家会诊的患者数量较少，医院能够采取项目流程，为这类患者定制一套治疗方案。

面对一位正在攻读博士学位的学生，作为导师的梅需要根据他的兴趣爱好、能力特长，有针对性地引导他思考某一类问题，阅读某一些经典和最新文献，从而发现和确立选题方向。梅在指导每一位学生的流程中用到的引导、激励手段，包括推荐的文献清单，都是为这一位学生量身打造的，不适用于其他学生。

随着技术发展，医疗机构越来越有可能采用项目流程，以满足顾客的个性化需求。比如，虽然越来越多的医院采取了标准化、模块化和技术化的方法，以满足越来越多患者的就诊需求，但是，还会有一些患者因疾病的特殊性，而需要获得能付得起的个性化治疗方案。个性化医疗最早表现为肿瘤治疗领域的分子靶向治疗，即利用针对某个靶标开发设计的药物进行治疗。精准医疗也赋予个性化医疗多一层的含义，即应用现代遗传技术、分子影像技术、生物信息技术，结合患者的生活环境和临床数据，实现精准的疾病分类及诊断，制定个性化的疾病预防和治疗方案。技术的发展使得医疗领域的企业和医院所采取的流程类型向产品－流程矩阵的左上角发展，呈现螺旋式上升趋势。

工作间流程

如前文所言，在看病问医的情境中，早期，看病的主要方式是医生上门问诊，属于项目流程，不能在普罗大众中推广，只有少数人才能享受到医疗服务，这是人们平均寿命短的原因之一。如今，医院成为一个固定就医场所。**医院采用工作间模式组织医技部门的设备和人员，**这些医技部门各自负责某一职能，不同工作间的专业技能高，比连续流程和批次流程要高。每位患者就诊的流程是否经过某检查部门，依据其病情而定。

日均接诊量过万的南京市鼓楼医院，需要应对不同患者的需求。每一天，来医院的患者中虽然不是全都需要去 CT 室，但是可能有 500 位需要做 CT 检查。医院不需要针对 1 万位患者的需求而购置 CT 设备，但是这 500 位患者什么时候去做 CT 检查是随机的。在某一个时段，CT 室可能没有一位患者，也有可能人满为患。那么医院要购置多少台 CT 设备呢？若设备利用率高，患者等待时间就会长。一般来讲，医院不希望患者苦等，就有意控制设备利用率，背后原因是，医院对设备利用率与患者等待时间进行了权衡。

在中国的很多医院，就诊的患者常常是在各项检查室门前苦苦地等着被叫号，医院的各项仪器设备多是满负荷运转，设备的利用率非常高。这或许是因为，医院为了节省设备的采购费用，或因资金不足，没有把设备利用率控制在一个低水平上。

一些在线 App，例如好大夫 App、春雨医生 App 等，将患者就诊流程中的一些共性流程，比如预约、等待等流程标准化，将一些流程，比如 CT 检查、抽血等模块化，允许患者在线完成部分就诊流程，降低了患者就诊的搜寻成本。

多数患者可能有这样的经历：去医院看病，排队用去 2 个小时，医生问诊只要 3 分钟。虽然一些小病在社区医院就能医治，却还有一些患者跑到三甲医院。出现上述情况的部分原因是，患者不知道自己得的是小病还是大病，常常看似"小病"的状况，未必真的是小病；同时，患者对社区医院的医生能力不信任。

无论大病小病，患者都跑到三甲医院，虽然患者看病的搜寻成本降低了，但是所有患者都优先选择三甲医院，导致社区医院的就诊患者较少，也导致一些病情紧急的患者得不到及时救治。也就是说，医疗资源的不合理配置和患者的不合理就医选择，挤占了大医院的服务能力，削弱了基层医院的诊疗能力，降低了医疗服务质量，对医疗资源造成了巨大浪费，进一步加重了患者的医疗负担。若采用分级诊疗机制，让社区医院接待大部分患者，只有遇到疑难杂症，患者才被转诊到三甲医院，依照图1-4所示的产品 - 流程矩阵，让社区医院与三甲医院对症下药地满足患者需求，就能做到"好钢用在刀刃上"——有限的社会资源被用在最急需之处，从而获得"省"。医术高超的医生将有限的精力用于最需要他们的患者身上，而社区医院的运营管理则多采用标准化手段，不应对疑难杂症。

2012年厦门市对三级医院人满为患的现状进行专项调查后发现，普通门诊中80%以上是慢性病门诊，其中约1/3是单纯续方开药患者，造成了三级医院的医疗资源浪费。基于以上数据分析，厦门引导构建"小病在基层、大病到医院、康复回基层"的分级诊疗秩序。厦门没有采取强制基层首诊制度，而是以糖尿病和高血压慢性病为突破口，以健康管理为切入点，通过"三师共管"——专科医师负责提供医疗和指导服务；全科医师负责为患者提供连续性、整体化、长期负责的预防保健、康复治疗和健康照顾；健康管理师负责提供健康检测、分析评估、健康指导和危险因素干预等辅助服务，与患者提供签约服务，提供连续、整合、一体化的医疗健康服务。

居民愿意签约"三师共管"，是因为签约居民可以获得"多、快、好、省"的品牌服务。"多"即对诊断明确、病情稳定的慢性病签约患者可开4~8周的长处方药和提供配送服务，社区用药与三级医院保持一致，解决基层"缺药"问题；"快"即快捷的绿色转诊通道，签约患者可提前 3 天优先预约大医院专家门诊（即未签约患者可预约 7 天内大医院专家门诊号源），签约患者通过家庭医生可预约 10 天内大医院专家门诊号源，转诊方便；"好"即签约患者有独立诊疗服务区和专属收费结算处，可享受团队个性化健康管理和慢病精细化管理；"省"即基层门诊就医减免 500 元医保起付线，由家庭医生推荐转诊的减免二次及以上住院起付标准（150~500 元不等），实行医保差别化报销（陈宏和庄伟芬，2020）。

批次流程

与项目流程、工作间流程相比，医院采用批次流程为患者提供服务。例如，在医疗会诊共享服务中，患有类似疾病的患者组成一个团体一起参与会诊。当某位患者在进行一对一会诊时，其他患者可以听取一些基本建议，医生无须再向这些患者重复，因而会诊服务效率得到提高。此外，医生也不会因为某位患者没有按时赴约而无所事事。

克利夫兰诊所发现，共享会诊效果比一对一会诊好。患者之间通过互相询问、共享信息来相互服务。例如，在心脏预防护理服务中，一对一会诊的服务时间为 30 分钟，患者往往需等待 6~8 周，但一场 90 分钟的共享会诊可以同时接待 6~10 名患有相同疾病的患者，并且患者只需等待几天，这种迅速获得保健的机会改善了患者的健康状况。

医院有一个医技部专门是做血液分析的，病人来化验室验血的时候是单独来验的，但是化验室会把每一个血液样本收集起来，按批次给血液分析机构送去，上午送去的批次下午可出结果，下午送去的批次次日早上可出结果。如果医院将血液样本一个一个地送去血液分析机构，因每一次运送都是需要成本的，运送次数过多，会导致总运送成本很高；如果批量过大，比如不是上午和下午分别送去，而是一天送一次，则会导致患者收到检验结果的时间较慢，影响患者最佳的治疗时机，从而影响医疗服务体验。因此，运送血液样本去分析机构需要采用批次流程。

批次验血

流水线流程

兰：还有很多专科医院，专门看某一类疾病，比如耳鼻喉科、妇产科，其服务流程与综合医院有所不同。

梅：相对于采用工作间流程的综合医院，这类医院的服务品类比较单一，且需求量较大。比如，很多患者需要看眼科、牙科，治疗疝气等。一些专门看眼科、牙科，治疗疝气的专科医院应运而生，比如眼科医院、口腔医院、方舱医院。这类专科医院，在将患者就诊流程标准化、模块化方面做到了极致，将患者的需求拆解为不同模块，再据此配置相应的医疗设备和人员，这就是流水线的运营思想。

兰：反过来想，如果所有的患者都涌入综合型医院的某一个科室，不仅医院的接诊服务效率低、收费高，患者也会因为付不起费用，或遭遇长久等待，而感受到不好的就诊体验。

梅：流水线的模式使得医院能够以较低成本服务患者，这令穷人也有机会看得起病了，不会有病只能熬着了。

兰：这个道理和麦当劳、深圳大芬村油画产业的运营道理是一样的。医院把流程标准化，就可以降低运营成本，为患者提供便宜的看病开药服务。

针对患者某一类较为明确的就诊需求，相对于采用工作间流程的综合性医院，专科医院采用流水线流程，标准化接诊流程，很好地训练医生，降低成本，快速、高效地为患者提供医疗服务。与此同时，患者数量的增多又保证了专科医院的服务得以规模化地进行，获得了规模经济优势。

由于医院的各类医疗设备均是为某一类疾病而准备的，自然地，医疗设备的利用率较高。由于医院常年接诊患有同一类疾病的患者，医生能够积累丰富的治疗经验，并传授给新医生们，自然地，医院在聘用医生方面的花费上就能少一些。

印度亚拉文眼科关爱中心（Aravind Eye Care System）采用流水线流程以较低成本满足大量患者的需求。不同于传统的项目流程，亚拉文采用装配线流程实施眼外科手术，可以为患者提供低成本和高质量的护理。传统的眼科手术大约需要30分钟，而在亚拉文只需5分钟，成本是前者的1‰，术后感染发生率也只有前者的一半。

亚拉文将眼外科手术的一些操作进行标准化和模块化，使医生能够在一个手术室完成7台手术。手术前，护士已经做好了所有准备，医生完成手术后，不用更换手术衣和手套，转身在另一个手术台上实施下一台手术。在前一个手术台上，护士对患者进行术后伤口缝合等工作，然后预备下一台手术……为了实施流水线流程式的作业，医生和护士都经过了反复训练。

连续流程

借助可穿戴设备，一些医院能够对慢性病患者实施监控，实时传输数据，若有需要就请患者到医院复诊，若没有需要就自动开药。这种服务流程也是连续流程的一种体现。

兰：前几天，我的家人来看我，并小住一段时间。他患有高血压，临来之前，他去医院排队拿药，即便走的是医院的方便门诊，也是很麻烦，用了大半天时间才处理完。

梅：如果是一些常见的慢性病，患者总是需要按时买药，访问医生，需求稳定，且总量不小，按照产品－流程矩阵理论，医院应采用连续流程。厦门的经验是让一些慢性病患者借助 App，足不出户，"云"看病。

兰："云"看病？

梅：若一个人患有痛风，在家门口不远的社区卫生服务中心即能享受到由家庭医生、健康管理师和大医院专科医生组成的"三师共管"团队的专业服务，嘌呤指标得到很好的控制。患者通过手机 App 上传嘌呤值，家庭医生进行线上问诊并结合电子健康档案和系统综合评估审核续方申请，同时利用药品配送服务直接将药送到他家，让他节省时间和精力，有机会去做更有价值的事情（陈宏和庄伟芬，2020）。

兰：节省下的开药时间，可以让人将精力放在自己更喜欢、更擅长的事情上。

即便企业提供的不是有形的产品，如医院提供的医疗服务，产品－流程矩阵的精神也是适用的（如图 2-1 所示）。

2.1.3 服务 – 流程矩阵

为了更加生动地阐释服务业中的矩阵理论，接下来，我们解读为服务业量身打造的矩阵理论。

服务业强调"服务"二字，顾客更注重个性化的消费体验，人还不能完全地被冷冰冰的机器所替代。我们依据图 2-1 中服务 – 流程矩阵的精神，考察服务业的有关特征——服务个性化程度及服务员的劳动强度，依据顾客需求的大小将服务流程分为五类（Schmenner，1986）。

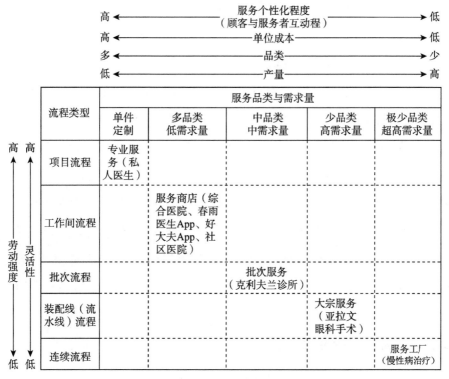

图 2-1 服务 – 流程矩阵

根据图 2-1，**专业服务模式**是高劳动强度，对应高的定制和互动程度，可利用专业化的人才提供高度定制的服务。**服务商店模式**提供者的管理重点在于控制服务质量。由于互动程度高，服务满意度难以把握，同时高昂的设备成本令企业担心设备利用率。因此，企业倾向于向低定制的服务方向移动。**大宗服务模式**（流水线模式）提供者权衡的是劳动力成本与服务效率，趋向于利用技术设备降低劳动强度。**服务工厂模式**是低劳动强度，对应低定制和互动程度，可利用技术设备提供标准化的服务。**批次服务**的特性介于服务商店与大宗服务之间。

处在服务－流程矩阵对角线左上角的企业有动机向对角线的右下角移动，即向低劳动强度或者低定制化程度移动。例如，律师事务所将案件分类管理，模块化处理业务，接受更少定制；同时，引进设备进行数据和文字处理，降低劳动强度。

本质上，产品－流程矩阵和服务－流程矩阵具有统一性。对比图 1-4 与图 2-1，我们发现，产品－流程矩阵的横轴为产品品类与需求量，服务－流程矩阵的横轴为服务品类与需求量。两者都是对单位品类需求量的衡量，也就是产品（服务）结构。而两者的纵轴都是对（制造）服务流程的衡量，也就是流程结构。换而言之，两个矩阵的横轴所衡量的维度都是顾客方的需求，纵轴所衡量的维度都是企业方的供应能力。两个矩阵的本质都是制造型企业（服务型企业）依据自己所生产产品（所提供服务）的属性选择适合自己的生产（服务）流程。所以，产品－流程矩阵和服务－流程矩阵两者间具有统一性。

2.2 产品与供应链之匹配

兰：顾客所需的药品、餐食、服饰等产品，不仅由一家企业提供。

梅：可不是呢！一个产品从原材料到成品的整个流程需要很多企业合作完成。

兰：若干个企业组成的一条供应链，也需满足顾客对"多、快、好、省"的追求，其运营管理精神也要依从产品－流程矩阵。

梅：我讲授供应链管理课程，研究产品特性决定供应链类型的理论，联想到产品－流程矩阵，意识到这两个理论背后的道理如出一辙。随后，讲授全球运营管理课程，并带学生到中国参观学习，越发地感到供应商选择的重要性，以及全球供应链结构需要与产品类型相匹配。

兰：不同类型的产品需要不同类型的供应链，供应链管理的侧重点也不同。

2.2.1 供应链管理

供应链的概念

在制造商、供应商、分销商、运输商与零售商组成的供应链上，各个成员具有不同的资源和能力，可以群策群力地满足顾客的多样化需求，切实帮助顾客解决生活上的不便。因此，相比于单一企业，**供应链更具备达到"多"与"好"的潜能**。然而，供应链上的各个环节之间需要信息交流、货物运输等，这一切活动都需要花费各种资源、资金与时间。也就是说，供应链成员之间的交易涉及物流、信息流和资金流，相对于一个企业，**供应链要达到"快"与"省"更难了**。

为发挥供应链在"多"与"好"方面的潜能，并克服在"快"与"省"方面的挑战，供应链管理需要关注如何有效地协调制造商、供应商等各个环节的物流、信息流和资金流，使生产出来的商品能以最合适的价格，按顾客所需的数量，在顾客指定的时间与地点，送到顾客手中。

梅：餐桌上的每一道菜品都离不开供应链。

兰：是呀！烤鱼、牛羊肉串、地三鲜、蔬菜沙拉、中式面点，这么多品类的食材，满足了食客对"多"的需求。

梅：这要归功于餐馆所处供应链上游环节的种植户、冷链运营商、分销商等成员群策群力地满足了顾客的多样化需求。

兰：这些食材的源头都不一样，鱼主要来自沿海地区，牛羊肉主要来自草原地区，时蔬主要来自相应的主产地，而面粉主要来自中国北方。

梅：无论是肉制品供应链，还是蔬菜供应链，所管理和运营的对象均为短生命周期产品，如果供应链系统成员没有紧密合作，就无法较快地响应顾客需求。

兰：谁都想吃到新鲜的食材。餐馆若做不到响应的"快"，自然就无法做到"好"了。进一步，如果供应链成员各自为政，合作关系松散，协调成本高，就无法做到"省"。

梅：和肉制品、蔬菜的供应链不同，涉及米面粮油的供应链虽然也要做到"快"，重点却不是响应的"快"，而是借助库存获得"快"。

兰：无论是肉制品、蔬菜的供应链，还是米面粮油的供应链，要尽力满足顾客对"多、快、好、省"的需求，都需借助信息共享、风险共担与收益共享，令"一条供应链如同一个企业"（the whole supply chain acts like one firm）。

梅：这就是供应链管理的侧重点所在。

信息共享

一条供应链要如同一个企业做决策，比如生产多少产品，何时采购原材料，采购多少等，就必须掌握供应链系统上下游成员的信息，实现信息共享

（Chen，2003；Lee，So and Tang，2000）。比如，上游成员的信息包括供货信息，这与上游成员及再上游成员的生产计划、产能利用率等信息有关；下游成员的信息包括需求信息，这与下游成员及再下游成员的采购量、采购频次、市场需求等信息有关。由于供应链的每个环节都存在不确定性，若供应链成员掌握的信息不充分，就只能做出次优决策。

如果下游企业没有办法把握需求信息，就无法与上游企业协调生产、运输计划，导致运营成本居高，产品单价较贵；如果共享需求信息，需求稳定了，下游企业可有规律地向上游企业订购，上游企业也能有计划地组织生产、运输，就可降低运营成本，利用库存提高响应顾客需求的速度，自然地，产品单价低了，顾客就更愿意买了。比如，富士施乐在硒鼓上安装传感器，跟踪顾客使用硒鼓的进度，为顾客提供及时更换硒鼓的服务。类似地，一些电冰箱的制冷器上也安装了传感器，可提醒顾客及时地更换设备。

兰：拿餐桌上的这条鱼来说，若餐馆想将顾客所需的鱼按时按量地送到餐桌上，又要提供一个合理的价格，管理难度就很高。

梅：的确如此，一条鱼的供应链包括养殖户、冷链运营商、分销商和餐馆，若在养殖户的鱼苗饲养环节发生了食品安全问题，分销商所在地发生了疫情，都会使运营这条供应链所需的时间和金钱成本大幅上升，导致无法把鱼以合理的价格及时地送到餐馆，并销售给顾客。

兰：为应对不确定性，供应链成员利用计算机网络，将各个供应链成员连接在一起，实现信息共享。

梅：这是起码的，应该连接在一起。**信息共享技术推进"一条供应链如同一个企业"的理念**，帮助供应链成员共享信息，推进供应链成员间的知识交流，还能促使供应链中成员交换一些决策权、工作职责和资源等。

兰：不仅是鱼，牛羊肉和蔬菜等有一定新鲜度要求的产品，也需要供应链成员间的信息共享，以保障供应链运营的流畅性。至于米面粮油等保质期长的产品，其供应链也需要成员之间做到信息共享。若分销商掌握了多家餐馆米面粮油的库存变动情况，就可协调为多家餐馆配送的计划，做到"省"。

梅：如果不协调的话，分销商今天为这家餐馆送货，明天为那家餐馆送货，运输成本居高不下，自己做不到"省"，令餐馆也做不到"省"，自然地，顾客也无法获得"省"。

激励机制

兰：供应链成员之间的信息共享似乎都是大企业的做法。但是，在一条供应链上，既有小企业，也有大企业，比如，大的肉制品分销商和小餐馆，不同规模企业的信息系统不容易匹配在一起。

梅：大企业可直接帮助小企业，或是由第三方企业"牵线搭桥"，帮助小企业与大企业建立信息连接。

兰：第三方企业有动机做这事儿。我们刚才扫码点单的软件系统，帮助小餐馆实时收集顾客需求，也反馈给上游的分销商；与此同时，掌握了小餐馆的客流、现金流和物流情况，便于提供更多增值服务，比如小额贷款、供应商推荐等。久而久之，小餐馆可能觉得，把库存信息分享给上游的分销商，命运就会掌握在他人手上。

梅：为了让小餐馆相信自己，上游的分销商要借助激励机制承诺，如果违约就赔偿，以消除成员间不信任带来的危机。

供应链由多个企业构成，每个企业承担的风险不同，自然也具有不同的动机，这就需要**企业间设计合适的激励机制，使供应链成员都能做到"多、快、好、省"**，从而满足顾客需求。讨论供应链系统中的激励机制最好的平台是基于报童模型构造的供应链系统（Cachon，2003）。为表述简洁，此处以一个供应商与一个零售商组成的供应链系统为例进行说明，供应商确定产品批发价格，零售商确定产品的订购量，随后，市场需求实现，零售商售卖产品。

在"一条供应链如同一个企业"的情境中，供应商与零售商联手确定产品批发价格和订购量，最大化供应链系统总收益。对供应商来说，批发价格合同相对简单，且不需要监督零售商的行为，只需要确定批发价格即可。然而，当零售商面临巨大的需求不确定性时，若采用批发价格合同，供应商和零售商的总利润可能会小于供应链的最大化利润，这被称为"双重加价效应"。例如，供应链上游——养鱼户若多备货，就需要承担鱼多了卖不出去的风险，而这个风险，下游企业即餐馆是不承担的。因为餐馆不承担库存剩余风险，养鱼户就没动机多养鱼，那么餐馆想多订购时，就有可能订不上货，导致缺货风险，餐馆面临的缺货风险，养鱼户也不承担。

为缓解双重加价效应，一些激励机制被提出来，如供应商管理库存、回购合同、收益共享合同等。比如，收益共享合同在影视租赁业行业得到了应用。在此合同下，供应商通常会设置一个较低的初始批发价格，然后从零售商的销售收入中获取一定的分成。从供应商角度来看，设置的初始批发价格可能低于商品的制造成本，因此在零售商销售足量商品之前，供应商一直处于负现金流状态。相对而言，回购合同在出版、高科技以及流行服装等行业很常见。在此合同下，零售商依然向供应商支付一个批发价格，不同的是，供应商需要在销售结束后向零售商以一定价格回购未售出的商品。相对于收益共享合同，回购合同使供应商在销售初期有一些流动资金，但供应商必须在销售结束后将部分资金返还给零售商，即支付回购费用。

2.2.2 产品与供应链之匹配

如果把一条供应链视为一个企业，那么根据产品－流程矩阵，这条**供应链类型也需要和产品类型相对应**。这个道理显而易见，但是在实践中，供应链上有很多分散的企业，有多个环节，涉及很多信息和物流协调工作，对需求不确定性也更加敏感。根据产品需求不确定性的高低，我们大致可以把产品分为功能型产品和创新型产品，相应地，供应链类型的管理侧重点也不同，可分为效率型和响应型供应链。

功能型产品与效率型供应链

功能型 (functional) 产品是指需求不确定性较低或生命周期较长的产品，如日常生活所需的牙膏、冰箱等，因为这些产品基本上迟早能卖出去，在一段时间内产品的需求总量较为稳定。所以，针对这类产品，企业按库存生产。在一个企业内部情境中，体现为装配线和连续流程。延伸到供应链系统中，由于产品需求较为稳定，供应链系统可以合理地计划，各个生产环节采用按库存生产流程，在向市场供应产品的流程中，也涉及各层级仓库和批量运输。也就是说，供应链各个环节均需要持有一定库存。一旦天气或质量问题在短期内影响到生产与运输，有库存做缓冲，不至于断货。同样，如果需求方在短期内突然波动，比如天气太热导致对冰箱的需求比往年都高，那么供应链中的库存（包括原材料、半成品及成品）也可以加快供应链的反应速度，满足突增需求。

企业持有库存，利处在于能够"快"地满足顾客需求，同时也使供应链系统产能的利用率较为平稳；弊处是需要承担库存持有成本。想要达到"快"与"省"，如何优化供应链的库存和运输计划很关键，包括在哪里设库房，库存量多少，运输的批次大小等。因此，运营**功能型产品的供应链系统应在满足"多、好"的需求时，尽量节省运营成本，这类系统被称为效率型**

(efficiency) 供应链。

创新型产品与响应型供应链

创新型 (innovative) 产品是指非日常所需产品、新产品或生命周期较短的产品，如鲜花、时装，顾客的需求不确定性很高。一个企业多采用项目、工作间和批次流程。延伸到供应链系统中，生产方需要即时地响应市场需求变动，意味着需要平衡好生产多或订货多而导致的库存积压成本与生产少或订货少而导致的缺货损失成本之间的关系，供应链系统不容易提前做计划。比如，服装店售卖夏季款的裙子，不可能将每一种花色、尺寸的裙子都采购进来，若库存卖不出去，整条供应链上所有成员的资金全都砸进去，就一去不复返了。如果像效率型供应链的做法一样——企业在各个环节持有一定的成品库存，则很容易形成滞销。因此，不适宜用成品库存缓冲需求的不确定性。

针对创新型产品，由于库存风险较高，企业倾向于采用按订单生产模式，所以对供应链系统产能利用的灵活性，以及产品运输敏捷性的要求较高，这需要在各个环节持有一些原材料、半成品的库存，再依据市场需求变化组织生产，为顾客提供成品。与此同时，由于供应链较长，供应链成员之间需要有强大的信息和通信系统，以及时将市场信息传达给上游企业。此类供应链被称为响应型（responsive）供应链，需要具备及时**感知**（sense）顾客需求，并迅速**响应**（respond）的能力。

在感知市场需求走势后，企业需要相应地安排供应链上游的生产计划。但是，由于供应链很长，上游企业也不是为一家下游企业提供服务，因此，下游企业需与上游企业签署协调合同，并缴纳订金，预订上游企业的一些产能，保证其能够快速地组织生产，响应市场需求变化。上游企业为了获得随时响应需求的灵活性，需要投资柔性化的设备，或模块化零部件的设计。这使得产品的生产成本不低，因此**创新型供应链系统的运营重点是在满足**

"快"的前提下，尽其所能地提供"多"与"好"。

产品与供应链匹配

结合图 1-4 所示产品 – 流程矩阵，考虑产品类型与供应链类型，得到表 2-1（Fisher，1997）。

表 2-1　产品 – 供应链矩阵

供应链类型	产品品类与需求量				
	创新型产品			功能型产品	
	单件定制	多品类低需求量	中品类中需求量	少品类高需求量	极少品类超高需求量
响应型	短生命周期产品、高科技类产品、技术更新快的产品，如鲜花、时装				
效率型				长生命周期产品、基本的生活必需品、技术更新慢的产品，如罐头、牛奶、餐具、牙膏、尿不湿、书籍、冰箱	

产品 – 供应链矩阵将不同类型产品和与其相配类型的供应链对应到一起。 其中，矩阵左上角对应创新型产品，与之相匹配的供应链为响应型；矩阵右下角对应功能型产品，与之相匹配的是效率型供应链。根据表 2-1 所描述的匹配精神，企业在构建供应链时，诸如选择供应商、厂房和库房、运输模式、信息系统，以及确定供应链伙伴间的协作条款等方面，都应先明确所供应的产品是创新型还是功能型。

若直观地解读表 2-1，企业所采取的供应链类型要么是效率型，要么是响应型。然而，企业所面临的不确定性需求既包括基础需求，也涵盖波动需求，相应地，所采用供应链的类型就不止一种。针对基础需求，企业可以采用效率型供应链，提前做计划，以较低成本运营；针对波动需求，企业可以采用响应型供应链，利用预留产能，及时地做出响应。针对基础需求，用稳定的供应源来满足，应对的流程能够做到标准化；而针对波动需求，用响应能力较高的供应源来满足（Allon and Mieghem，2010）。

　　兰：蔬菜沙拉里有新鲜的生菜、莴笋、黄瓜，罐装玉米粒、橄榄果、果仁，还有沙拉酱，同时涉及效率型与响应型供应链。

　　梅：罐装食品、沙拉酱所涉及的供应链类型属于效率型，而新鲜蔬菜所涉及的供应链类型属于响应型。

　　兰：不同类型的产品与不同类型的供应链相匹配。

　　梅：无论是何种类型的供应链，虽然都在"省、快"与"多、好"之间权衡，但是供应链管理侧重点有所不同。

　　兰：很自然的一个问题是，效率型供应链和响应型供应链分别可以共享什么信息，以及采用什么类型的激励机制？

不同类型供应链下的信息共享与激励机制

效率型供应链所生产与售卖的产品为功能型，如牙膏、棉袜、棉毛裤等。这类产品的需求较为稳定，供应链下游企业依据历史数据，能够较为准确地预测顾客需求，并与供应链上游企业分享。供应链上游企业根据预测的顾客需求信息，确定生产计划和产能分配策略，并与下游企业分享。

直觉上，只要效率型供应链系统能以合理价格提供质量优良的产品，所面临的需求就基本不变，企业间共享相关信息，就可以做到提前安排产能分配，计划生产，降低运营成本，自然地，产品单价就低了。但是也可能发生突发情况，比如，生产棉袜、棉毛裤的供应链系统，因气温陡降，或因竞争对手资金流断链突然倒闭而面临突增的市场需求，此时上游企业无法立刻增加产能以及时地响应需求的变动。若效率型供应链墨守成规，仅被动地共享相关信息，那么这条供应链系统的运营就乱套了！因此效率型供应链也需要主动捕获信息，将其纳入常规运营活动中，以保障供应链系统运营的平稳性。

响应型供应链所售卖的产品为创新型，如流行款大衣。如果供应链成员没有猜对当季的顾客偏好，所生产的大衣就很容易积压。那么，供应链成员之间有什么信息可以分享，又如何分享呢？一个自然的想法是，供应链下游企业捕获市场需求信息，并与上游企业分享。但是，关于流行款大衣的需求可没有什么现成的数据，此时企业就需要摸索市场需求。比如，在销售季节开始之前，品牌商邀请零售商参加展销会，汇总零售商的需求，从而预备生产商的产能。比如，有两款大衣，一款是驼色圆领大衣，另一款是黑色尖领大衣，有 10 家零售商对驼色圆领大衣感兴趣，并在展销会上下单，而只有 2 家零售商对黑色尖领大衣感兴趣并下单。这时，品牌商可捕获到驼色圆领大衣的需求较为旺盛，于是便提前预订生产商的产能，而将关于黑色尖领大衣的需求延迟下单，等过一段时间，临近销售期市场需求明朗时，再向生产商下单。

当供应链下游企业——品牌商将捕获到的市场需求信息与供应链上游企业——生产商共享时，生产商又有什么信息与品牌商共享呢？生产商需要将其产能分配情况与品牌商共享。也就是说，供应链成员之间实时互通信息。

供应链成员达成信息共享之后，仅意味着供应链成员之间知晓了各方承担的风险和可能的期望收益。由于存在风险承担与收益获取不对等的情境，不同类型供应链系统采用了一些激励机制，以平衡风险与收益的关系。

> 梅：供应链系统中的每个环节面临不同的风险，收益也不同。

> 兰：承担高风险的供应链成员，需要获得相应的回报。然而，在简单的批发价格合同下，供应链成员承担的风险与其收益可能不相符。

> 梅：因此需要确定供应链系统中，谁持有库存，库存风险由谁来

承担。

兰：牛羊肉、蔬菜的供应链系统中，肉被切割、处理了，蔬菜被择、清洗过后，销售剩余的库存风险只能由餐馆承担，因此，在该类型供应链中，上游的分销商可采用销售让利合同，让利给下游企业，使下游餐馆所承担的风险与其收益相符，下游的餐馆方有动机多订购。

梅：如果是米面粮油之类产品的供应链，则可采用供应商管理库存（vendor manage inventory, VMI）策略，上游的分销商掌握了下游餐馆的顾客需求，愿意更多地持有库存，并承担剩余库存的损失。

采用响应型供应链运营的创新型产品，其需求不确定性较高但单位产品的边际利润较高。对于此类产品，下游企业希望保持一个相对高的库存水平，以避免缺货损失。此时上游企业可选择收益共享合同，以较低批发价格鼓励下游企业多订购，同时因为未来能从零售商处获得较高分成，可对冲低批发价格带来的收益降低。

而效率型供应链运营的功能型产品，其需求不确定性较低但单位产品的边际利润较低。下游企业预期到未来回报较低而当下的采购成本较高，希望保持一个相对低的库存水平，以避免损失。此时上游企业采用供应商管理库存策略，承担部分或全部库存持有风险，以提高下游企业的库存水平。

两人边吃边聊，一台智能机器人托着餐后水果移动到桌前。

智能机器人：小可为你上菜。

梅与兰下筷子吃菜。

智能机器人：可向餐厅提建议吗？

兰：总体不错，但牛肉不太新鲜。

梅：嗯，应该是在冰柜冷冻多时。

智能机器人：谢谢。已记下您的建议并传达至厨房。

梅：餐厅通过智能机器人及时地收集食客体验，再根据食客的反馈，实时地调整食材供应和制作方式。

兰：餐厅在收集顾客需求方面做到了感知与响应。但是，在供应链管理方面，没有管理好原材料。餐馆是否可以选择不通过中间商，直接与源头供应商合作呢？如果这样做，就压缩了供应链长度，提高了响应能力。

梅：这样当然好，可不一定行得通。这主要取决于供应商所在地。最极端的是某种食材可能是进口的，一家餐饮企业很难有财力和资源跨过这么多环节，直接找到源头供应商。所以即使是大型餐饮企业也可能选择中间商而非直接与供应商打交道。一方面，中间商由于服务许多下游企业，需求端的风险大大减少了，而需求量又高，这就使其比单个企业更能与供应商建立长期关系，而这种长期关系可缓解交易摩擦；另一方面，供应商管理的重心在产品生产，很难及时响应需求的变化。

兰：也就是说，有时，有中间商的供应链可能比没有中间商的供应链能创造更多的价值。

2.3　匹配的"催化剂"：网络与平台

兰：在上游，中间商连接了很多供应商，在下游，中间商又连接了很多零售商，虽然我们将其称为一条供应链，其实是一张供应网络。

梅：想一想公路、铁路、地铁、飞机，这些都是运输网络，提供了产品物流服务，是供应链网络的重要组成部分。再加之通信网络，提供了产品与服务的信息交流平台。如果没有这些网络，我们只能"本地生活"——吃本地的饭、穿本地的衣。有了这些网络，我们的生活充满了乐趣。网络就是供需匹配的"催化剂"。

兰：的确如此。我刚到南京时，住的周围没什么各地风情的菜品。现在，不仅有来自全国各地的风味菜，还有意大利、德国、西班牙等国家的特色菜品。至少在美食方面，地球已经是"村"了。

梅边听边吃机器人送过来的餐后水果，包括哈密瓜、西瓜、草莓等。看着这盘水果，梅说道：

我想起一件很滑稽的事情。2000 年，我从美国先到深圳开会，再经过深圳宝安国际机场回北京。在机场，我看到荔枝、芒果这些新鲜又便宜的热带水果，便购买了两大箱，带回北京孝敬我妈。在我的记忆中，热带水果在北京又贵又不新鲜，当地居民能够买到的新鲜水果多是附近农民种植的，农民种什么，当地居民就只能买什么，品种有限。结果，下飞机后打车回到我妈家时，我发现我妈家楼下有卖热带水果的摊位，还不贵。今非昔比！没想到国内的运输网络和物流系统发展得如此迅猛。

兰：当下的互联网、移动互联网造就的平台又是一剂"催化剂"！

梅：没错！平台令众多小企业、小卖家与个体顾客建立起了连接。从这个角度看，在平台经济兴盛之前，甚至再往前推，在互联网兴盛之前，人们的生活也是因为四通八达的交通网络而大大地得到了改善。

兰：顾客从提锣拐鼓地携带水果，到现在在手机屏幕上动一下指尖就可以获得来自全球各地的新鲜水果，这都要归功于四通八达的物流系统令企业较"省"地满足了顾客"多、快、好"的需求。

梅：非常对，网络与平台是匹配的"催化剂"，实现了跨地域之间的联系。

兰：网络和平台也使得很多原本采用实体形式传播的东西变成电子的了。

梅：音乐就是一个典型例子。曾经，音乐发行商需要先生产出磁带、碟片，再传播实体到终端。现在，音乐发行商可以选择将实体的转为虚拟的电子音乐，这改变了人们享受音乐的方式。

如 1.1 节和 1.2 节所言，顾客方总是希望"多、快、好、省"，企业方发现了顾客方的需求后，选择相应的生产或服务流程，推而广之，供应链的运作也是类似，其中的核心精神是如何把供需匹配做得更有效、更合理。

2.3.1 便利连接

当下，越来越多产品的开发、制造和销售基于平台而产生，与此同时，平台的蓬勃发展也扩大了企业匹配顾客需求的范围。任何一家小公司，甚至是个体，借助平台，都可以触摸到更多顾客。比如，借助闲鱼平台，人们可以将闲置的衣服出售给需要的陌生人；借助拼多多，远在大山深处的农户可以将时令的农产品及时地卖给城市的顾客；借助爱彼迎，每一个人都可以将闲置的房屋临时租用给陌生的客人；借助滴滴网约车平台，每一个有车又有空闲时间的人都可以选择将此一时车的使用权与自我驾驶服务出售给其他需要出行的人。任何一位顾客，借助平台，也可以触摸到更多小公司。借助淘宝网，顾客可以访问各类小商家，购买品类繁多的服饰；借助饿了么，食客能够与犄角旮旯里的小餐馆建立起连接，点上一份饺子或盖浇饭；借助携程网，出行者能够查阅到当地特色酒店，并便捷下单。

在上述情境中，**服务或产品的提供者是一个个体或小企业，平台作为一种"催化剂"，方便了供需双方的连接与匹配。**

多数企业要获得规模经济效益，就得利用标准化，实施大规模生产。现在，借助平台提供的标准化、模块化与柔性化的生产与服务流程，不仅所提供的产品与服务越来越个性化，还不会增加太多成本，使得企业的流程类型越来越能够"冲"到产品－流程矩阵的左上角，并把对应的成本－响应能力效率边界曲线向右移动，即在满足纵轴所示灵活度的同时，降低了运营成本。

以往需要企业采用项目流程，由自己投资通用设备、聘用专业人员来满足的需求，现在基于平台，利用"大众智能"，不需要雇用全职专业人员就可以实现。比如，闲鱼平台不需要拥有大量的服饰，却可售卖品类繁多的服饰；饿了么不需要拥有餐馆与厨师，却可以为食客提供从盖浇饭到豪华套餐的餐品；爱彼迎不需要投资和运营酒店，却可以为天南海北的客人提供客房服务；滴滴网约车不需要购买车辆、培训与管理司机，却可以提供出行服务。

上述种种运营模式之所以层出不穷，发展势头迅猛，均要归功于平台洞察到了顾客方的需求（多——服饰品类选择；快——所想即所得的外卖食物；好——按需定制的客房服务；省——出行便捷还花费少），寻找到能够满足上述需求的企业方，并将两者有效地匹配在一起。

2.3.2　降低成本

为何借助平台，能够将双方以较低成本匹配在一起，较好地满足顾客方的需求呢？

从顾客方来看，平台降低了顾客的搜寻成本。

其一，希望获得好的服务的顾客，需要寻找能够采用产品－流程矩阵左上角对应的流程类型，如项目流程、工作间流程的企业。而采用这类流程因为需要投资通用设备、雇用专业人员，运营成本不低。比如，高级餐馆需要雇用厨艺高超的厨师，私人医院、综合型三甲医院需要高薪聘请医术高明的医生、购置技术先进的医疗设备等。虽所需经费不菲，但是满足了顾客"一站式"用餐、患者"全科室"灵活就诊的需求。现在，饿了么平台将提供不同菜品的小餐馆聚集在一起，食客只需要登录平台，用手指头点几下，就能快速地浏览品类繁多的菜品，并即刻下单；春雨医生 App 将身怀不同医疗绝技的医生会集在平台上，患者可以依据自身需求，随时向某位专业医生发出就诊需求。

其二，平台会发送基于价格或销量的推荐和人工策划的推荐。例如，亚马逊的"畅销书"页面显示了过去一个小时内销量最高的产品，而"有趣的发现"网页则展示了内部策划人推荐的产品列表。苹果公司的应用商店会发布应用下载次数排名，并重点显示应用商店内部推荐的列表，如"每日应用"、"每日游戏"和精选新应用。淘宝网、快手、Youtube、优酷等平台均采用算法，猜顾客喜欢，向顾客推荐产品。在基于平台的市场中，产品给消费者带来的效用由两部分构成：产品质量水平，以及产品设计与消费者偏好的匹配程度。由于顾客对产品信息的了解是不完全的，他们要花费一定的搜寻成本才能知道产品的效用和价格。在搜寻过程中，顾客随机选择产品进行购买，平台的推荐不仅改变了顾客的搜寻顺序，也降低了顾客的搜寻成本。

平台降低了顾客的搜寻成本，这令很多采用项目、工作间流程的企业不断地消亡；与此同时，平台可以获得越来越多关于顾客消费行为的数据，并将其作为一种"新能源"——类似于工业革命时期的石油，使得平台能够更有针对性地匹配企业方与顾客方，并指导企业提供恰当的产品和服务给顾客。

从企业方来看，**平台降低了提供产品或服务的交易成本，使得企业的形态从"大企业"向"小企业"甚至"个体"转化**。为何存在超市、传统酒店、出租车公司？这是因为，供应方与需求方之间的一笔交易要达成，需要谈判、协商、签约、合约执行，要花费时间、货币成本，于是企业应运而生，通过承担上述相关成本，作为供应方，便利了顾客需求的满足。当下，有了平台，越来越多本应由供应方承担的成本转而由平台承担了。比如，滴滴网约车借助数据量丰富、运算复杂的出行服务系统，为网约车司机提供接单建议，降低了出行服务的提供成本；饿了么借助海量食客的下单信息，不仅为小餐馆开拓客源，还可能提供食客需求预测趋势图；天猫平台借助顾客的服饰消费记录，预测下一季度的流行服饰走势，并建议天猫平台上的商家提前配备相应的服饰。

也正是由于交易费用逐渐降低，小企业甚至个体能够与大企业展开竞争，因为顾客通过平台上的服务评价能很快地找到满意的服务提供商。平台企业运作管理的演化历史是企业间社会化协同不断发展和深化的过程。在农业社会，由于社会网络连接的稀疏性，自给自足的小农经济孕育出项目流程、工作间流程；到工业时代，由于交通、运输、通信等发展，连接变得紧密，协同也获得大发展，连续流程、装配线流程、批次流程应运而生，但是此时的信息多是单向流通；到互联网时代，网络技术可支持海量信息同步沟通，大规模网络协同不再奢侈，生产运营管理逐渐走向平台化。

上述这一切之所以能发生，要归功于免费、完全和即时的信息技术的迅猛发展。比如，凭借以云计算为代表的技术，企业处理信息的能力极大地提升，在短时间内可以记录各种各样的信息。

梅：人们能驱车去超市购物，搭火车、飞机去求学、工作。2008 年，以 iPhone 3G 的发布为代表事件，揭开了人们从 PC 市场转向移动通信的帷幕。比如，借助爱彼迎，出行者可入住陌生人的房间。同时，线下连接更有可能发生，比如，借助共享单车，人们的出行空间扩大了。

兰：随后，互联网、移动通信，特别是以免费、完全和即时为主要特征的平台经济（安德鲁·麦卡菲、埃里克·布莱恩约弗森，2018），令网络连接的形态从线下走向线上，使得企业方与顾客方之间的匹配更加高效了。这使得平台与网络带来的魅力，不仅表现在发达地区，在偏远的地区，人们也能够享受到这种便利。

梅：其实，这种趋势早就被预见。弗里德曼宣称，受技术驱动，全球的大合作使得企业、个人参与的"竞技场"（playing in field）发生了改变，参与对象更加个体化了（托马斯·弗里德曼，2008）。这使得传统的只有大企业才能利用规模经济效应赢得市场份额的状态逐渐转变为，众多小企业借助平台获得数字化的规模经济优势，可持续地提供产品与服务。

兰：与此同时，采用平台模式的企业，如爱彼迎、阿里巴巴、滴滴等，其规模也越来越大了。

梅：无论是采用平台模式的企业，还是平台上的企业，都是不断地降低自己的运营成本，减少顾客的搜寻成本，便利地将供应与需求连接在一起，满足顾客在"多、快、好、省"某个维度上的需求。

2.4 匹配的使能工具："一个中心"与"五个化"

根据 1.3.2 节讨论的匹配的道理，企业需要定位于产品 – 流程矩阵的对角线上。那么，企业怎样才能做到这一点呢？当企业发现某种未满足的需求时，看准了这个市场，企业就可以利用技术、设计流程、生产产品或提供服务以满足这些需求。我们将企业运营涉及的一些做法总结为"一个中心"与"五个化"，"一个中心"是指"科技与创新"，"五个化"是指标准化、模块化、柔性化、数智化和个性化。

2.4.1 标准化、模块化与柔性化

梅：课堂上，我常用乐高积木栓柱式的结构特性解释企业为获得匹

配之美而采取的运营手段。

兰：乐高积木是一种栓柱式的拼接玩具，可以依据不同玩家的需求，组合出不同的形状。

梅：借助标准化积木模块，乐高实现大规模生产。每个小时有220万块积木从连续生产线上产出。实际上，乐高模块品类并不多，其套装的模块大多数是通用型。一个模块开模费用为7万美元左右，能制作出大约几百亿块模块；获得规模经济效应后，开模费用可忽略不计。

兰：如果非通用型模块过多，每个模块产量急剧下降，以至于开模成本无法分摊下去，就不划算。所以，乐高积木不断地向前兼容，一个套装里的乐高建筑模型和来自不同套装的汽车、灯塔、交通信号、铁轨等都能无缝地连接。

梅：电视剧《小欢喜》中有一个片段，乐高积木几乎堆了半个房间，电视剧中的人物似乎要组装一件大家伙。

兰：老师紧跟最新热播剧，还能处处读出运营管理的知识点。我第一次听说《小欢喜》，是因为剧中的孩子拿定主意，要报考南京大学天文系专业，没有想到剧情中出现的乐高背后的奥秘。

标准化——匹配之本

标准化是指企业为在一定范围内获得产出的一致性，对产品或流程的设计制定了一些通用条款的活动。

在产品设计层面，标准化表现为企业确定每一套零部件的通用结构，使得同一套零部件可被用于不同产品上，甚至在产品更新换代时，企业可保留没有设计变更的零部件，利用规模经济效应降低产品的单位生产成本，同时也可保障标准化零部件的质量水平。比如，在汽车装配流程中，福特汽车公司通过标准化装配流程，实现了汽车的流水线生产，从而能够大批量地以较低成本制造汽车，满足用户的基本出行需求。再比如，企业可以采用批次流程制造盒饭，标准化饭盒的大小，无论饭菜如何变化，盒子不变，所装的米饭也不变，从而能够以一定的批量满足顾客的需求。

在流程设计层面，标准化表现为企业将每一个流程规范化。借助标准化的理念，企业采用六西格玛管理方法，将企业的生产和服务流程标准化，不让流程中的决策者出错，从而将产品质量保持在一定水平。再以盒饭的制造为例子，为了使装菜流程高效，制作者需要考虑盒子放置的位置、各类产品装入的顺序、包装袋放在什么地方等。如果流程规范了，制作者就能做到"快"与"好"，也就有可能采用机器自动化地处理。

标准化的理念使企业可以将一套需要反复做的流程规范化，以便于复制与自动化，减少浪费，从而实现"省"与"快"的目标。比如，英特尔公司将工厂建造与生产运营流程标准化，这使其很容易在世界范围内"开疆拓土"。

流程的标准化使企业可以实现流程执行的自动化。自动化的流程也符合顾客想独处的需求，因为一些顾客不想和人打交道，他们希望在自己方便的时候，借助自动化的流程，默默地把一些必须完成的任务完成。

借助标准化的理念，企业能够将重复性的生产与服务步骤规范下来，交由专门设计的程序、机器完成，这使企业可以采用如图1-4所示的产品－流程矩阵右下角的流程类型，即装配线流程、连续流程，以较低单位成本为顾客提供产品或服务。

标准化 vs 模块化——刚柔并济

如果企业能够把一个大的生产或服务流程分解为若干小的流程，并且其中的部分流程还可以依据顾客方的需求灵活地组装在一起，这就是模块化所带来的功能。**一些企业如乐高采用模块化方式，把产品或服务设计成若干模块组，每一块都是标准的，并且各个小部件的衔接界面（interface）也是标准的，从而可以组装成多种多样的产品。**

　　管理大师西蒙用钟表匠组装钟表来比喻模块化的功能。假定甲、乙二人都用 1000 个零件组装钟表，每装 100 个零件，会有一次被干扰，使组装工作需要重新开始做。甲分三层进行组装，每个部件由 10 个零件组装而成，他必须完成 100 个分部组件。而乙不分层，一气呵成，直接将 1000 个零件组装成钟表。因此，当甲被干扰时，他只丢失了组装工作中很小的一部分，而乙被干扰后，则需要从头组装钟表。相对于乙，甲可快速地完成钟表组装工作。

乐高的趣味

　　实施产品模块化以后，产品结构中零部件功能与产品功能形成一一对应的关系，若企业为提升产品功能而更改了部分零部件，也不会影响其他零部件和功能的调整。因此，模块化降低了模块间的知识关联度，由标准与衔接界面的应用取代人与人之间知识的交流，减少不同模块之间需要沟通的知识量，由此减少了分工协调所需的信息，降低了分工协调成本，帮助企业获得了"多"与"快"。

企业实施标准化只是实施模块化的基础，只有标准化的部件之间的接口是彼此兼容的，企业才能够依据顾客方的需求，灵活地调整产品或服务的构成内容，又不失去标准化赋予企业的规模经济优势。

"从 0 到 1"到"从 1 到 100"的创新。 "刚柔并济"一图是朱亚文教授一笔一笔画出来的，是一个从无到有、"从 0 到 1"的创作，全程创作体现出作者的艺术审美品味，属于项目流程。

刚柔并济（朱亚文 作）

如果其他人也喜欢这些画作，想拥有的话，一是可能太贵了，二是也没有那么多的量；退一步，或许其他人未必希望拥有此画的原件。面对这类顾客的需求，有什么办法解决呢？画商"从 1 到 100"前行。相对于"从 0 到 1"所体现的作者利用新技术或创造新技术灵活满足顾客需求的流程，"从 1 到 100"的创新是从少到多，更多地体现出企业如何组织批次运营活动，尽其所能，"多、快、好、省"地满足顾客的需求。

为了实现"从 1 到 100"的创新，深圳大芬村的画商将画作拆解为不同的模块，聘请一批技师，每个人画其中的几笔，采用装配线理念制作出来，全程制作体现的是规模经济效应带来的低成本优势，所生产出来的作品并无太多艺术审美价值。进一步，若不同模块中的有些模块可以变化，如花瓣的颜色可以变化，那么，画商就能利用模块化带来的优势，依据顾客需求，将花瓣的颜色调为大红、粉色、绿色等，制作出不同的画作。

再进一步，若画商在利用算法的道路上前行，尽其所能地利用算法理解画家的创造力，并将其数字化，总有一天，会出现一幅机器画给某个人看的画作。

其实，过去几十年，很多事物的发展都是这样，人们的生活水平大大提高了，企业做了各种各样的创新，特别是在当下中国的商业情境中，很多创业公司借助中国巨大的人口红利，花样翻新地创造着各类运营模式，满足顾客需求，做到了为人民服务。

延迟产品差异化使企业能够依需求"分"与"合"生产流程。同一个企业提供不同品类产品的流程，可以把有共性的部分合并。这一部分需求量被叠加在一起，总量就提升了，就可以将其标准化、自动化，或是将其外包出去。这是因为企业希望充分利用产品 – 流程矩阵右下角的流程类型在降低单位成本方面的优势。

梅、兰二人分别出门搭乘地铁流程中的"分"与"合"。无论梅、兰二人的出发地与目的地有何不同，她们都要经过买地铁票、验票进站、上下车及验票出站的流程。曾经，买地铁票、验票进出站主要依赖地铁员工完成，这种服务流程不仅使地铁员工的工作负荷较重，也导致乘客搭乘地铁的体验不佳。逐渐地，移动支付技术及智能手机的发展使地铁站能够将不同乘客的类似需求标准化、模块化，从而利用自助设备实现自动化。我们将搭乘地铁流程的"分"与"合"总结为图2-2。从企业方来看，企业提供的流程利用了技术化手段，将原来需要分别单独处理的事项合并处理，节省了人力、财力。但是，从顾客方来看，还是需要一个人一个人地购票。

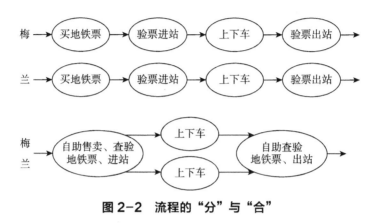

图 2-2　流程的"分"与"合"

流程的"分"与"合"是一种艺术，需要企业根据实际情况实施。当人工成本较高时，企业通过整合产品生产流程的上游环节，可以降低运营成本。比如，银行工作人员的时间较为宝贵，如果顾客事无巨细都要到柜台办理，那么一天下来，银行工作人员也服务不了几位顾客。逐渐地，银行发现，虽然不同顾客的需求各式各样，但是可以把看似不同的需求的共性提炼出来，将其流程标准化、自动化，从而节省人力。比如，一个人存钱、一个人取钱，看似不一样的流程，其实都是一个顾客与银行钱库交易的流程，自然地就可以自动化地处理，并将一些流程合并。

在餐饮行业，**模块化的服务流程表现为对顾客服务需求的满足由一系列服务子系统组合而成**。比如，在食客下单之前，汉堡王的汉堡只是半成品，其并不把这些半成品全组装起来，而是要等食客下单后，依据每个订单的特性，选择不同品类的半成品进行组装，满足特定的需求。这样的一个流程类似于乐高积木的组装。

在人员雇用领域，企业的用工需求也可以模块化。新冠肺炎疫情期间，传统餐饮企业生意惨淡，而以盒马鲜生为代表的生鲜电商却出现"用工荒"。"脑洞"大开的盒马鲜生开启了一场救人亦自救的抗"疫"行动：利用餐饮业对从业员工素质要求的共同性，邀请云海肴、青年餐厅、蜀大侠等餐饮企业的员工，模块化组合员工的工作技能，将其纳入盒马鲜生的临时用工队伍中。

在疫情蔓延的危急情境下，快速建设医院的需求凸显出模块化的重要性。2003 年，由于非典型肺炎疫情迅速蔓延，北京在 8 天时间内紧急建设了一家有 508 间病房、上千张病床的小汤山医院；2020 年，由于新冠肺炎疫情肆虐，武汉在 10 天之内建了一家建筑面积达 3.39 万平方米，可容纳 1000 张病床的火神山医院。火神山医院可如此迅速地建成并投入使用，是因为在整个施工流程中，施工单位借助模块化、标准化的施工流程，按照工期及工序衔接关系，快速地修建病房。

> 方舱医院的建设体现出模块化带来的优势。方舱医院由医疗功能单元、病房单元、技术保障单元等构成，是一种模块化的、可快速部署的成套野外移动医疗平台。当突发战争或疾病，政府可以快速地建立方舱医院，并配备不同类型的医护人员，灵活地满足当下的就诊需求。当突发状态结束，方舱医院关闭后，这些模块化的卫生装备可以被拆解下来。若再遇紧急情况，也可以再将其组装在一起。

无论是在产品制造、服务流程设计，还是人员雇用领域，企业基于模块化理念满足顾客需求的商业模式，可谓困境下催生的创新。

模块化 vs 柔性化——拾柴添薪

企业面临的运营环境并非一成不变，市场需求、商品价格、劳动成本、科技、设备可用性及生产和物流环境等都会发生改变。面对变革，**企业在增**

加灵活性的同时，可以做到不增加运营和供应链管理的成本，使流程更加灵活，这种能力被称为柔性化。

模块化使企业能够采用延迟制造策略，灵活地响应顾客需求（Lee，1988；Feitzinger and Lee，1997）。除此之外，企业投资高效率的、灵活的生产设备，聘用高层次的人才，建立先进的信息和通信系统，迅速地感知市场需求的变化，能够及时协调生产或服务流程，并对需求变化做出响应。企业对柔性化的要求越高，其在产品–流程矩阵上的定位越靠近左上角，就越需要采用工作间、项目流程。比如，一些高级餐厅为了灵活地响应多变的顾客需求，需要聘请或培训高水平厨师，只有厨师具有很高造诣和丰富经验，才能提供丰富的菜肴，满足不同食客的需求，自然地，就做到了柔性化。智能手机的操作系统作为一种通用软件，可以衔接各类模块化的App，使得智能手机更加柔性化，具备听书、听广播、打电话、拍照、存储等功能。

> 苹果智能手机的 App 接口之旅。2007 年，苹果手机首次出现，用户从外部开发人员那里买不到任何 App，因为乔布斯希望由苹果公司开发苹果手机所有的 App。随后，在一些外部影响下，乔布斯允许外部 App 接入苹果手机，这造就了苹果应用商店今日的大红大紫。今天，难以想象一部智能手机不支持来自独立开发者的 App。

企业在柔性化方面做到了极致，就能实施项目流程。比如，采用 3D 打印技术的企业，可以依据顾客的个性化需求，制作助听器、义齿、人体必需的各类小骨头等。

总而言之，柔性化是企业实施运营管理的一种宗旨。**为了达到柔性化，企业先做到标准化，把顾客的部分需求共性化，再做到模块化，并借助新**

技术，或创造新技术，把产品做得更多样一些，使顾客的个性化需求得到满足。

身具柔性化"内功"的企业，就像经常做瑜伽的人，具有很好的柔韧性，可以打拳、劈腿，面对外界的各种不确定性冲击，可以灵活地做出反应。对企业而言，所具有的"内功"是模块化所赋予的。但是，企业想习得模块化的"内功"，非一日之功。想一想，如果要求一个人一日之内速成为瑜伽大师，又有多大可能性呢？

曾经，企业没有那么多工具，但是有了技术化手段后，企业就多了很多新工具。有时候，企业面临新技术，需要一点灵感，觉察到该项技术可能引发的新需求。2008年，IBM将硬件业务售卖出去后，向软件开发、服务方向转变。IBM将其全球员工的工作特性、参与项目情况等数据汇总在一个数据库中，如果出现了一个新的项目需求，项目管理者可以在数据库中搜索合适的人选，很容易就可以组织一个项目团队，更快地响应新项目的需求。就连运营管理领域的学术文章，论文作者的合作关系也呈现出全球化、多样化特性（Song，van Houtum and van Mieghem，2020）。

标准化、模块化与柔性化相辅相成，均可归为技术化的体现，技术化手段赋予企业创新能力，帮助企业在产品或流程方面做出新的"金刚钻"，揽到新的"瓷器活"，从而更好地响应需求，在更好地满足顾客需求方面，呈现螺旋式上升。

2.4.2　数智化与个性化

兰：有一次，我忙得忘记买牙膏了。想起来时，外面却是倾盆大雨，不方便出门。

梅：现在，在亚马逊上购买此类日用品的顾客会被询问，是否愿意签署一个自动协议，确定多长时间送一次，一次送多少量。亚马逊综合考虑了大量顾客的需求，提前做好计划，使供应链系统能够迅速地响应顾客的需求。

　　兰：除了以标准化、模块化与柔性化为代表的方式，企业"对症下药"满足顾客需求的手段，还有数智化。

　　梅：数智化方式助力产品（服务）与流程的匹配，从而较"省"地满足顾客的个性化需求。背后的精神是迅速地感知顾客的需求，并快速地做出响应。

数智化——螺旋上升

　　数智化是数字化与智能化的一种综合说法。**数智化技术促进企业与企业、人与物、物与物间的连接（connect）、交流（communicate）、协调（coordinate）和协作（collaborate），简称为4C。**面对数智化浪潮，企业可以"俯首称臣"，也可以因势利导，创新性地优化流程，更好地满足顾客需求。

　　数智化让企业很容易感知到顾客需求的变动。曾经，企业用于感知顾客需求，实施响应型供应链的技术不多。比如，企业每半年预测一次需求，每一个月再更新一次需求，这是没有办法做到及时响应。现在，借助大数据、机器学习、人工智能，供应链成员企业能够迅速地感知顾客需求；借助物联网、3D打印制造技术等"新基建"技术，企业可以将所需的设备连接在一起，在产品方面做到了创新，从而能够即时地调整生产、仓库与运输的计划，做出快速的响应。即便是在效率型供应链系统中，也可以借助物联网技术，感知顾客的多变需求。

　　数智化技术使得看似不可能的事情成为可能，如偏远地区的急诊需求，也能得到及时响应。住在偏远地区的人们若受了伤，或突发疾病，要临时去位于县城或城市的急救中心，因路途遥远，总是来不及。若医院把急救中心放在乡村，又会造成浪费，因为在人口稀少的乡村，没有那么多急诊需求。因此，长久以来，偏远乡村人们的急诊一直得不到很好的满足。现在，Avera eCARE 借助数智化手段，就可以做到"远水解近渴"。

Avera eCARE 建立了一个远程医疗中心，为美国 30 个州的 179 家医院提供远程急救服务。每一位医生都在一个小隔间工作，小隔间对应的远程急诊科室配备了齐全的急救工具、几名护士及用来监测患者情况的若干高清摄像头。远程医疗中心的医生"艺高人胆大"，而农村急诊科室的护士经验不多、胆子不大，在紧急医疗救助流程中，远程医疗中心的医生起到了导师作用，由他们把关，护士方敢去做，把患者的生命先维持住，之后，再开车到附近的大医院，对患者做进一步处理，从而赢得与死神的赛跑。

为何在农村地区出现了线上急诊服务？对急诊室来说，农村地区地广人稀，急诊需求量小，医疗物资的存储、运输困难，且农村地区的人很少买保险，急诊费用昂贵，人们无法负担。而线上急诊具有很高的便捷性以及很强的响应性，同时费用相对较低。对医生来说，在农村急诊室工作意味着要么在农村居住，娱乐、文化交流机会较少，要么在城镇居住，但需要支付额外的时间成本。同时，农村急诊室的工作条件让医生没有理想的职业发展前景，急诊费用比城镇低，医生的收入也不高。因此，农村地区的医生数量不足，技术水平也不高。

线上急诊采用的是医生远程"望、问"手段，但是，监控装置技术的限制降低了急诊的柔性化程度，仅能用已有的器材做简单的稳定病情操作，无法针对不同患者做更多的专业治疗。比如，医生只是指导护士为患者插氧气管稳定病情，但是医生的指令经由护士操作，急诊的可靠性就被降低了。另外，在突发情况如断电、断网等情形下，患者的生命安全也将会受到威胁。

在中国的一些乡镇，同样存在类似需求，却没有类似于 *Avera eCARE* 的服务，并不是因为中国农村的网络基础设施不发达，或是相关硬件设施不到位，没有办法让医生看得清楚，而是受限于医疗保险制度和不同层级医院的诊疗范围。

无论数智化技术是被创造出来的，还是自然产生的，借助数智化的"东风"，企业都可以改变原有运营流程或创新产品性能，获得更加精细的供需匹配，更好地为人民服务，做到"对症下药"。

个性化——科技向善

在产品与服务的设计中，企业为顾客着想。**各行各业的企业都在尽其所能，利用数智化手段满足不同顾客的个性化需求。**在此流程中，关心人本身始终应当成为一切科技奋发向上的主要目标，从而保证技术与创新可以造福人类。

数智化手段可使产品和服务更人性化。在移动通信领域，为满足人们随时随地的通信需求，苹果、三星、小米、华为等一批智能手机企业应运而生；在社交网络领域，为满足人们随时随地的社交需求，微信、脸书、QQ、WhatsApp等社交工具应运而生；在餐饮领域，为了满足人们想吃就吃的需求，饿了么、Uber eat、美团等外卖配送平台诞生了；为满足顾客网络购物和商家做生意的需求，易趣、阿里巴巴、京东和亚马逊等网络销售平台涌现出来。

数智化助力个性化购药流程的实现。在不同应用场景中，梅、兰二人体会到的个性化服务也不同。

在美国的梅使用耳鼻喉相关药品的经历。药品公司致电梅：你最近买了一种药，花了25美元，如果公司每2个月给你送一次，只要15美元，你觉得如何？接到电话的梅惊讶于药品公司能够如此迅速地与目标客户联系，不过她婉拒了药品公司的好意，因为她买了第一瓶药后，只用了几滴，就不需要再用了。放下电话的梅想，如果其他患者需要经常购买某种药品，药品公司提供的服务就正中下怀了！

在中国的兰，受新冠肺炎疫情影响不便出门，便在 1 药网寻求线上问诊，获得下单买药、供应链配送、商保支付、后期健康管理等一站式服务，形成了一个医药健康服务的闭环。

在生产流程的设计中，企业为员工的需求着想。数智化手段将人从重复性劳动中解放出来，也让一些人暂时失业，看似有损人性化，却可能促进企业与员工思考并提升员工的工作技能。

数智化与人性化的冲突。世界第二大汽车玻璃供应商福耀玻璃为控制运营成本、占领市场，于 2014 年在美国投资建厂。在美国的工厂正式运营后，问题随之爆发——福耀玻璃追求高产出，其在加班、安全、薪资待遇等方面的处理方式激起了美国员工的不满。经历几年折腾的福耀美国分厂开始盈利，但和初入美国时的福耀工厂不同，此时福耀玻璃裁掉了多数员工，工厂内的很多岗位由机械臂取而代之，仅剩的员工也随时面临下岗。一时的失业是否有助于激发员工的自我变革，从而形成良性循环呢？让我们拭目以待。

福耀玻璃在美国的遭遇并非孤例。苹果的代工厂——富士康曾因工人的工作条件问题而发生一系列悲惨事件，如今，越来越多的富士康工厂转而采用机械化、自动化生产系统，启用"无人工厂"。虽然一些工厂可能由于某些原因而暂时不采用某种先进的制造技术，但是技术发展的滚滚车轮最终是无法阻挡的。

每一波技术来临，都会导致一批失业。那些被自动化流水线所替代的工人要即时地转行，学习新的技能。比如，考虑到中国进入老龄化社会，护理行业急需大量人力，那么，工人可以考虑学习护理技能，在护理行业寻得就业机会。

"一个中心"

无论是标准化、模块化、柔性化，还是数智化和个性化，都是企业采用一些科学与技术手段，改变做事情的方式，创新生产与服务流程。企业通过产品生产流程中的标准化，实现批量生产的规模经济效应，达到"省"。在此基础上，进一步引入模块化，向"多"且"省"挺进。基于模块化，再加上柔性化生产设备，加强工人技能训练，提高流程的柔性化程度，获得"快"，进而，利用互联网、大数据、机器学习、人工智能算法等，实现个性化，获得"好"。

企业实施"五个化"的核心精神为科技与创新：企业充分利用科学方法，引进先进技术，创新流程。科学技术的每一次进步都会成为未来流程创新的一块"积木"，企业通过不断积累，掌握各具特色又彼此衔接的电子"积木"，建造越来越柔性（"多"且"省"）和敏捷（"快"）的流程，满足越来越细分的顾客需求，从而变现科技与创新所蕴含的价值。以图2-3表达"一个中心"与"五个化"之间的关系。

梅：匹配的逻辑和艺术早已在书本中有各种各样的体现，我们所讨论的，只是汇集了衣、食、住、行方面的商业模式，从这个点，促进大家打开思路。

兰：我们的讨论是从企业角度思考其如何满足顾客需求，也是从顾客角度看有什么需求没有被满足或满足得不够好。

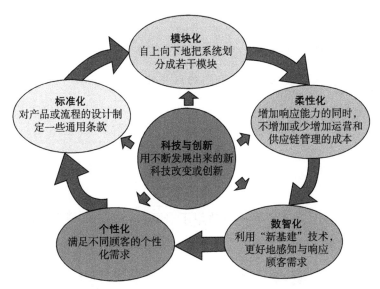

图 2-3 "一个中心"与"五个化"的关系

言语间，到了餐馆打烊时间，梅起身走到收银台，扫码付款。

兰：现在，人们带上手机就可出门，一切业务皆有可能数智化。

梅：什么都可以数智化，理发就不能数智化！因各种原因不能出门，修头发就成了大问题。

兰：当下，买衣服的流程也没有完全做到数智化。最近参加会议又正赶上换季，我还没添新衣呢！

梅：明天会议结束，我们一起购物。

兰：好嘞！

与兰再次相聚，令梅忆起青葱岁月，从"为人民服务"、"多、快、好、省"，到"对症下药"、产品－流程矩阵。世界在变，梅也在变——从一名留美的中国学生到一名在美国工作的教授。但是无论身份发生什么变化，她都需要解决衣、食、住、行的问题。

与梅再次相遇，令兰感慨生活中处处皆是学问。待兰到了梅这一人生阶段，又会将什么样的人生感悟融入学术研究中？兰带着对未来的憧憬渐入梦乡。

她们在尽情享受和欣赏生活之美的同时，通过分享对生活中美和乐趣的感悟，呈现出她们所体会到的商业世界中的奥秘与道理，这也是一种匹配之美！

2.5 小结

产品与流程匹配的道理不仅适用于涉及人、信息与所有物的服务流程的选择，也适用于供应链与产品的匹配。特别是，从供应链角度，需要区分是效率型供应链，还是响应型供应链。即便采用的是效率型供应链，企业也需要感知顾客的需求，及时响应；在响应型供应链系统中，企业更是要集中注意力，及时地感知顾客的需求，并迅速地调整生产流程，以匹配顾客的需求。另外，平台与网络作为"催化剂"，加强了供应与需求的匹配。

随着信息技术的进一步发展，企业通过人工智能感知顾客的需求，预测顾客所需，主动响应，利用"一个中心"与"五个化"，不断创新产品与流程。

3

衣：从衣着单调到穿搭时尚

第二天，梅和兰在会场相遇。兰发现正在学术讲台上的那位资深学者穿着一件对襟中山装，不时地左右走动，讲着服饰供应链运营管理的那些事儿；台下的听众如四月的麦田起风，根儿不动，头一会儿倒向左，一会儿倒向右。

中场休息，意犹未尽的兰和梅聊起来。

兰：想起一位学界前辈曾提及，年轻时的他，第一次出国前，拿着布票到友谊商店制作了一套中山装以便出国访问。那位前辈说，早年间，中山装的面料单一，做工粗糙，仅能实现保暖的基本功能，人们没有更多选择，只能有啥穿啥。

梅：如今的中山装款式品类繁多，能满足不同顾客群体的需求。同时，生产商不断改进面料，服装在保暖的基础上还保证不缩水、不褪色、耐磨经穿，且平整易烫。

兰：从中山装的变迁可以窥见，人们想穿得好，这是一种内在需求，但是受限于技术、生产等方面的因素，企业无法以顾客能够接受的价格满足他们的需求。

梅：人们的生活质量不断提高，对服装的功能和样式也提出新要求，穿衣需求表现为：多——服饰品类多，购买渠道灵活；快——想要即所得；好——裁剪合身、品质好；省——花费不多。针对服饰产业，我们从需求源头——顾客，到生产源头——企业，顺着服饰供应链的运营决策，讨论其中的产品与流程匹配之道。

兰：谁不想穿得有个性又时尚呢？！可是又有多少人肯花那么多钱去买那么多个性化的衣服呢！面临顾客的这种穿衣需求，从实体店到网店，从销售端到生产方，企业创新性地采取了一些"法术"，满足顾客花钱少又能常穿新款式的需求。

梅：为满足大前线顾客"多、快、好、省"的需求，在大后方，企业利用标准化、模块化、柔性化、技术化等手段，并加以个性化考量，"对症下药"地满足顾客在不同场景下的购衣、穿衣需求。

兰：现在，服装企业有了那么多技术，能够及时感知与响应顾客需求，灵活地采用按库存生产与按订单生产方式，就更容易满足顾客对"多、快、好、省"的追求了。

3.1 大前线：体验 + 便利

人类具有羞赧之心后，就需要穿衣。最初，衣服来自"私人订制"，采用项目流程，自己就地取材地制作衣服。古代一件讲究的衣服，不知道要经过多少年、多少巧手才能完成。这背后即为项目流程。随后，有了专门为人做衣服的店铺；再之后，成衣制造的流程越发标准化、机械化，采用装配线流程的服装厂商可以大批量地提供服饰，顾客再也不需要总是去裁缝店量体裁衣了。

顾客虽然不需要去裁缝店量体裁衣，却需要出门买衣服。不可能直接找服装厂商购买衣服，因为每一位顾客的需求都是多品类的，若为了满足自己的需求，顾客去和一个个厂商打交道，搜寻成本太高，也不现实。此时，出现了售卖衣服的零售商。这些零售商将不同服装厂商生产的服饰聚集在一起，并在距离顾客近的地方开设店铺，满足顾客一站式购物的需求。**由于每个顾客的需求不同，因此，售卖衣服的零售商采取了工作间流程**。为让顾客较容易地找到相应的产品品类，降低顾客的搜寻成本，零售商会将衣服、鞋子等分门别类地呈现，便利顾客购买。这个道理与餐厅的工作间、医院医技部门的分类是类似的。零售商的类型有实体店、网店和全渠道店铺等。接下来，我们逐一说明。

3.1.1 实体店——以"好"与"快"取胜

会议结束，梅和兰走出会议厅。在酒店门口，两人不约而同地抻了抻肩膀。

梅：在会场就座一天，腰酸背痛。我们到街上走走逛逛吧。

兰：好！一起逛街令我想起多年前我们去学校附近的服装店买衣服。那些服装店既卖韩国流行服饰，也卖欧美品牌尾货，样式新颖价钱也不贵。

梅：我们为对方试穿的衣服给出参考评价，真是有趣。

言语间，梅脱掉外搭的西服，露出里面的连衣裙，和兰并肩走向服装店林立的街区。

兰竖起大拇指：老师预料到我们要一起逛街，从酒店房间出门时，穿一件连衣裙，外搭一件西服。开会期间，穿西服较正式。会议结束，脱掉西服外套，便是适合逛街的休闲风格。

梅：衣服的穿搭如乐高积木一般，可以依需求自由地搭配组合，还花费较少。

兰：自由搭配的思想不仅体现在衣服穿搭方面，也体现在顾客选择购衣渠道方面。顾客可以直接从实体店或网店购衣，也可以同时利用实体店与网店的优势。

梅：企业洞察到了不同顾客的需求，采用不同的生产与服务流程，满足了顾客对"多、快、好、省"不同程度的需求。

俩人正聊着，已然走到街角的一家服装店，梅从服装店橱窗里看到几款连衣裙，感觉适合她们，便拉着兰一起进店。

导购：欢迎光临！

梅：这件裙子看起来不错。

兰：做工细致，颜色也正。

梅：你试一下这条裙子吧。我们边选衣服边聊。

兰拿着梅递过来的裙子，走进试衣间。

哪个顾客不希望可供选择衣服的款式多、质量好、价格低又适合自己呢？在没有互联网的年代，顾客只能在实体店购衣。无论是专门售卖某个品类的专卖店，还是售卖众多品类的百货店，不同类型的实体店都在思考自己想服务什么人群，以满足某类需求。卖衣服是一种服务，在此服务流程中，人是身处其中的。因此实体店本身有个好处，能够实时地观察顾客需求，为顾客提供一站式服务。为了方便顾客，减少顾客的搜寻成本，实体店就应该将产品分门别类地摆放。

但是受限于物理空间及场地租金，实体店提供的服饰品类少价格又不低，多数顾客不会为了"装门面"而在服饰上花费过多。因此，实体店在如何较好又较省地服务顾客方面颇费心思。

实体店的优势

位于人流量大的地方的实体店，能够便利地满足顾客临时产生的购买意愿。

到上海出差的梅常常花上几分钟，就能从街角的服装店里购买到一件打折后既实惠又合心意的衣服，这是因为梅入住的酒店位于闹市区，自然逛街方便。

实体店为顾客提供的购衣服务流程，可匹配顾客的个性化需求。一些顾客看橱窗的衣服风格及是否有打折促销活动，决定要不要进入店铺精心挑选。若顾客进入，实体店允许顾客触摸衣服，相比于网络上精修过的衣服照片，实体店衣服的颜色、款式真实可见。在导购的帮助下，顾客可快速地搭配衣服，亲眼看见衣服的上身效果，快速地做出购买决策，降低购买后悔度，实现了供与需的匹配。

实体店也为顾客提供一种社交可能。比如，兰购衣时可能犹豫不决，若和梅一起逛街，梅可帮助兰做出购衣决策。在购衣间隙聊天还可增进两人的友谊。

实体店的劣势

既然实体店有优势，为何实体店数量还在减少？这既需要看到实体店给顾客带来的"好"，也要看到其不能满足顾客对品类多和费用省的需求。

空间有限的实体店没有能力提供多款式服饰。无论一家实体店的资金实力有多强，实体店的面积和货架空间有限，只能展示有限款式的服饰，难以满足顾客对服饰品类多的需求，导致顾客满意度下降。除提供的衣服品类不够多外，实体店的经营成本和库存成本较高也使其不能为顾客省钱。

其一，因为实体店有租金成本、人工管理成本、水电等运营成本，相比于网店，实体店的维持成本更高，因此，衣服一般都不便宜。并且，越来越多的人拿着智能手机在实体店"消费"。顾名思义，顾客在实体店看货，而到网店购买，这种现象被称为"展厅效应"[1]。

其二，为防止缺货，及时满足顾客需求，实体店需备一定量现货，导致运营成本较高。实体店的现货管理多采取复仓法（s，S）补货策略：实体店有两个仓，当大仓 S 中的衣服卖光，即到达库存临界值小仓 s 时，实体店再次订货，以求大仓再次被填满，即衣服库存水平达到大临界值 S。订购的衣

1　展厅效应指顾客将实体店仅当作样品展示厅的一种行为。顾客在实体店只是看和比较商品，并没有当场购买的意图。

服到货之前，实体店可继续售卖小仓内的衣服。

　　梅想起平时开车，给汽车加油也是采用此策略。为保证车一直能开，她不能等到油箱几乎空了才加油，而是当油表上黄灯亮起，汽油还剩 1/4（s）不到时，她就准备加油。油箱容积固定，每次她都加满为止，使得油量达到大临界值 S。如果处在日常通勤状态，梅对小仓的要求不会太高，因为她的出行有规律，并且也很清楚哪里有加油站。如果是开车出门旅游，梅对小仓的要求就会高一些，因为她不知道当天要开车到什么时候，也不清楚附近是否有加油站。

油表盘

　　人们对小仓的设定受外部环境影响。比如，当疫情暴发，人们往往会到超市抢购卫生纸，因为无法预测疫情对超市补货、交通出行的近期影响，而卫生纸又是不可或缺的生活必需品，因此，人们会提高对小仓和大仓的预估值，增加采购量。不过，终端的库存水平较高，库存持有成本较高，实体店在增加销量的同时，库存水平也随之攀升，使其无法较"省"地为顾客提供衣服。

　　加快库存周转，提高正价售罄率，降低库存滞销风险，方是实体店的制胜秘诀。高库存周转率意味着企业的现金流流动速度快，可获得更多市场份额；而低库存周转率意味着企业将现金流转换成产品积压在仓库中，企业会渐渐被挤出市场。即使降价让顾客感到"省"，也无法从根本上提升服装企业的库存周转率。

3.1.2 网店——以"省"与"多"取胜

零售业的发展从以前的实体店到现在的网店，背后的驱动力是人们需要快的响应速度、好的产品服务体验、低的购买成本。随着硬件设备的完善，PC端、手机端网络及移动支付等技术手段的发展，以阿里巴巴为代表的企业突破了实体店的空间局限性，帮助小企业在网络上售卖产品，满足顾客各种各样的需求，也带来了一种轻资产的运营方式，打破了"大生意需要大家当"的固有思维，搭建平台，将小型企业与顾客连接在一起，帮助企业节省运营成本，帮助顾客节省消费开支。但是，顾客在网络购物流程中，因为无法接触到衣服的实物，购物体验不佳，因此网店利用虚拟试衣间、网红带货等模式，提供更接近在实体店购物的感觉和效果，帮助顾客消除潜在的消费隐患。

的确费用低

从行业经济方面看，顾客在网上搜寻成本的降低使网店的产品价格下降，这是因为更低的搜寻成本便利了顾客的比价行为。从运营管理层面看，网店之所以能较"省"地服务顾客，有以下原因。

其一，网店的库存持有成本低。一方面，由于网店可以将产品放在店主家里或偏远的仓库，库存运营成本压力较小，经营规模不受场地等硬性因素限制，因此网店售卖的衣服价格相比于实体店更便宜，能够帮助顾客省钱。另一方面，网店虽然与实体店一样，都需要持有一定量的库存，用于满足顾客的需求，但是网店能够降低在库存持有成本方面的开销，这是因为网店可以将不同区域的顾客所需的库存，集中地存放在一个地方，利用不同地点需求的差异，灵活地调拨库存，实现以相对较少的库存满足顾客需求。也就是说，**网店可以将用于满足不同区域需求的库存在线"集中"存放，实现风险共担（risk pooling），降低总库存水平。**

华为前驻非洲员工杨涛针对非洲线下实体店价格昂贵、选择品类少的问题，为满足非洲人民对低价高质产品的需求，开设 Kilimall 线上电商平台。创立初期，Kilimall 以非洲本地运营和招商为主，聚拢非洲本土商家，将产品出售给顾客，交易成功后，平台再抽取佣金，该方式为非洲人民带去了高质低价的产品。

其二，服务单位顾客的投资成本低。即使网店与实体店的经营成本相近，由于网店可以覆盖更多市场，需求量上去了，也可以为顾客提供更低的价格。

兰试穿着梅推荐的裙子，走出试衣间。

兰：尺码有些大。

梅：可以再试一下淡色的同款。

听到梅、兰二人的评述，导购进入后面的储存间，寻找货品。

兰：如果顾客要一个东西，不需要导购跑来跑去，企业节省了人工成本，顾客就能获得"省"。

梅：若顾客在亚马逊、阿里或京东上在线购物，顾客订单可以很容易地得到处理，这是因为取货、打包、贴标签等流程都可以部分地数字化处理。如果某个品类的销售量非常大，企业还可以引入自动拣选系统，自动化处理顾客的订单。

兰：打包后的包裹需要一件件地送到顾客手上，还是很个性化的。

梅：虽然顾客下单、收货的流程是个性化的，需要企业采用项目流程予以满足，但是中间环节，如货物拣选、包装、配送等操作可以被标准化，不仅有助于提升处理速度，还可以降低成本。

兰：这个线上购物全流程的分分合合是我们之前中说过的企业可以在不同环节用不同流程服务顾客的道理的又一个佐证。

其三，网店所在平台的运营成本低，可以助力网店为顾客提供低价产品。虽然一些大企业，如格力电器，因为自己足够强大，且有足够丰富的产品线，可以借助自己的网店与顾客顺利地联系起来，未必总是要借助京东、天猫等销售平台，但是很多企业必须挂靠平台，要不然自己的产品很难被顾客搜寻到。为了应对众多企业在促销期集中爆发的需求，亚马逊、阿里巴巴等采用云计算模式，允许挂靠在平台上的企业按需租赁网络售卖支持的计算资源，以应对一时的巨大访问量。

要说清楚云计算模式，需要将时钟拨回到 2010 年。那时，亚马逊为应对突如其来的高峰客户流而购置大批 IT 设施，过了促销期，这些设施长时间闲置，造成浪费。为此，亚马逊拿出这些多余的计算能力向外部的公司提供服务，亚马逊云计算就此诞生。这背后的道理是风险共担，亚马逊将众多对算力有需求的客户聚集在一起，集中地采购算力所需的设备，不仅使自己的运营成本得到控制，也很好地满足了客户的需求。亚马逊遇到的困扰，大洋彼岸的阿里巴巴同样面临。跟亚马逊云诞生的逻辑一样，阿里云应运而生。

借助云计算，企业不必"兵马未动，粮草先行"——购买电脑硬件、雇人东奔西跑、确保各套设备运转正常等，而可较为"任性"地尝试做某件事，如果发现可行性较高，再借助云计算去实现。

虽然以亚马逊、阿里巴巴为代表的平台为企业提供云计算服务，但是商家还没习惯灵活地使用云计算服务。2020年4月，中央电视台主持人朱广权与淘宝网网红李佳琦，形成"小朱配琦"搭档，在线直播售卖来自湖北的农产品。一开始，直播系统就因为瞬时访问量过高而崩溃。

以上三点优势是网店这种模式的天然特性。但是，与所有这些好处并存的是网购的运输费用高。电子商务的流行，导致邮局、快递公司的运营负荷极大增加，网店要如何应对呢？虽然当下一些网店为了招揽顾客而减免运费，但是从长远来看，网店需要在运营层面做一些创新。

写到与网店有关的快递服务，梅想起在美国给女儿寄送包裹的经历。这个包裹一定要明天一大早寄送出去，而梅一早上班又有各种会议。在心急火燎去邮局的路上，梅真是担心在邮局的等待时间太久。

走进邮局，梅看到前面有十几个人排队，心想：岂不是要等上个把小时！结果，梅发现，美国邮局事先设计好一系列不同规格的信封和箱子，顾客选择盒子规格，只要能装下邮寄的物品，邮局就依照盒子规格收费，不需要再称重，实现邮寄流程的模块化，简化了寄送手续，在没有增加人手的情况下，提高了服务水平。这使梅在十几分钟内就把寄送包裹的事情处理完毕了。

以此类推，在做小生意的情境中，比如在易趣、淘宝网上，企业有各种各样的包裹寄送需求，如果邮局或快递公司不改进包裹寄送流程，就无法及时地满足大量顾客需求，自然地，顾客就不满意。

邮局或快递公司标准化、自动化流程跟踪信息。曾经，寄件人追踪快递包裹的位置，要通过打快递公司的客服电话。为了回答寄件人的查询，快递公司需雇用大量客服人员，回答包裹到哪儿了之类的问题。缺乏安全感的寄件人可能一天问上多次包裹位置，这不仅增加了快递公司的服务成本，也降低了寄件人的服务使用体验——增加焦虑感，浪费时间。当下，借助互联网、GPS 定位、RFID、区块链、智能手机等技术，快递公司为寄件人提供在线实时查询包裹位置的服务，寄件人只需输入快递单号信息，就可实时地追踪包裹位置。

可以品类多

网店的仓储运营压力比实体店小，自然地，能提供的产品品类就多。从淘宝网到唯品会，服装种类多、品牌多，让顾客一站式地购齐不同类型的衣服。顾客搜索商品，然后按价格排序，比较线上、线下的价格，在不同平台间自如地切换、比价，以较省的方式，购买较多品类的衣服。

一百个人读《哈姆雷特》，可能有一百种解读方式。不同顾客的穿衣品位不同，因此售卖衣服的网店通过强调"多"而吸引顾客。

试图搭配准

与实体店一样，网店依然采用工作间流程满足顾客需求。不同之处在于，网店借助数智化技术，实时了解顾客行为，智能推荐产品。随着顾客需求量的增加，网店在与上游供应商的沟通过程中，也能提供市场需求信息，从而与供应商保持紧密而平等的沟通，并实时更新产品品类和调整产品库存水平。网店因为达到了"多"与"省"，可能就无法提供那么"好"的体验，为了克服这些弊病，网店想了很多方法。从运营角度看，需要建立一个体系化的管理服务流程，比如，建立一个具有可信度的评分系统，为那些无法亲身体验产品、服务的顾客增加一个了解的渠道。当下，网红在线直播、虚拟试衣间等提供了更多服务；进一步，企业将采用推荐算法，利用数智化技术，洞察顾客的潜在需求，引导顾客的消费行为。接下来，我们逐一展开讨论。

在线评论。在淘宝、天猫等网上商城，顾客依据什么信息做出购衣决策？顾客主要通过衣服图片、详情介绍、综合排序、商品问答、卖家秀与买家秀等做出决策。相对于卖家秀，买家秀能让顾客看到较真实的穿衣效果，评论则可帮助顾客获得关于衣服质量、穿着感受、商家服务质量等方面的信息。顾客还可联系店内客服，询问关于衣服的信息，或征求建议。综合各方面的信息，顾客即使不能亲自试穿，也能挑选到合适的衣服，做出较好的选择。衣服的综合排序考虑人气、销量、转化率、卖家信誉等。顾客也可根据需求选择各种排序和筛选方式，方便寻找商品。还有商家提供订阅方式，如淘宝中的微淘可根据不同类型顾客的需求进行推荐。顾客依据个人喜好，选择不同风格的栏目订阅。在京东上，一些店铺和达人常推出选品攻略、推广信息等。

但是，采用在线评论方法可能存在不足。一方面，卖家秀中，商家选身材好的模特拍摄图片，加上打光、修图等种种辅助手段，易产生实物与图片不符的情况。虽然在商品问答中，顾客可邀请曾经购买过该衣服的顾客解惑，如衣服是否掉色，码数是否正常，衣服洗后是否缩水等，有针对性地获得较为可靠的答案，但是，该方式的互动性、实时性较差。另一方面，在互联网环境下购物，顾客只能借助电脑、手机等媒介上的图片，以及其他买家评价，来判断衣服的上身效果。图片不真实、虚假评论、刷单、好评返现、评论有礼等行为可能诱导顾客错误判断，收到的产品与实物不符，影响顾客的消费体验，降低消费信心和购买欲望。

虚拟试衣间。为避免在线购衣无法精准搭配的问题，淘宝网针对服饰类商品开发出淘宝试衣间功能，以服饰搭配为核心，满足顾客在线虚拟试穿、搭配的需求。同时，淘宝网也可通过该功能为顾客在线推荐衣服。

虚拟试衣的模式确实可以缓解一部分顾客由于无法接触实物而产生的顾虑，满足顾客精准自主搭配的需求，但虚拟试衣的模式也有一定的弊端。

其一，在虚拟试衣间中，虽然顾客可以通过不同衣物的组合获得搭配的"好"，但人物原型与顾客的身材并非完全一致，导致虚拟人物的试穿效果与顾客实际穿搭效果之间有差异，从而引发退货。为避免虚拟人物的身材差异，可通过 3D 软件展示衣服穿搭效果，但此时人物模型的身材与真人完全一致，顾客可能会因本身身材的缺陷而对衣物搭配效果不满意，从而导致衣物的销售量减少。

其二，顾客的身材可能在不同时期发生变化，如何保证虚拟试衣间中的人物原型实时跟踪顾客的身材变化实现精准搭配，也是一个问题。

网红带货。为改善顾客的购衣体验，减少不匹配，网店采取直播销售模式，由网红感知多变的顾客需求，加快与顾客之间的信息交流速度，挑选产品，再推荐给顾客。2016 年，淘宝开始平台直播，网红店铺的商业化逐渐兴起。打造网红电商模式的上市公司如如涵控股，通过先花钱打造网红，再让网红开店的方式盈利。

推荐算法。或许对一些人而言，在工作时开个小差，看一下网红的直播是常态；而对于"工作狂"，他们不仅无法在工作时开个小差，甚至茶余饭后的时间也被各项事务填满，没有时间购物。

兰有一位"工作狂"朋友笑谈，他把用餐事宜外包给食堂，把出行服务"外包"给网约车公司，把购衣事项"外包"给太太。如果"工作狂"的太太无暇购物，还有什么解决方式？

采用项目流程的 Stitch Fix 公司助力"工作狂"省下购物时间，其商业模式是先收集顾客的喜好、接受的价格区间等信息，然后利用算法勾勒顾客风格、选择商品，最后设计师根据算法推荐调整选择搭配。这一系列搭配策略为顾客提供定制的购衣服务，让衣服找对的人，而非人找对的衣服，从而帮助顾客节省购物时间（Unglesbee and Salpini, 2018）。

如 Stitch Fix 公司这般具有前瞻性眼光的企业推出各类订阅盒子，帮助顾客节省购物时间，也提高顾客与衣服的匹配度。类似于 Stitch Fix 公司，淘宝网会根据顾客的购物习惯，猜测顾客喜好，依据淘宝商家的竞价，将商家产品推荐给顾客。顾客打开淘宝平台主页，映入眼帘的是根据数据精准推荐的商品；搜索商品关键词，曾经购买过的店铺产品在搜索结果中排名靠前；看看购物车，页面下方是根据购物车的内容推荐的商品。

除基于算法，让系统在正确的时间，给顾客推荐正确的尺码、颜色与设计，企业还需考虑个性化因素，将数据和造型专家的判断结合在一起。因为购物本质上是人的行为，比如，顾客可能有一些私密的生活细节，如怀孕、减肥、新的工作机会等，这些是算法无法理解的情况。但是，造型师完全了解这些情况的特殊性，可竭尽所能地设计合适的风格。

Stitch Fix 公司的这种商业模式会在中国出现并成"气候"吗？可能不会。其一，在中国的平台型企业，比如阿里巴巴、京东等，已经收集到了关于顾客消费需求的海量信息，可以将其售卖给平台上的商家，商家无须采用类似于 Stitch Fix 公司的模式——自己收集顾客的消费行为数据。在美国，亚马逊也开始利用所收集的顾客消费行为数据，为顾客提供类似于 Stitch Fix 公司的衣服穿搭打包邮寄服务。Stitch Fix 公司面临来自亚马逊的竞争，需要思量如何差异化地定位。其二，在中国，物流发达，纵然顾客购买到不合心意的衣服，也能够迅速且低成本地退货。而在美国，物流网络相对不发达，退货也不甚方便，因此产生 Stitch Fix 公司的这类商业模式不足为怪。

希望退无忧

由于网店的购物退货率较高，为规避退货损失，购买产品的顾客比较关心商家是否提供运费险。如果有运费险，顾客浏览完衣服后购买的可能性会更高，因此有些网店会提供运费险以吸引顾客。

在 7 天无理由退货情境中，顾客提交退款申请，在申请时被要求填写退款原因，平台可收集与此相关的数据。网店同意退款，支付宝、银行等相关金融机构受理退款事宜。若商家超时未处理，平台自动退款；若网店拒绝退款，顾客可再次申请。而超过 7 天的情况下，经顾客和网店协商，可先将退货商品寄回网店，确认商品完好后，通过网店店主个人账户退款。在此流程中，保险公司会介入其中，将运费险销售给网店或顾客。

为何产品质量较好的商家会选择为顾客提供运费险呢？一方面，商家购买运费险的平均价格较低。运费险不会给商家造成过重的经济负担，却能提供退货时的利益保障，让顾客安心购物。另一方面，提供运费险也传递出产品质量好的信号，即只有售卖高质量产品的商家方提供运费险，而售卖低质量产品的商家不提供运费险。针对不同类型的商品和顾客，运费险的金额有所区别。一般来讲，退换货率最高的服装类商品的运费险最贵。另外，对于商家不赠送运费险的产品，顾客也可自行购买运费险，但价格并不一致，顾客信誉越好，历史退货率越低，运费险就越便宜。

根据以上解读，我们发现网店为了控制运营成本，通过识别不同类型顾客的购买行为设计运费险，从而尽量做到"省"。除此之外，网店在退货流程处置方面，尽量利用标准化手段——统一退货标签和退货流程操作，实现退货时间的"快"与退货服务的"好"。

总而言之，互联网购物"省"和"多"的优势已使其成为多数顾客购物的首选方式。网店利用在线匹配算法等技术，满足顾客对匹配之"好"的需求。纵然实体店能够满足顾客"好"和"快"的需求，但不能满足"省"和

"多"的需求是其软肋，这也是它被网店购衣模式重创的原因之一，新进入竞争者——网店的优势在初期凸显，可"省"与"多"地匹配顾客需求。

3.1.3　全渠道——"两条腿"走路

兰穿着更换了尺码和颜色的裙子，从试衣间走出来。

梅：不错，侧边切口剪裁突出时尚感，排扣设计又使它适用于正式场合。

导购：两位女士眼光真棒，模特正在试装区为网友试穿这条裙子。

两人将视线移至导购指引的方向，发现一位模特边试穿新款连衣裙，边对着镜头讲解裙子的设计细节。模特时而走近镜头，时而拉远距离，和网友互动得不亦乐乎。

兰：实体店借助网红向线上顾客推销货品；具有观众缘的网红借助网络店铺影响数以万计的顾客群体；在线购物的顾客借助网红的推荐，不花费过多时间和金钱，就可买到自己所需的衣服，获得在实体店购物无法获得的"多"与"省"。

梅：如果顾客直接选择在网店购衣，可选择的衣服品类很多，也无须亲自拎回家，只需等待快递送货上门。

兰：进攻即是最好的防守。技术来了，企业服务顾客的灵活性就提升了。

梅：借助网络信息技术的"东风"，实体店走向线上；借助虚拟试衣间等技术，网店走向线下。

线上、线下相结合的方式又被称为全渠道，这令企业可以同时取两类渠道之"长"。对顾客而言，其可以利用两个渠道之"长"。顾客之所以能享受到企业借助全渠道提供的灵活服务，要归功于企业对产品流程"分"与"合"道理的利用——将每位顾客都要做的、共性的事情标准化、自动化，从而可以较省地在线完成。但是，对企业而言，想起来很好，运营起来不一定容易。

实体店借力网店优势

一些实体店在走向线上之后，为何仍保留实体店铺呢？

其一，实体店开设网店，可在不失去原有线下顾客收益的前提下增加线上的销售收益。由于其已具有一定的知名度、品牌效应和市场占有率，顾客愿意购买该品牌服饰。但是顾客类型多样，对于体验型顾客，在时间充裕时可到实体店亲自挑选体验，观察衣物的材质、颜色、版型等，选择是否购买；对于忙碌型顾客，由于时间有限无法在实体店亲自挑选，但出于对该品牌的喜欢和信任，可在网店浏览比较，从而做出购买决策。开设网店后，一部分线下顾客转移到线上，实体店的收益可能下降，但可从网店收益的增加中得到弥补。顾客的多样性使网店无法完全替代实体店，线上、线下互相引流，可为企业带来更多收益。

从线下走向线上，并维持全渠道模式的"零时尚"买手店。买手店起源于欧洲，它们以目标顾客独特的时尚观念和趣味为基准，精心挑选不同品牌的商品融合在一起，其特点是品牌庞杂，但审美品位专一。中国新中产女性的服装和配饰消费需求大多释放在这些新兴的实体买手店了。但是，买手店大多散落在各个角落，库存压力大、市场拓展难、维护客户难。

针对此痛点，零时尚与众多设计师工作室合作，一个设计师工作室可能有十几二十个人，每月能开发几百甚至上千个新款。如果这个月零时尚需要300个新款，零时尚的买手就从3家工作室的上千款设计中，各选取 100 款。每个买手店都会提前几天给自己的顾客逐位发新品图片，顾客说这个我有兴趣，或那个我有兴趣，买手店把需求统计后再集中下单。零时尚认为这样操作很麻烦，要有集中的平台，于是开发了与用户沟通的 App。

每个买手店在这个 App 上都有对应的线上店铺。每个用户注册 App 时，都要选择一个服务自己的买手店。用户进入线上买手店，能看到几个月后的新衣款式，其会反馈意向，有些款用户会点赞，表明有购买意向，有些款用户会直接下定金或付全款。各个买手店同样会看到平台上传的几个月后的新衣款式，店主订货时看到一款新品，心里可能有点犹豫进还是不进，如果进的话进多少，这时店主会根据用户的点赞或下单等反馈情况来做决策。比如，系统后台会收集用户的点赞、评论、下单、主动来电沟通等反馈数据，运用算法进行运算，比方说，点赞意味着 5% 的购买意愿，正向评论意味着 15% 的购买意愿，以此指导门店的采买量应该是多少。因此，买手店向平台订货不是盲目的，而是根据用户反馈来订货。

这就像阿里巴巴卖家中心的生意参谋，对用户的数据进行非常精细的分类，然后给予卖家经营上的指导。

其二，实体店可作为网店的展厅，迎合顾客的"展厅行为"。线上、线下店铺的定价差异不大，但线上平台的促销方式可能会有差异。对于衣服质量要求较高的消费者，可在线下体验并实际接触衣服，挑选心仪的服饰，然后在网店开展促销活动时下单购买，这样成本更省。此时实体店虽然需要较高的运营成本，但是其较高的服务水平可提高线上顾客浏览网页后实际购买的转化率。

另外，实体店为顾客提供项目流程的试衣服务。实体店借助抖音、快手等直播平台，与顾客实时互动。比如，顾客看中店铺里的某一件衣服，但是不能通过亲自试穿来检验衣服的版型、风格是否符合自身，于是发送衣服信息给店主，店主让模特试穿，再反馈信息给顾客，此互动模式增加了顾客对某款衣服的购买信心。与此同时，为降低顾客的不满意度，实体店为已有顾客画像，给实体店顾客贴上各种标签之后，实体店就可以通过标签触达目标顾客，精准地推荐衣服。

新冠肺炎疫情使红蜻蜓品牌的实体店被迫走向线上。过去 30 多年，中国的鞋类品牌销售大多遵循一个目标：在全国开设连锁店。中国有 2800 多个县，如果一个品牌可以在每个县都开设一家专卖店，它就成了全国品牌。疫情暴发后，红蜻蜓遇到了创业以来最具有毁灭性的事件，多家门店停业。什么时候会开业呢？开业后会有多少人来店里买鞋呢？员工还剩多少人呢？几百个经销商要如何应对呢？于是，红蜻蜓鼓励员工上阵直播，增加收入。

其三，实体店可作为线上店铺的小型库存点。如 2.1.2 节所言，网店的好处那么多，实体店当然也想做网店。但是，接收到订单信息后，实体店如何发送快递、如何规划仓库？能不能有那个实力，满足世界各地的需求呢？顾客在线上下单后，线上零售商可选择距顾客收货地址最近的实体店铺发货，缩短响应时间，提高发货和物流速度，并且实体店的设立便于为消费者带来良好的售后体验，降低了顾客退货的成本。对于实体店来说，可以适当减少实体店数量，通过大数据手段策略性布点，避免实体店的盲目扩张，以节省成本。

网店开拓线下业务

相比于实体店走向线上，网店走向线下似乎没那么容易。因为实体店的租金、人工管理、水电等运营成本较高。同时，相比于网店的集中库存，实体店的库存更为分散。若实体店不能带来足够的增收，最终将影响其资金流的良性运转。

一些零食行业的网店逐渐开设实体店，如三只松鼠等。为何服装的网店无法如零食行业中的企业一样大量开设线下门店呢？这可能与产品特性有关。服装行业品类较多，市场已有的知名品牌较多，竞争更为激烈，产品更新换代速度较快，若网店开设实体店则需面临较高的竞争风险，而且服装具有大小、尺寸等特性，开设实体店导致备货库存较高，带来资金流周转慢的风险。

虽然网店开设实体店具有较高的风险，但也会带来新机遇，因为设立实体店可为顾客提供接触实物的体验。比如，在多数情况下，顾客都是要到眼镜店买眼镜，可供挑选的眼镜既昂贵，选择又少：贵是因为实体店的运营成本高，选择少是因为实体店的陈列空间有限，只能放置有限数量的眼镜。

眼镜品牌 Warby Parker 创始人思考：如果在网上售卖眼镜，并且一次给顾客寄送 5 副镜框，就能凭借网店的低运营成本，迅速地占领市场。他想到做到，事实证明，的确如此。

但是，将镜框寄来寄去的服务流程令顾客的体验较差，与此同时，需要配度数镜片的顾客需要线下调试适合自己的眼镜，纯线上的售卖模式成为 Warby Parker 的发展瓶颈。于是，从 2013 年开始，在保持产品售价不变的情况下，**Warby Parker 开设了实体店，采用工作间模式，**为顾客提供线下测试眼睛度数和调试佩戴服务，提供线上、线下同价的眼镜，希望借助两类销售渠道各自的优势，更好地满足顾客对眼镜的个性化需求。在网店购买眼镜的顾客可去实体店调试、更换或退货，也可在实体店试戴，到网店购买。该举措不仅有利于实体店以其自身服务能力增加销量，还能增加原有网店的销量。实体店虽然转换了顾客的购买渠道，但实体店的成交量足以弥补网店流失的成交量，并不会对 Warby Parker 的总销量产生负面影响。同时，实体店以较高服务成本为顾客提供良好的服务体验，足够吸引对实物接触比较重视的顾客下单购买，这使 Warby Parker 能凭借良好的线下体验增加销量与收益。

Warby Parker 从线上走向线下的一个重要因素是眼镜产品本身需要高水平服务体验的特性。由于一副眼镜合适与否直接影响顾客的日常生活，所以购买眼镜的顾客十分重视线下购买体验以及售后服务体验。

试穿着衣服的兰，推了推鼻子上的眼镜，说道：是不是该换一副与这个裙子款式相搭的眼镜呢？

梅：换个眼镜框，可能就得让人重新认识你。我每年都要到上海一所学校教书两周。这几年，我需要戴眼镜了，见了那些以前认识我的人时，都要自报家门一次，让人家记住戴着眼镜的我。

兰：如果我身边有可以在线购买、退换的眼镜品牌，我就能通过手机解决当下的需求。

梅：但你又可能面临和我类似的困惑——主动地向很少见面的朋友自我介绍。

兰：无论是在中国还是在美国，眼镜的售卖服务流程，涉及人、信息、产品，很难将"人"这个因素从中分割出去，因此，眼镜售卖商终究是需要一个线下店。

眼镜在线售卖遇到的挑战绝非孤例，鞋子的属性与眼镜类似，顾客都希望有试穿的机会，Zappos 就为顾客提供在线试穿、购买鞋子的服务，因具有较高的市场发展潜力，Zappos 被亚马逊收购（布拉德·斯通，2014）。

网店若想要设立实体店，应当权衡开设实体店新增的收入与运营实体店的成本。在天猫平台，以灵活的项目小组形式即时响应顾客需求的女装品牌——韩都衣舍，坚持不开设线下店，而另一个品牌茵曼已开了 500 多家线下门店，遍布全国 172 个城市。二者的区别在于韩都衣舍主张轻资产运营，所以采取纯线上销售模式。但是茵曼拥有自己的工厂，线上营销重点在于性价比，其将提高用户体验作为前期性价比策略的延伸。同时，茵曼也采取了一定的措施规避大量开设门店的风险，即线下门店采用加盟店的形式。如此一来，茵曼在发挥自家品牌工厂优势的前提下，将每个门店的运营成本分散给每个加盟商，在开设实体店时降低了线下运营风险。

开设实体店的关键在于选址，除此之外，还需考虑销售、陈列、店内服务、选品等。比如，需要让橱窗里的模特陈列哪一件衣服？模特的发型如何设计？各种细节都有学问。

如果企业不对顾客进行有区别的服务，那么，**无论是实体店、网店还是全渠道企业，所采用的生产流程类型均是工作间流程。借助在线匹配算法等技术，将一些服务流程标准化与模块化。一些企业如 Stitch Fix，能够针对每位顾客的特性提供个性化服务，采用的生产流程类型为项目流程。**企业的这种做法折射的正是图 2–3 所示"五个化"之间的彼此交织关系。

进一步，从全局角度看顾客选择服饰及付款的流程可以发现，在顾客选择服饰的阶段，企业越来越注重提供个性化的服务；而在顾客付款的阶段，企业越来越倾向于提供标准化的服务。这与图 2–2 所示的生产流程"分"与"合"的理念是一致的。

无论是实体店走向线上，还是网店开拓线下，背后的驱动力都是数智化。以前顾客到商店买衣服，最后卖掉什么，店家才知道顾客想要什么。现在不一样了，有了各类技术化手段，无论是实体店还是网店，均能够高效地跟踪顾客的"行动"轨迹，比如，这位顾客先买了手表，后来去了鞋店、巧克力店。这类数据在以前都是不容易被捕捉到的，而在当下，借助大数据和算力，店家能更容易地获得数据，从而提供更好的服务。

归根结底，顾客总是追求"多、快、好、省"，企业如何利用信息技术、生产技术、流程技术，把没有满足的顾客需求满足了？"前台"必须去做，这是自然的，而从"后台"来看，供应链运营却不容易。

兰：如果网店是个小店，要另当别论。因为顾客在网上可能查不到、看不到这类小规模的网店。此时，就需要借助实体店，让顾客找到它。

兰一边说着话，一边打开手机查看自己看中的这条裙子是否在淘宝网上售卖，当她进入淘宝后，便发现首页有很多自己以前浏览商品的链接，以及类似产品的推荐。

兰：阿里巴巴的大数据分析提供"猜你喜欢"服务，助力商家精准营销，这已被顾客知晓。

梅：美国有类似于"惊喜盒子"的推荐服务，为顾客推荐产品。不同职业背景、人生阶段的人需要的服饰大不相同。

兰一边与梅聊着天，一边感觉着身上试穿的衣服，觉得很合身，于是付款。

梅、兰走出服装店，继续逛街。在街对面看见一家星巴克工厂店，两人相视一笑朝街对面走去。扫码点单后，梅和兰从取餐处各拿了一杯不含咖啡因的咖啡走到桌前坐下。

兰：店员的搭配建议再加上老师的独到参考，治好了我的购物困难症。实体店的"好"主要体现在匹配之好，社交需求之好；"快"体现在所见即所得，可快速满足顾客的需求。

梅：但实体店的不足也很明显，无法满足顾客对"省"和"多"的需求，令一些顾客转向网上购物。面对网上购物模式的挑战，实体店竭力利用互联网的便捷、低成本，为顾客提供"省"和"好"。面对线上购物的激烈竞争，实体店需要不断调试，寻找一条新出路。

3.2 "得寸进尺"：换装多还花钱少

两人走出咖啡馆，漫步于街头。

梅：多年下来，我手边累积了很多自己不能再穿，但其本身没什么毛病的衣服。这旧衣堆积也是问题呀！

兰：捐出去如何？

梅：有朋友也建议过。我曾把衣服放在 Poshmark 上卖，除第一天卖出一件，几乎无人问津！

兰：在中国，我曾试着将闲置衣物挂在闲鱼上转售。一件原价千元的风衣，买家竟希望我以百元的价格售出，虽然最终未能成交，但是和几位买家的交流，令我收获了不少新奇的交易体验。

梅和兰讨论着旧衣服处理的问题。言语间，他们走到一所学校旁，发现一家汉服租售店铺，店铺内几位学生模样的女孩在挑选汉服。

梅：去看看？

兰：这是共享衣橱商业模式，根据产品-流程矩阵，满足顾客"多"与"省"的需求。在校学生只有学校发的奖学金和父母给的生活费，没什么收入，又想穿时尚衣服，有些人用京东白条、支付宝花呗，借助消费金融小额信贷，寅吃卯粮。

梅：不应鼓励这种为个人消费而发生的贷款行为。没有钱，可以穿得朴实一些；若是为学费而贷款，这是对提升自我能力的投资，方值得鼓励。

兰：虽然收入低的群体应穿着朴实，但也不能忽略年轻人追求美与潮流的心。共享衣橱模式满足了缺钱、缺漂亮衣服的人的消费需求，让他们更省地穿上更好、更多的服饰。

梅：消费时代，人人都想吃得美味、穿得时尚。退一步，如果人们有能力可以不断地换购衣服，但考虑到环保等因素而不这么去做，企业如何满足这类需求？

兰：洞察到顾客不想多花钱或不想破坏环境，又想衣服式样多变的心理，企业借助平台技术，提供租赁与共享服饰的服务，匹配顾客的这类需求。借助信息跟踪技术，企业能够获取海量的顾客需求信息，可以柔性化地设计与组织生产流程，精准地匹配顾客需求。

梅：的确如此。传统观念里，是买不起衣服的人去买旧衣服。现在，人们对环保越发重视，愿意买旧衣服。

兰：我们边逛边聊，探索换装多与花钱少之道。

3.2.1 旧衣售卖

希望换装多花钱少的顾客群体的确存在，并且，越来越多的顾客关注环境，希望在穿衣方面尽量少地消耗自然资源。企业看到了这类需求，如何满足呢？ Patagonia 从顾客手中回收旧衣服，修补后在网站上出售。顾客贡献旧的但仍能穿的 Patagonia 服饰，可获得门店积分。这种举措虽然有可能冲击新品服饰的销售，但对塑造品牌形象有非常积极的意义。同时，通过回收计划，Patagonia 也可以更好地了解顾客的购物偏好，进行针对性生产，减少对环境的影响。

Patagonia 洞察到了顾客这类对"好"的需求，并试图以较"省"的方式满足顾客需求。如何做到让顾客之间共享旧衣呢？交易环节如下。首先，通过 Patagonia 官网征集旧衣卖家。然后，中介企业从卖家手中回收旧衣。收到货后，他们估价，并告知卖家。若卖家接受该提议，就正式洗涤然后挂牌销售。卖掉这件衣服后，卖家拿到出售价格的 50%，另外 50% 归中介公司和 Patagonia 品牌所有。其中，洗干净、修补后的旧衣定价为原挂牌价的70%~80%，还真不算低。即便如此，销售额也节节攀升。

买家购买旧衣的理由大致可以分为三个：第一，通过二手交易可以买到以前因限量而很难买到的衣服；第二，从环保角度考虑，购买回收产品是一种炫酷的消费；第三，虽然旧衣的价格比原价便宜得不是很多，但是质量上和新款没有太大的区别。Patagonia 共享旧衣的做法对环境友好，又能让顾客省钱，怎不令顾客欢喜！

并非所有的企业都有 Patagonia 这样的财力和觉悟去做旧衣的循环再利用，与此同时，并非所有需要购买旧衣的顾客都要买 Patagonia，他们可能还有其他需求。此时，一些平台"挺身而出"，不仅满足顾客对"省"的追求，还提供多品类旧衣，满足顾客对"好"的追求，并为顾客提供一站式旧衣购买流程，降低顾客的搜寻成本。

平台所面临的旧衣不是批量的，而是一件件的，显然应该分类，帽子（夏天的、冬天的）、皮包、鞋子（皮鞋、凉鞋、布鞋）等，放在对应的地方，便于顾客寻找；还可以更细分，真皮的、人造皮的、针织的、手工的，使顾客容易找到，降低顾客的搜寻成本。因此，**闲鱼、Poshmark 需要采用工作间模式，对所售卖产品进行分类，为不同类型的顾客提供专业的服务，将买卖双方之间的交易与信息沟通流程标准化**，平台自身也能从交易中抽成，或通过交易中资金的停留时间获得收益。

能通过平台卖出的衣服依然只是少数，大部分旧衣服在平台上无法顺利卖出，比如梅衣橱里的那堆旧衣服。因此，二手交易平台只能算是旧衣回收的途径之一。旧衣之所以堆积如山，是因为换季时节，人们总是觉得衣橱里少了一件衣服。那么，还有什么方法可以帮助人们既避免旧衣服在家堆积如山，又能常换装呢？此时，技术的发展给了企业家一些新的想法，催生了新的商业模式。

3.2.2　衣服租赁

租赁衣服的省钱之道

在每个特殊场合都穿上完美的、定制的服饰是很费钱的事情。针对既希望在特殊场合穿搭得体，又不希望花费太多的用户，Rent the Runway 利用**数智化力量，采用工作间流程，定位于专业提供服饰、皮包租赁服务。**

> 梅小时候，梅的妈妈拿姐姐穿过的旧衣给她穿，梅自己也有过将穿过的衣服拿给女儿穿的经历，她认为这种母女俩之间的分享，既能节省开支，又能增进感情，两全其美。然而，这种共享并不成功，因为两代人之间品味有别，生活环境、工作环境有差异，对服装的需求也不同，梅的衣服多不符合女儿的审美。行笔至此，兰问梅，女儿没有照单全收她的衣服，她是否会照单全收女儿用过的衣服、皮包呢？梅笑谈，也不会，和女儿匹配的服饰，未必适合她的需求，她也会拒绝女儿的善意馈赠。

在 Rent the Runway 平台上，顾客看到喜欢的衣服，可租借 4~8 天，到期后将衣服交回，再继续租借其他衣服。租赁费用通常为该件服装总体零售价值的 10%。该模式满足了顾客在特殊场合的穿着需求。比如，一个人要租用一条宝石蓝的裙子，Rent the Runway 采用工作间流程服务顾客。与此同时，Rent the Runway 平台上的服饰会随着时间的推移而变得不那么有价值，但是，这种贬值是相对的。例如，一套礼服可能在时尚前卫的纽约过时了，但随后在美国其他地方开始流行。据此，Rent the Runway 通过算法确定具有最高支付意愿顾客所在的位置，然后向他们展示这些"耐用"的服饰库存，以期尽可能长久地保持服饰的价值。若没有这类服务，顾客可能需要企业采用项目流程，为其专门定制一套衣服。

顾客若延期返还衣服，将被课以罚款。让顾客交罚款，这种感受可不好！ Rent the Runway 对此进行反思，在积累了相关库存管理经验后，推出了无限期租赁衣服的服务。当下，Rent the Runway 的会员每月只需缴纳一定数量的租金，就可以同时持有 3 件衣服。一旦用户退了一件，其愿望清单上的下一件就会发送给他，以此鼓励用户经常使用该服务。

服装租赁的模式越来越常见，不仅在美国，中国也有类似服装租赁平台，如衣二三 App、多啦衣梦共享租衣 App。服装租赁，最早是租赁戏服，随后是正装、晚礼服之类使用频率较低的衣服，再是平常衣服。这种演变流程揭示的是，顾客喜欢的东西不一定要买，用租赁方式也能获得其使用权，而且还能不断尝试新衣服。

兰请一位在纺织业工作的女士校读此文，读到此处，她感叹道，如果在中国能有一个租赁小朋友演出服的平台就好了。她的女儿参加钢琴、小提琴的演出，需要各种演出服，孩子又长得快，常常是一件衣服只能穿一两次，就不得不束之高阁了。

理想情况下，基于租赁理念的共享服装模式满足了顾客对"多"的需求，顾客无须花费大价钱购买衣服的所有权，只需支付小额费用，就可获得多品类服饰的使用权。从用户选择要租借的衣服，到平台将衣服邮寄给顾客，再到顾客将衣服返还给平台，操作流程简洁，顾客省时省力。同时，为让顾客拥有更多、更好的选择，衣二三 App 等使用数据跟踪分析哪些款式流行、哪些款式耐用。企业针对顾客需求设计服饰，可适当减少服饰品类，缓解库存压力，达到"省"的目的，避免浪费，也使顾客能获得"好"的服务。这种服务之所以可以实现，是因为多年来在线购物的经历表明，在线购物中买卖双方之间的信任感建立起来了，相关的运营流程就较为顺畅且不易出错，也就使得不管是企业还是顾客都觉得可以接受此模式。

企业提供的"省"不匹配顾客想要的"省"

尽管共享衣橱的商业模式风生水起，但企业不知道哪类顾客要靠租衣过日子。租赁的衣物种类有限，顾客较能接受的一般是正装、礼服等价值较高、闲置率较高的衣物，普通衣物要实现共享还有难度。2018 年 11 月，多啦衣梦共享租衣 App 无法正常运营。以多啦衣梦共享租衣 App 为代表的共享衣橱模式的失败根源可能如下。

其一，顾客对共享租衣的需求并非刚性，服装购置、维护和快递成本较高。比如，租赁平台均声称会对租赁的衣物进行五星级的清洁、消毒，但是并没有提供让顾客信服的相关标准和报告。是否每次都能彻底地清洁？是否每次消毒都能达到标准？顾客无从考证。并且，频繁清洗必会带来高清洗成本、高服装磨损率和高折旧率。再比如，平台库存问题。一款衣服有不同尺码和不同颜色，顾客想要在共享平台上找到一件合身且喜欢的衣服并非易事。为满足顾客对多样化的需求，采用工作间流程的平台需要预备多款式和多尺码的服饰，然而并非每一款、每一个尺寸都有租赁需求，这会导致大量库存积压，高昂的库存成本可能直接压断平台的现金流。

其二，虽然顾客对于需要在特殊场合穿着的服装的租赁服务接受度高，但是想要顾客租赁日常休闲服装困难重重。与礼服、西装相比，日常休闲服装的使用频率较高、价格较低，因此顾客更愿意购买日常服饰，获得所有权。

梅：在消费水平有限的情况下，共享经济对人们的思维方式和生活方式产生巨大冲击，"好"和"省"由此可以共存。

兰：求"好"之心人人有，但如果为了虚荣心态失衡，一味提前消费，则会得不偿失，甚至付出惨痛的代价。

梅：的确，共享经济看似满足了顾客对"好"和"省"的诉求，但要使这种经济形态变为常态，需打破许多政策的条条框框，并彼此信任。

兰：当下消费主义盛行，大众普遍参与到经济活动当中，但对大众而言，共享经济仍是一种较为新兴的经济形式，相关的法律法规及政策还需完善。

梅：共享服装商业模式的未来值得期待。

3.3 大后方："感知＋响应"的创新

梅与兰喝着咖啡，继续讨论着服饰的运营管理乐趣。

兰：看那边走过来的穿着连衣裙的那位女士，那连衣裙的款式很新颖，但是单看每个袖口以及领口的设计，都是标准化样式。为何将各个标准化设计组合在一起，就不落俗套呢？

梅：表面看这只是一件由标准化元素组成的连衣裙，背后则是服装制造的标准化、模块化与柔性化相结合，又省又好地满足顾客需求。

兰：再看从那边走过来的那位女性，穿着剪裁得当的薄纱衣，走起路来显得很飘逸。

梅：真悦目！无论是略显正式的连衣裙，还是清新飘逸的薄纱衣，背后体现的都是企业需要采用灵活的生产流程，方能匹配得上花样翻新的设计与顾客需求。

连衣裙的款式设计

兰：一件衣服背后涉及如此之多的运营管理之道，让我们细细谈来。

梅：服饰的"大后方"也分效率型供应链和响应型供应链两类，无论是哪一类供应链，从设计到生产、运输、销售，这些流程都是要经历的。

兰：一些时尚品牌和一些知名设计师合作，以较低价格售卖联名款T恤，使顾客能够较省地获得好的服饰设计。这些T恤在不影响设计风格的基础上，大多采用模块化设计和效率型供应链，加入其他设计或品牌元素，不会增加太多额外成本，所以定价也不高。

梅：如果是棉袜、丝袜这类产品的生产商，就可以利用连续流程，将效率型供应链对成本的控制发挥到极致。

兰：对应地，如果是时尚款衣服的生产商，就需要采用小的批次流程，将响应型供应链对时间的控制发挥到极致。

梅：响应型供应链上每家企业的感知可能来自自己，也可能来自他人。若感知来自自己，那么感知与响应只涉及一家企业；若感知来自供应链其他成员，就会涉及分工与协作。

兰：前一类做法是高度集中化的，又可被称为"一条龙"；后一类做法是分散化的。

3.3.1 "一条龙"

在工业革命之前，每一件衣服是基于项目流程定制的；后来，大规模生产出现了，服装制造企业的生产流程类型向产品－流程矩阵的右下角转移，帮助顾客降低服装购买方面的支出，选择变少了；再往后，定制又兴起了。这体现出一种螺旋式上升：最初的定制成本高，虽然劳动力不贵，但是用时长，衣服的布料浪费多；随后，变成大规模生产了，相对省了，相对快了，但是个性化缺少了；再之后，企业的生产流程类型又开始顺着产品－流程矩阵的对角线向左上角移动，较省地为顾客提供好的服饰。

买得起的时尚

时尚是奢侈品，不是谁想有就有的。一些年轻人希望享受时尚，但是又没有太多钱。一些企业洞察到了这一点，就想尽办法降低运营成本，以较低价格满足顾客特别是年轻顾客的需求。这些企业是如何做到这一点的呢？我们从企业如何感知顾客需求，设计、生产，并将产品运输到顾客手上，逐一展开讲解。

感知顾客需求，是企业组织生产活动的第一步。服装企业如何与顾客取得联系、获得顾客的消费动态呢？企业采用多品种小批量的批次流程，并且选择与其他相同企业小得多的批次，用以对顾客偏好做实验。如果卖得快，说明该款式或颜色抢手，应继续生产和供应类似款式或颜色的服装；如果卖得慢，就叫停。为了达到这种效果，店员通过移动手持设备随时随地收集顾客需求信息（当企业利用手持设备收集顾客需求时，还没有智能手机，当下，很多商家让店员使用智能手机收集顾客需求），并将其迅速反馈至公司的总部。比如，企业设计了一款黑白条纹的裙子并推向市场，发现很抢手，于是即刻告知总部，赶快再设计一款与热卖款类似的裙子，接下来，类似款式连续不断地更新上市。这背后的道理是，企业抓住流行服饰的大致特征，再小批量地送出去，相对于竞争对手的 2 个月，企业只需要 2 周就可以上新。因为采用小批次生产流程，所以企业的库存剩余（overage）成本较小；2 周内就可以上新，所以企业的市场反应速度快，相应地，库存缺货（underage）成本也较小。回顾 3.1.2 节我们发现，这类企业感知顾客需求的方式不是如 Stitch Fix 那般主要利用算法，而是主要利用人类判断的优势，决定应该生产哪种款式的服饰。

> 梅看到兰最近买了一条一家时尚服饰企业生产的裤子，黑白条纹，非常简约、漂亮，于是，梅也想有一条同款的。当梅与兰到了这家企业店铺，却发现没有了。梅对这款裤子的需求是一种"残余需求"，ZARA 能够洞察到，于是，过了 2 周，与兰所购买裤子风格类似的裤子上新了，只不过从黑白条纹变成了蓝白条纹。梅与兰感叹：能常上新品的企业，可不断地刺激顾客的消费神经，让他们觉得衣橱里总是少了一件衣服，但是，过多的服饰需求引发过多的服饰生产活动，而过多的服饰生产活动势必消耗大量的自然资源。对比 Patagonia 鼓励顾客穿旧衣、减少消费，这家企业引导的快时尚消费主义也使一些人对其颇有非议。

感知顾客需求是需要花费心思的，当感知到后，企业还需做出响应。企业面对的顾客群体希望穿得好，但又没有那么多余钱或者不想花费那么多钱在衣服上。会有这样的好事发生吗？

如前所述，企业利用手持终端设备随时感知顾客需求，并且有意把商店开在繁华地段，与潮流大品牌比邻，其地理位置和商店设计本身就是一个广告，大量人群进入店铺，使这家企业能够快速捕获顾客需求信息，因此节省了市场调研费用。

借助模块化的设计流程，生产时尚服饰的企业提供多款式的服装，满足顾客个性化的需求，令顾客获得好的消费体验。

如前文所言，兰看到那位女士所穿的连衣裙，其设计框架已被模块化：领口、腰身、裙边、衣袖等的设计与选择都需满足一定的规范。但是，在每个模块中，设计师结合潮流趋势，加入设计灵感，赋予连衣裙独特的魅力。设计师需拥有全局观，在保证整体美感的前提下，在每个模块加入自己的构思；也就是说，连衣裙的设计流程充满艺术感，不存在死板框架、绝对规范，这样服装才会具有灵性之美。

模块化的服饰设计使企业能够较容易地将设计师的理念融入服饰设计中。但是，无论服装的设计流程如何模块化，服装的制作流程均需标准化生产辅助。模块化能实现"多"是因为企业使用标准化裁剪手段。艺术化鼓励创新，但服装制造流程还需遵循标准化，这是机器人无法取代设计师创造新的产品，但可取代普通劳动力生产产品的原因之一。当设计师将设计定稿交付工厂之后，生产流程需要标准化。没有哪位设计师愿意看到自己的设计作品被二次加工，所以衣服的生产流程需要严格按照图纸要求，实施标准化。

企业在感知到顾客需求后，可采用柔性化的生产系统精准地快速响应，这样才能达到真正的效果。针对流行服饰的生产，顾客需要的是多变的服饰，如果企业运行着专用设备这类大机器，每次换款式都要重新切换机器而又只生产不是很大的批次，那么企业的投资与回报就不对等。

一家时尚服饰生产企业有一半的原料是未染色的白坯布，根据时尚潮流和消费者偏爱，运用高端印染设备及时染色，因此其响应速度较快（Ferdows，Lewis and Machuca，2004）。这家企业又一反传统，采用空运方式把新生产出来的服饰迅速送到各地门店，并实时地跟踪与记录顾客的购买行为。顾客能尽早地享有称心的时装，也因此愿意花原价购买。与此同时，模块化及技术化手段不仅保证了服饰设计的艺术化，还降低了服饰的生产成本，提高了供应链的响应速度，使其产品定价不高，能够满足顾客对多款式、快响应的消费需求。同时，虽然这家企业生产的服饰品类多，但每款衣服的库存水平较低，因此产品的库存周转率较高，保证了其小批量、多品类及快速响应供应链策略的实施。

根据表 2-1 所示的产品与供应链类型的匹配，处在供应链的不同位置需要采用不同的供应链运营策略。靠近供应链上游多采用效率型供应链，靠近下游多采用响应型供应链。在靠近服装工厂或服装供应商一端，时尚服饰生产企业采用效率型供应链；而在供应链末端的门店，则采用响应型供应链。

3D 制造服饰

越来越多的企业借助技术手段，如 3D 打印技术，及时地感知与响应顾客的需求。

一位学术大家在拜会蒙古国国家大呼拉尔议会发言人顾问时，由于穿了一双登山鞋而不被允许进入有正装要求的议会大厦。迫不得已，他临时买了一双意大利皮鞋，方被允许进入议会大厦。相比于平时穿习惯的登山鞋，这双意大利皮鞋又贵又夹脚。其实这位学术大家感觉皮鞋夹脚并不是因为皮鞋的质量有问题，而是因为他平时只穿登山鞋，脚已经适应宽松的鞋型，一旦换成紧固的皮鞋，即使是相同大小，也感觉皮鞋夹脚。

什么皮鞋能满足不同的穿鞋需求呢？ 3D 打印技术为这个难题提供了新的解决思路。商家利用扫描仪器获取顾客脚部的数据参数，运用 3D 打印技术，实现快速生产完全契合顾客脚型的皮鞋。这样，即使是平时习惯穿登山鞋的顾客，也不会觉得新买的皮鞋夹脚了。

顾客的需求多样化，服装品牌很难精确地预测每位顾客的购衣需求。即使服装企业可准确预测小众顾客的需求，花高成本预测并满足这部分小需求也不划算。3D 打印技术与服装行业的结合可为满足这类需求提供方案。

我们想象，顾客可自行设计自己喜欢的衣服款式并上传给集销售、定制和设计于一体的 3D 打印服装品牌企业，自行选择是否公开售卖。服装品牌对服装设计进行审核，审核后向设计者发放证书。设计者可选择衣服的材料，并获得 3D 打印衣服的基本价格，其中包括服务费、原材料成本和服装品牌的使用费。设计者依据自己想获得的利率确定产品零售价。设计者保留服装设计的所有权，但仅能在该企业平台上销售，其所设计的衣服上还要有该品牌的商标。

在上述形式的合作中，服装品牌可获得品牌使用费，同时增加服装销售渠道，吸引顾客，增加市场份额。服装的设计者不但能获得售卖服装的利润，还能亲手设计服装，以品牌形式销售，这令设计者获得满足感。但是 3D 打印服饰的技术还不够成熟，无法商业化运营，这种模式的未来发展前景还有待观察。

讨论到这里，梅与兰在网络上查阅 3D 打印服饰、鞋子的商业信息，发现一篇售卖 3D 打印衣服的报道。从图片看起来，这样的衣服可能穿起来并不是以舒服为主要目标的。梅发现耐克也在尝试为顾客提供 3D

打印的运动鞋。可惜，无论是衣服还是鞋子，企业还没有运营起来，顾客暂时无法买到这种 3D 打印产品。然而，企业界一直在尝试，这引发了学术界的关注。

买得起的个人定制

有一些顾客需要在正式场合穿的得体的服饰，希望即便是正装也有点个性。以衣得体、红领为代表的企业采用项目流程，为顾客提供在正式场合穿的比较考究又得体的衣服。

衣得体是上海和鹰机电科技股份有限公司旗下专业为企业提供"智能化转型"方案的团队。互联网购物浪潮背后，年轻顾客群体对大量门店扩张下的趋同审美产生抵触心理，这为定制模式的发展埋下伏笔。定制虽然能够满足顾客对服装个性化的要求，但整个制作流程涉及人工测体和材料的专门采购，无法大规模生产。衣得体洞察到了商务场合穿的服饰需要比较考究又合体，顾客愿意花钱定制的需求。并且，相对于其他场合穿的服饰，正装所需的布料类型、裁剪手法相对有限，可较容易地攻破大规模顾客定制的难关。因此衣得体采用大量数智化的裁剪、排料技术，构成了一条智能制造的整体流水线，既能满足顾客的个性化需求，又能保证较低的生产成本和较短的交货期（陈宏和陈俊坪，2018）。

与衣得体类似的是红领。红领原来只是一家以代工为主的服装生产企业，从 20 世纪初开始，红领尝试服装定制，通过结合以往的定制经验和用户数据，建立人机结合的定制生产流水线，实现了计算机辅助下的高效生产。

怎么才能快速地感知顾客的需求呢？衣得体、红领的做法不同。不同于衣得体用优化的方法为每一位顾客设计版型，红领积累了很多数据——9000万套数据，测量后，去数据库中匹配，几秒钟方案就出来了。若要人工打样，即使非常有经验的老师傅，也需要差不多 1 天时间，方能做出一个样子。

写作至此，梅想起来几件压箱底的毛衣，那都是中学同学一针一针织出来的。然而，同学在织毛衣的时候，没有对她量体裁衣，也没有同她喜欢什么款式、颜色，就直接织了。虽然同学采取的是项目流程，专门为梅织毛衣，却不匹配梅的穿衣需求。这背后的道理与服装企业如何组织生产是一样的：掌握顾客的需求后，方能有的放矢地利用适宜的生产流程，使企业所提供的产品与顾客的需求相匹配。其实，纵然那件毛衣与梅的需求不匹配，每次搬家，梅都会小心地将其打包，带在身边，因为人世间最美的东西可能是亲情、爱情，也可能是友谊。这种友谊被编织进一件毛衣时，毛衣的价值已经无法衡量了。这也是采用项目流程生产的产品能够为顾客提供高附加值的秘密所在。

归根结底，企业将生产与需求匹配在一起的"法术"还是在几个"化"上：技术化帮助企业及时地感知多变的顾客需求，模块化设计帮助企业满足顾客对"多"的需求，数智化设计理念助力企业满足顾客对"好"的需求。无论何时，企业都要时刻考虑几个"化"如何较"省"地满足顾客对"多、快、好"的需求。很多企业"按下葫芦起了瓢"——关注了"多、快、好"，成本就失控了。3D 打印技术在助听器、义齿制作领域，已经取得了较大成功，这是因为顾客对这类产品的定制需求较高，也愿意支付较高费用，因此企业可以较高成本满足顾客对"好"的追求。3D 打印技术在服装业的应用，当下还处在探索阶段。

3.3.2　分工与协作

网红售卖的服饰

网红销售模式的兴起为服装制造企业获取顾客需求信息提供了一种渠

道。中国有很多服装代工企业，传统的批次流程难以应对日新月异的需求。网红经济兴起，一些带货能力强的网红选择自己开店销售服装。然而，网红带货的销售模式背后缺乏供应链的支撑能力，多数网红很难创建自有品牌，无法满足网红带货带来的高需求，因而经常断货。网红淘宝店里的产品可分为现货和预售。现货是仓库中有库存，顾客下单后可从仓库直接发货；预售是仓库暂无库存，客户下单后订单交由工厂制作完成后再发货。不难看出，产品预售模式可能是网红带货模式下无法快速满足高需求的一种应对手段，通过预售时间来缓和产品供需不匹配的矛盾。

汉帛从网红经济下供需不匹配现象中发现了契机，从传统服装代加工企业转型为互联网供应链平台，实施多品种小批量的批次生产理念，借助传统服装代加工累积的供应链优势，专门为网红销售提供响应型供应链服务。

首先，当网红感知到顾客需求并提出生产需求时，汉帛研发设计平台承接。与普通设计工作室不同，该研发设计平台根据汉帛所掌握的供应链及产能数据，结合客户需求进行设计研发，制作所需要的面料、工艺均是汉帛的供应链及产能所能支持的。随后，网红认可设计，订单生成，汉帛匹配供应链和客户的需求，确认订单。最后，汉帛采用智能生产单元，根据订单确认信息，自动调配物料及工人。此外，汉帛还可掌握制造设备的数据，根据工序工艺特征向工人下达特定指令。这令汉帛可随时了解生产进度，便于生产系统快速地做出响应。

滑雪服销售流程中的"分"与"合"

滑雪服企业每年出新款，但是制作与设计都挺花时间，并且找到的代工厂也要求支付定金，那么，滑雪服企业如何感知与响应顾客需求呢？

一般场景中，在美国的户外服饰行业，到了二、三月份，在拉斯维加斯有个服装秀，几乎所有的零售商都会来参加并下订单。商家获取信息后，就开始组织生产。然而，基于预测的生产时间点与销售实际发生的时间点相距甚远，存在较大的需求不确定性。为此，Obermeyer 在暑假期间（六、七月份），专门请零售商到景区免费度假，以便收集终端市场信息。这个时候，需求信息就更确定了，有了这些信息，Obermeyer 就能更好地组织生产。

Obermeyer 将设计的服饰分成基本款和流行款。基本款服饰的需求不确定性和价格都较低，Obermeyer 对这种产品会提前生产，控制成本，即采用效率型供应链策略；相反，对流行款服饰的生产，Obermeyer 会采用响应型供应链策略，直到产品需求逐渐清晰后再生产。但白坯布等原材料的生产提前期很长，等高风险服饰的需求确定后，Obermeyer 再采购白坯布，就来不及满足市场需求。因此，无论是基本款还是流行款，其都会提前收集市场需求信息，基于长期预测，先采购白坯布放在仓库中，这是效率型供应链的运营策略。

由于 Obermeyer 的代工厂产能有限且较确定，Obermeyer 会让代工厂先生产需求较确定（基本款）的订单，比如黄色的、橙色的滑雪服，到后面（九、十月份），再生产需求不确定（流行款）的订单。这种生产排程方法被称为基于风险的生产排程，其中蕴含延迟生产的概念，即先生产需求确定的基本款，再生产需求波动大的流行款。

滑雪服企业 Obermeyer 分别利用了效率型与响应型供应链的优势，灵活地响应顾客的需求。当下有了新技术，Obermeyer 可能又有新举措，但是，其核心思想不变：**感知需求并做出响应**。

数智化赋能牛仔夹克

不同民族在漫长的历史中，依据自己的气候、生态，利用天赋的自然资源优势，发展出不同的服装制品。随着人们的生活水平日益提高，顾客对穿衣"好"的追求使企业日益关注面料技术的"好"。

一些企业利用高科技，生产具有快干、防雨、吸汗等功能的面料，满足顾客在不同场景的穿衣需求。一些服装企业和人工智能公司，将最新高科技编织在面料中。

李维斯携手谷歌打造了一款智能牛仔夹克，在服装厂商制造衣服的时候，就像使用棉、麻、毛等材料一样，把一些像线一样的导电纤维进行编织、上色，再剪裁成衣。穿上用这种布料生产的衣服，穿者可通过抚摸、拍打等方式控制电子设备，同时它们像普通衣物一样可清洗。

服装企业将时尚的设计与实用的技术完美融合，从仅在顾客端被动地收集有关顾客的需求特征数据，到在服饰制造的源头埋下技术的"种子"，在顾客不知不觉中，主动地感知顾客关于穿衣的需求特征数据，从而更快速地做出响应。这对整个服饰供应链系统的运营产生深远的影响。

另外，一些企业走到供应链源头，希望通过直接采购，激励农民采用新的、可持续的种植技术提供原材料。由于农民的现状是低收入和低议价能力，这往往意味着农民很少投资于新的技术，对提高利润几乎无能为力。为了鼓励农民采用新的技术，一些公司从过去的从商品市场采购转变为直接从农民处采购。这种转变通常伴随着采购定价的变化，从过去基于地区或全球设定的价格到根据农民个人成本制定的价格。这些变化使它们了解供应商的状况，并帮助农民提高效率，最终实现双方共赢。

根据图1-4所揭示的产品与流程匹配的原理，将第3章涉及的主要企业，根据其生产流程的类型，总结如表3-1。

表3-1 服饰的矩阵

流程类型	产品品类与需求量				
	单件定制	多品类低需求量	中品类中需求量	少品类高需求量	极少品类超高需求量
项目流程	量身定制的服饰（衣得体、红领）				
工作间流程		灵活搭配的个性化服饰（Rent the Runway）			
批次流程			流行款服饰（汉帛）		
装配线流程				基本款服饰（Obermeyer的基本款服饰）	
连续流程					基本款棉袜、丝袜

梅：概括来说，快时尚服装企业采用小批量多品种策略，借助模块化、标准化、技术化手段，提供时尚款（创新型）产品，满足顾客的个性化需求。这类企业需要规避无节制的品类扩张，以免导致高运营成本。基本款（功能型）产品适合采取大批量少品种策略，以满足顾客对高质低价产品的需求。

兰：服装企业在设计与生产方面的效率提升让人们的生活更美好。

梅：一些服装企业开始将加工厂从中国转向越南、印尼，试图寻找更低的加工成本，让人们享受更加多样高质的产品和服务。

兰：企业在采用各种技术手段提升供应链系统的运营效率之际，勿忘这些决策均是由人做出，由人实施，将人性化因素纳入决策者的思维框架中，有利于其更好地利用技术手段。

梅：期待未来！今天从穿衣聊起，我们既讨论了大前线——购衣渠道的变迁，也讨论了大后方——服装企业的设计与生产流程，还想到了二手衣服交易平台给人们的生活带来的便捷。无论是在哪种情境中，都存在匹配之美，而这种匹配之美的实现是因为企业要为人民服务。

兰：无论关于服饰制造的供应链全球化布局如何变化，其中产品与流程要匹配的道理是保持不变的。

梅：一晚畅谈，月在西天。我们该休息了。

兰：酒逢知己饮，诗向会人吟。走，我们回酒店。

3.4 小结

在没有互联网的年代，顾客只能在实体店购衣，虽然可以触摸、感受服饰的质感，并确定是否合身，但是受限于物理空间及场地租金，实体店提供的服饰品类少价格又不低。随着互联网和智能手机的普及，网店可以突破物理空间的制约，利用虚拟空间，提供多品类服饰，满足顾客对多款式、低价格的需求。与此同时，网店又失去了实体店的好处。借网络信息技术的"东风"，实体店走向线上；通过虚拟试衣间等技术，网店走向线下。另外，洞察到顾客不想多花钱，又想衣服式样多变的心理，企业借助平台技术，提供租赁与共享服饰的服务，匹配顾客的这类需求。

在制造、原材料采购与设计环节，借助信息跟踪技术，企业能够获取海量的顾客需求信息，根据感知到的顾客需求特征，实施柔性化设计、生产，精确地匹配不同类型顾客的需求。比如，衣得体、红领借助优化算法、大数据，以较低的成本为顾客提供定制的服饰。

4
食：从事必躬亲到坐享其成

一晚酣眠后迎来新的一天，梅与兰结束了当日的会议，端着一碟点心，走到会场外，稍加放松。

梅：参加学术会议，我们交了钱，会议主办方提供工作餐，虽然省事，却不好吃。

兰：老师不喜欢总吃别人做的饭，我就不挑剔。

梅：做饭与吃饭是人间一大乐趣！

兰：餐饮运营中也有了很多新鲜事物与做法。一些餐馆除了提供餐饮服务，还提供各式娱乐活动，如海底捞的员工表演扯面，热带雨林主题餐厅为小朋友们提供戏水游乐场所。

梅：实际上，这些道理背后都是产品与流程的匹配。

兰：总的说来，餐饮企业提供："多"——餐食品种多；"快"——顾客可快速地获得食材或餐食；"好"——餐食安全及新鲜，食材种植过程考虑到了环保、可持续发展等议题；"省"——餐食便宜。

梅：说到今晚的吃饭安排，我的学生小俊一会儿过来，你也好久没有见他了，我们晚上聚一下。

兰：聚会少不了的一个活动就是吃当地美食，今天讨论的话题就是餐饮情境中的"多、快、好、省"了！

4.1 买食材：希望便利与不贵

兰：民以食为天。为了口感的新鲜，人们倾向于每天购买新鲜的食材。受限于物流配送水平，人们需要早起去菜市场购买新鲜食材。即使有了互联网、电商平台，很多人还是不会在线购买生鲜产品，因为生鲜电商提供的产品还是不够新鲜。后来，随着冷链技术、平台技术的发展，人们可以在线购买新鲜的食材，在家"坐享其成"。

梅：在菜场与线上电商之间还有一个发展阶段是超市。超市采用了比菜场更长的供应链，将各个运营环节标准化，为顾客提供各类食材。

兰：花金钱"买"时间和精力，也是一种"省"。技术助力顾客获得越来越多的"好"。曾经，顾客想要吃到异地的新鲜食材颇不容易，主要瓶颈在于冷链不发达。现在，借助互联网、智能手机等技术工具，顾客可以通过线上或线上、线下融合的渠道，灵活地购买新鲜食材，在家吃得又好又省。

梅：说到"好"，每个人对菜品品质的要求不同。比如，一些高档食品没有添加剂，但是特别贵，所以不省。是不是所有人都要买这么好的食品呢？不是所有的人都要高档食品，政府可以通过抽查方式监督面向更广泛顾客的食材，降低供应链运营成本，自然地，所售卖的食品价格就会降低。

兰：在中国大陆，人们的消费需求升级了，很多企业为顾客提供在线购买生鲜食品的服务。为满足人们对食材新鲜度的要求，借助支付技术、通信技术，生鲜类电商平台发展起来，不仅满足了人们对好食材的需求，还可做到"快"与"省"。

梅：日新月异的食材采购流程，让我想起做助理教授时，稚儿绕身，先生在异地工作，每周回来一次，为照顾常在异地工作的先生，我制定了每周日的家庭时光计划。上午，我和先生一起驱车去位于郊区的超级市场买菜；中午，回到家，尽我所能依从模块化做菜流程，又不失艺术性地烹饪，为先生准备打包带走的饭菜。若当时有线上、线下相结合的全渠道买菜模式，可更好地满足采购需求，省出时间，让我有更多时间工作、照顾孩子。

兰：老师早已熟谙事业和家庭平衡之道。那么采购食材背后的智慧具体有哪些呢？

梅：什么样的需求，就需要什么样的供应链。在零售方面，企业多是采用工作间流程。

兰：也有一些企业，如北京的新发地农副产品批发市场和南京的众彩农副产品批发市场，因面对的是大客户（比如餐馆、食堂），而采用批次流程。

梅：让我们细细说来。

4.1.1 菜场与超市

菜场

菜场采用的是响应型供应链，为顾客提供新鲜的食材。在网络零售模式的冲击下，**基于工作间流程运营的菜场仍散发活力**。原因有以下四点。其一，菜场属于沉浸式购买场景，身处其中，顾客可接触到产品，感受到食材的新鲜度，从而购买自己认为新鲜的产品。其二，在菜场中经营的多为夫妻店，虽然需花费一定成本租门店或摊位，但成本仍较省，这可能是由于夫妻店比较注重菜品的损耗率，从而能为顾客提供"省"。同时，菜场会对不太新鲜的菜品实时进行打折销售，可吸引到部分不太重视菜品新鲜度，但对价格敏感的顾客。其三，菜场一般没有空调、没有包装，商家在这些方面获得"省"，菜价就便宜，进而赢得了经常到菜场买菜的主力军——大爷大妈们的青睐。其四，菜场中的每一个摊位都有一些常客，形成了自己的信誉。

虽然菜场因为邻近顾客且菜品新鲜、便宜取得了一些成功，但经营规模小限制了它的发展。

超市

相对于菜场，超市的运营依靠体系化的冷链系统，所提供的食材更标准。

面临新零售模式的冲击，超市也推出相应措施，尝试向线上拓展。比如，不少超市与淘鲜达合作，顾客可线上下单，由附近的超市配送到家。淘鲜达打出的口号是"一小时达"，在该模式下，顾客可省掉去超市的时间，更快速地获得产品。并且，为吸引顾客到线上购买，淘鲜达常常开展促销活动，使顾客在购物方面的支出更少。

淘鲜达

在新冠肺炎疫情期间，一些非传统的生鲜网店也加入卖菜大军，如中石化挎着菜篮子，做起"油卖菜"生意，其在340座加油站开通"安心买菜"业务：不下车、不开窗，三天量、一整箱，一键送到后备箱，99元人民币包揽一个小家庭的三天生活所需。

但是，由表2-1所揭示的产品与供应链类型矩阵可得，中石化的"油卖菜"生意不具有可持续性，因为中石化的物流基础设施是用于支持石油的售卖，采取的是效率型供应链，而"油卖菜"生意售卖的是新鲜的瓜果蔬菜，需要的是响应型供应链。

农产品主产地、主销区不匹配的问题在中国尤为突出，这是因为中国的顾客一般不喜欢预冷、冷冻的食品，这导致食品供应链链条不会太长。如果未来顾客改变了消费习惯，菜场、超市将可能更广泛地利用仓储保鲜模式，或是基于农贸市场做大宗食材的对接（以韩国、日本为代表），或是与专业化合作社对接（以西欧为代表），或是农超对接（以北美为代表），做到更加标准化、工业化，顾客需求的品类少了，企业就可以将供应链拉得更长一些，也就更有可能采用效率型供应链。

4.1.2 网店

与穿衣情境类似，互联网技术的发展，使顾客购买食材的渠道能够从线下转向线上。但是，不同于服饰，食材的来源受限于地理空间，比如无锡阳山出产的水蜜桃品质优良，陕西富平种植的红富士苹果质优价廉，各个地方均出产特色农产品，这导致食材的需求与供应在地理空间上存在很大的不匹配。与此同时，大多数农产品具有短生命周期特性，无法长期保存，对流通环节的温度等要求较高，而人们一日三餐的需求又是多样的，这给农产品的线上售卖带来很多挑战。那么，借助当下的新技术，电商企业做了什么努力，满足顾客在食材购买情境中对"多、快、好、省"的需求呢？

初级农产品的"社区"拼团

采用批次生产理念的拼团模式可满足顾客对"省"的需求，有了批次，就有了采购量，自然地，顾客就可以获得折扣。但是，顾客拼团成功后，企业方才发货。因此，顾客需等待一段时间且面临拼团失败的风险。在拼团模式下，顾客通过选择时间上的"慢"来换取金钱上的"省"。

社区拼团是一种基于住宅社区拼团购买的售卖模式。社区拼团是分销、拼团与社区场景的结合，核心在于围绕社区建立社交圈，统一采购配送，降低运营成本。因为是基于住宅社区，所以采用社区拼团模式的商品是家庭生活必需的生鲜。这些商品在市场上同质产品多，不易形成差异化，因此，对社区拼团的顾客来说，"省"是主要诉求。在拼团模式中，"团长"负责运营和交付，节省了商家的资源，且拼团能保证交易量，又能统一配送，压缩了物流成本。采用社区拼团模式的生鲜平台有食享会、十荟团等。

近年来风头正劲的拼多多不是基于住宅社区的，而是基于网络社区的拼团，配送方式是单独送货上门而不是送给"团长"。比如，针对初级农产品的售卖，拼多多联合渭南邮政，打开农产品市场。一方面，拼多多在平台内收集用户的需求信息，将这些信息反馈给渭南邮政；另一方面，渭南邮政在当地寻找优质农产品货源，将零散化农户集中起来。这既满足了拼多多的农产品采购需求，也利用规模效应提高了农户的议价能力，为他们争取了更多的利润。

为持续地提供"省"，拼多多成立了"多多农园"，重塑农业链条，实现标准化和去中间环节，降低了农产品的流通成本，打通了从产地到消费者的供应链。"多多农园"实现了消费端"最后一公里"和原产地"最初一公里"的直连，解决了农民的农产品销售问题，同时也让顾客能够更省地购买到农产品，实现双赢。与此同时，拼多多从2017年底起，通过"多多大学"和"新农人返乡体系"，帮助新农人深入学习，掌握科学的种植技术，从而实现了平台长期、稳定的发展，使平台获益，也助力农民脱贫增收。

基于社交网络的拼团模式，借助新技术，帮助农民缩短了农产品的供应链，也让顾客享受到了"省"与"快"的好处。虽然该模式运行良好，但其持续发展面临如下挑战。

其一，对于拼多多这类社交电商而言，其比较容易获取顾客的长期兴趣和特征，但对顾客当下意图的洞察能力很弱。然而，实时意图对售卖效果非常关键。比如，顾客在线搜"苹果"，代表他有很大概率要买苹果，给他推苹果广告非常合适，而社交电商很难根据顾客的性别、年龄、地域、兴趣等，计算顾客有多大概率会买苹果。如果不能实时地洞察到顾客的需求，就无法有效地组织和安排供应链运营活动。

其二，社区拼团主要售卖的产品是水果、根茎类蔬菜等相对标准的产品，采用社区拼团模式的电商如何为顾客提供又省又好的叶菜类，依然面临着挑战。背后的原因可能是，以拼多多为代表的社区拼团电商还没有打好后台的供应链、物流基础运营设施的基本功，对比京东、阿里的菜鸟、顺丰等企业，它们在物流硬件（京东、顺丰）或软件（菜鸟）方面，均做了多年的巨大投资。拼多多想要获得良性的持久发展，并非易事。因此，基于社交网络的社交电商模式能否持续地为顾客提供好的产品与服务，取决于其是否有相匹配的供应链加以支撑。

在线农场

在中国，生鲜电商在为人民服务的过程中面临的主要挑战，不仅有技术问题，更有上游产业链的束缚。中国的农产品产业集中度低，小农户众多，导致食品的溯源、标准化、数智化工作很难做到位。一些生鲜电商企业建立平台，让小、散种植户上网，汇集各个地方的特色农产品，降低了顾客购买生鲜产品的搜寻成本。除此之外，考虑到生鲜产品特别是水果类产品，比如香蕉、芒果、水蜜桃、猕猴桃，其成熟是渐进的，生鲜电商的运输计划和库存计划需要考虑到产品成熟度。比如，陕西杨凌盛产猕猴桃，如果订单来自西安，农户就采摘较为成熟的果子；如果订单来自南京，农户就需要采摘成熟度较低的果子。与此同时，预采摘而没有卖掉的果子，生鲜平台需要通过灵活的降价与促销策略，刺激顾客需求，尽快售卖出去。

以京东农场为代表的一些电商巨头开始向上游进军，解决"最先一公里"问题。由于农民不具有相关技术，只能采用最原始的方式，通过地窖、风冷等储存瓜果蔬菜。这给了电商巨头机会，它们通过整合零散农户将瓜果蔬菜的生产流程从产品－流程矩阵的左上角向右下角转移，逐渐形成订单农业的规模，并借助电商平台的超量顾客需求量实现农产品主产区与主销区的匹配。比如，京东农场在大东北、大西北地区"开疆拓土"，为农户提供技术及销售渠道，帮助农户更好地、可持续地利用土壤等自然资源，推广精准农业、智慧农业的实施，也为政府提供关于政策支持和治理的建议。特别是，受新冠肺炎疫情影响，越来越多的顾客选择在线购物，这对农产品主产区与主销区之间的精准匹配提出了切实的需求。

在没有特别强的合作伙伴能够提供安全食品的情境中，一些生鲜电商不得不到上游，直接寻找农产品的供应商。比如，美菜到上游种菜、养鱼，顺丰到阳澄湖捕捞大闸蟹。一些有实力的企业也在尝试一些创新的做法。广州一家经营花菜品类的企业，可根据天气预报判断需求，动态定价。但是，具备这类精打细算运营实力的企业是少之又少，并且，也不是每种瓜果蔬菜的品类都可以采用这类运营模式。

针对一些高附加值的产品，如阳澄湖的大闸蟹、苏太猪等，企业愿意在采购、运输环节中运用区块链技术、采用响应型供应链的运营理念，因为技术投入的成本能够得到回报。但是，对于白菜、萝卜，企业运用区块链技术的意愿就不强，而更愿意采用效率型供应链的运营理念。由于区块链技术耗电、耗存储，所以不是在什么地方都能轻易用得上。况且，当下区块链技术还不够完善，也有很多过渡、折中的方法可以解决类似问题。比如，采用微信推文推广即将或已经滞销的农产品。在可预期的未来，区块链技术将被应用到更广泛的领域。

可能要再等几十年，那时，生鲜电商企业借助各种技术手段，如区块链跟踪与支付技术、冷链保存与运输技术、移动支付技术等，并加大整合各分散小农户的力度，有了规模，就可以标准化，农产品的质量就上去了。在供应链环节，就能更加规范化、标准化。标准化是模块化的前提，企业借助模块化，有可能进一步降低流程的运营成本，能为顾客提供"多、快、好、省"的瓜果蔬菜购买服务，并且，顾客也愿意为之买单。上述讨论背后的道理蕴含在图 1-4 所示的产品 - 流程矩阵，以及图 2-3 所蕴含的"五个化"之中。

净菜配送

为较快速地满足顾客对高品质食材的需求，**生鲜电商平台打出"2 小时送达"甚至"1 小时送达"的口号，采用工作间流程，为顾客提供在线购买净菜的服务，**前置仓模式应运而生。前置仓是指电商为满足配送时效性要求，在靠近消费者的地方设置小型仓库，以仓为店，将仓库建立在社区周边几公里范围内，商品由骑手从仓库配送至消费者指定地点。受新冠肺炎疫情影响，居民主动减少外出，"手机下单、配送到家"成为疫情防控期间首选的买菜方式。为保障民生需求，政府采取异地调配、限量供应等手段保证供应链不断裂。在特殊时期，前置仓模式供应链短、灵活配送的优势凸显。

与传统电商企业相比，前置仓模式由于距离顾客更近，具有更快的响应速度和更高的配送效率。传统电商行业在顾客下单后，需要通过漫长的物流配送才能将货物送至消费者手中，等待时间长，物流服务水平参差不齐，顾客体验不佳。由于生鲜产品具有时效性，快速响应和即时配送将成为生鲜电商企业的目标。前置仓模式可根据顾客的分布，选择 3 公里之内的小型仓库，根据有关顾客需求的数据分析和自身供应链资源，选择适合的商品从总仓配送至前置仓，最后安排骑手将商品从前置仓配送到顾客手中。因此，前置仓模式凭借靠近顾客的优势得到生鲜电商的青睐。

与社区门店相比，前置仓模式的优点是租金成本低，专人配送快。社区门店可定义为社区门口的菜市场，其目标是占领社区入口，辐射周边 500 米社区的居民。为满足社区居民的需求，社区门店需要租赁小区附近一定范围内的门店，租金高昂。而前置仓一般在距离社区 3 公里范围内，选择成本低、覆盖范围广的小型仓库，安排骑手配送。因此，前置仓在选址时，不仅要考虑覆盖范围带来的经济收益，还需要在租金成本和物流服务成本之间权衡。若降低的租金成本无法弥补增加的物流服务成本，则需慎重考虑前置仓的选址。

由此可见，前置仓比传统电商的响应速度更快，比社区门店的布点成本更省，属于响应型供应链，因此成为生鲜零售的"万金油"模式。最先涉水前置仓的每日优鲜表示要用前置仓替代中心仓，建造"城市分选中心＋社区微仓"的二级分布式仓储体系，以响应顾客对快速配送的需求，同时因为不需要承担售卖功能，可在租金低的地点建仓库。

采用前置仓模式的企业可快速地配送食材到家，助力顾客省时省事。这些企业从取代家门口的菜市场起步，未来将有可能取代家里的电冰箱。除了每日优鲜，还有叮咚买菜、美团买菜、朴朴超市等一众前置仓企业涌入市场。

但是，距离顾客近的前置仓意味着单个仓库的体量和覆盖面小，小而精的仓库也意味着无法容纳较多的生鲜品类和数量，因此在快速地满足顾客需求时，前置仓模式策略性地放弃了"多"与"省"，转而根据顾客订单信息，精挑细选产品品类，期望用最少品类，最大概率地"击中"顾客的购物清单，降低产品损耗率和仓储成本。

与门店相比，前置仓的利润取决于线上销售平台的流量。若是线上平台没有流量入口，则前置仓无法产生可观的利润。此外，售卖生鲜的前置仓要考虑顾客的覆盖面，为满足顾客一站式购齐的要求，仓库的库存品类会不知觉增长，管理起来越发复杂，届时成本未必比门店低。

前置仓电商供应的叶菜类产品如生菜、上海青、小白菜等的生命周期特别短，售卖这些产品的运营成本较高，利润很低甚至是亏本补贴，但是这个品类对于改善用户体验不可或缺；根茎类菜如萝卜、莲藕、芹菜等的生命周期较长，售卖此类产品的运营成本较低。前置仓电商需要将服务流程标准化以降低运营成本，依据不同产品类型，分别**采用响应型供应链管理短生命周**

期蔬菜，采用效率型供应链管理长生命周期蔬菜。然而，过了非常时期，若中国家庭的买菜主力军回归菜场、超市等线下实体店，以"快"为导向的前置仓服务模式是否能持久、良性地发展下去依然存疑。

套餐菜品配送

从研究食谱、去超市或菜场挑选食材，到食材清洗、切配，再开火加工，对于很多人来说，做饭并非易事。虽然随着互联网技术的发展，菜谱App、美食制作网络教学平台等的兴起解决了部分烹饪方法的问题，但菜品的营养搭配、食材购买和处理等环节还是很费时费力，抓住顾客的这一需求，介于餐厅就餐和家庭烹饪的模式诞生了。

为满足顾客方便、简单及个性化的烹饪体验需求，企业采用工作间流程。亚马逊收购了全食公司，以"我们做准备，你做主厨"为口号，为顾客提供烹饪所需的半成品材料；Blue Apron、Hello Fresh 等，则推出套餐菜品的配送服务。

在美国运营的套餐菜品配送商 Blue Apron 每周定时配送半成品食材，用户可以根据自己的情况选择套餐，确定每周哪几天接受配送。Blue Apron 则按照指定的时间配送食材，并附上烹饪菜谱。对用户而言，刚独立生活时，他可能觉得在外吃挺贵的，若 Blue Apron 将套餐菜品送过来，搭好配料，告诉他怎么做，在服务使用的最初阶段，他可能觉得还行，于是，便会和 Blue Apron 签约，预订接下来几个月的送菜服务。

但是，使用了 Blue Apron 服务一段时间后，用户就可能会觉得不方便也不省了。其一，用户的吃饭行为没有那么规律。用户可能需要临时出差，或到外面应酬，送过来的菜品，未必是用户当时想吃的。如果这样，套餐菜品就被放坏了。相较而言，那些可以放置时间较长的半成品食物，比如速冻饺子等,则能灵活地满足用户需求。由于用户的胃口很随机,而 Blue Apron 可能无法做到及时地感知顾客需求的变化,无法掌控运营的节拍,获得规模经济优势,使其较难降低与控制运营成本。其二,借助 Blue Apron 提供的菜谱,用户学会了十几种做菜方式,但是用户只喜欢其中几种,从经济角度看,用户觉得自己买菜更划算,于是便不再与 Blue Apron 续约。

在美国,Blue Apron 等套餐菜品服务提供商的日子不好过。在中国,若由企业提供类似的套餐产品,也将面临困境,但是原因不同。在中国,外卖行业发达,打算在线购买套餐菜品的顾客,本来就图方便,为何不一步到位订外卖,而要选择购买半成品菜呢?特别是,外卖的蓬勃发展颠覆了年轻人的生活方式,已经很少有年轻人在家炒菜了。读者可能会追问,一些人家里有小孩,不能让小孩天天吃外卖。现实是,在中国,有小孩的家庭,一般都有老人同住,老人的买菜习惯依然是去菜场,而非在线购买。

无论是亚马逊还是 Blue Apron,对于企业而言,能否实现盈利,关键之一在于能否及时地感知到用户胃口的变化。在感知到顾客需求后,利用"网"的优势,缩短渠道,控制质量,获取规模化优势,形成品牌效应,从而以较低成本运营一条响应型供应链,为用户提供便捷的、省钱的、好的服务。

4.1.3　O2O

O2O(Online to Offline)将线下的商务机会与互联网结合在一起,让互联网成为线下交易的"前台"。食品领域全渠道的一些道理与穿衣情境下的有类似之处:都是"两条腿"走路,便利顾客。但是,不同于服饰之处在于,食品的供应受制于产品的生长周期,且顾客对食品即时供应的需求较高。接下来,我们侧重于食品的特有属性,论述企业运营食品全渠道的实践。

供应方角度

供应不确定性带来新挑战。 食品供应链管理不仅包括需求不确定性，也包括雨雪、温度等外部因素引发的供应不确定性。供应不确定性使供应链成员提供"多、快、好、省"的流程更具挑战性。

根据表2-1，针对生命周期较长的产品，如土豆、萝卜、菜花，所匹配的效率型供应链系统利用库存较"快"地满足顾客需求。农产品的分销商可选择多个种植户作为供应商，以应对供应不确定性，保障供应中断情况下食品加工企业可继续生产。

针对生命周期较短的产品，如新鲜叶菜、定制蛋糕，所匹配的响应型供应链系统能实时地感知并较"快"地满足顾客的需求。譬如，举办生日宴会时，请厨师到家中制作美食，顾客要求定制化餐食，不同顾客要求的餐品可能有较大区别，同时并不是每天都有顾客有定制化的需求，所以需求不确定性程度高。需求的不确定性导致餐厅采购原材料也具有不确定性，不能与供应商达成稳定的关系，所以供应不确定性也较高。

在食品领域，由于存在供应不确定性，企业在供需匹配过程中，不仅要及时感知顾客需求，更要及时感知供应变动。如何感知供应变动呢？比如，乳制品企业在养殖的奶牛的脖子上佩戴一个智能脖环，脖环内置传感器，通过智能脖环抓取牛的心跳、体温等数据，检测牛的健康状况。乳制品企业以智能方式采集牛的源头数据，实现从牛的健康到牛奶的安全，有效管理供应链上的每个环节。

需求方角度

店仓一体。 以盒马鲜生为代表的企业，以店为展示方式，把线上外卖功能嫁接进去，利用门店所提供的工作间流程与仓库所提供的装配线流程，满足顾客对"多、快、好、省"的追求。我们将盒马鲜生处理顾客订单的流程分为三大步骤：接单处理（与顾客交互）；拣选、打包处理（顾客不在其中）；配送（与顾客交互）。在接单处理阶段，顾客可以选择线上下单门店取货、门店下单送货到家、线上下单送货到家，以及直接在门店下单购买，企业需要与顾客一对一地打交道，采用项目流程，灵活地服务顾客的个性化需求。门店通过展示不同货品的形式，采用工作间流程，满足了顾客对"多"的需求。在拣选、打包处理阶段，无论什么类型的顾客需求，都被归为一类操作，由于工作量较大，并且不需要与顾客打交道，所以盒马鲜生利用天花板空间，构造装配线流程，半自动化拣选货品，提升运营效率。在配送环节，店仓一体的线上、线下渠道可共用一套供应链体系，尽量降低配送成本。

店仓一体面临"省"的挑战。以店为基础，采用店仓一体模式运营的盒马鲜生无法覆盖更多社区；与此同时，较高的运营成本也使盒马鲜生无法进入三、四、五线城市消费者的视野。这是因为，满足顾客订单的履约成本包括两部分：运输成本和仓库成本。其中仓库成本包括仓库租赁成本，以及员工完成取单、装箱等一系列工作产生的成本。履约成本快速增长的一个重要原因是，盒马鲜生为了给顾客提供"快"，不断地缩短配送时间，从而扩张其仓储物流网络，建立了越来越多的仓库和引进更先进的技术。

店仓联动。为了获得"省"，一些门店把仓库布局到租金较低、远离顾客需求的地方，这为店仓联动模式，比如永辉的卫星仓。仓库与线下门店资源联动，共同调节，同时保持了仓库的独立性，可以灵活地布局与运营。

在店仓联动模式下，为了满足顾客对"快"的需求，仓库的库存水平设置得较高，它不仅需要备货以满足线上的需求，还需及时监测门店库存量是否能够满足线下需求。因仓库与门店分离，所以仓库向门店发送货物时，需考虑提前期和配送批次。当提前期较短时，门店可设置较少的安全库存，应对线下的不确定性需求。仓库向门店配送次数较多时，门店的库存水平较低，但配送批次频繁，物流成本较高，因而需在两者间权衡。

兰：我到一位朋友家里做客。临近饭点，他的太太在厨房打点午餐，时不时地发现需要下单买点急需、不急需的东西，她顺手下单，半天下来，下了 3 个订单。这时，她想，如果电商企业能够智能地合并一下她下的 3 个订单就好了，合并订单不仅能帮助快递公司降低配送费用，也可省去顾客多次接收快递的烦恼。

梅：如果电商企业能够感知到顾客下的订单有一些不是那么急需的，没有必要迅速地做出响应，就可以将顾客一周内所需的订单合并到同一天配送，利用效率型供应链，较"省"地运营，从而满足顾客对"省"的追求。

兰：的确如此，针对下单产品中不急需的，且产品生命周期较长的产品，可采用效率型供应链；针对下单产品中急需的，采用响应型供应链。

梅：企业需要准确地理解顾客所需要的"快"，不是越快越好，而是按照顾客指定时间送达。

兰：这比盲目地"快"对企业运营管理的挑战更大。

借助移动支付、互联网等技术，从门店、前置仓到店仓一体，企业的响应能力越来越强，与此同时，企业的单位运营成本越来越高。

店仓一体模式意味着企业需要开发复杂技术和投入更多时间，在供应链协调方面难度不小。两者的运营逻辑完全不同，服务的侧重点和客户需求也不同，在此基础上融合、重构，双方都需相机行事。

除了 4.1 节所讨论的买食材的情境，在日常生活中，我们还会经历另外两类流程类型：一是项目流程，比如一些人的体质特殊，需要特定的食材搭配调理，如药膳；二是连续流程，如米面粮油、辣椒粉的生产与采购环节，可选品类较少，且需求量超高。根据图 1-4 所揭示的产品与生产流程匹配的原理，将 4.1 节中购买食材情境中涉及的不同产品如何对应不同的生产流程表达在产品 – 流程矩阵中，如表 4-1 所示。

表 4-1　买食材的矩阵

流程类型	产品品类与需求量				
	单件定制	多品类低需求量	中品类中需求量	少品类高需求量	极少品类超高需求量
项目流程	药膳（知名的中医食疗品牌）				
工作间流程		生鲜（Blue Apron、Hello Fresh、每日优鲜、盒马鲜生、永辉超市、菜场、超市、便利店）			
批次流程			批发采购的农产品（拼多多、农副产品批发市场）		
装配线流程				冷冻食品（湾仔码头、思念汤圆）	
连续流程					米面粮油、辣椒粉（中粮集团）

　　结合 4.1.1 节讨论的菜场、超市，4.1.2 节讨论的网店，以及 4.1.3 节讨论的 O2O，我们可以发现，各种生鲜类电商平台的运营模式各有不同，是因为企业针对不同的目标人群，"对症下药"地制定企业战略，有针对性地满足顾客对"多、快、好、省"的需求。但是，无论采用哪一种运营模式，由于生鲜品类的属性是非标准化的，且保存期短，因此很难像 3C 产品那样，精准地控制生产成本，做到运营流程的透明，甚至全国、全球同价。

兰：过去，人们买菜需要去菜市场，商贩卖什么，顾客就只能买什么，即商贩采用标准化的服务流程提供食材给顾客，顾客的选择余地较小。现在，人们可以在多个电商平台买菜，物流配送服务发展迅速，让人们快速地享受到好的生鲜产品，人们甚至可跨境购买生鲜，有多品种的选择。

梅：虽然生鲜零售模式试图从产品 – 流程矩阵的右下角不断地靠近左上角，但是受限于上游较为分散的农户供应源和较高的冷链运营成本，生鲜零售模式在提供"多、快、好"时，未能提供足够的"省"，生鲜零售企业的运营还存在很大的改善空间。

兰：店仓一体模式有多种形态，其运营理念不同，企业需要依据顾客的需求选择业务模式。

梅：从瓜果蔬菜、生鲜速食到米面粮油，前两者是短生命周期产品，多采用响应型供应链，而后一种是容易储存的产品，多采用效率型供应链。供应链特性不一样，自然地，所需要的运营管理手段也不同。

兰：的确如此。一些餐饮连锁店如西贝，依托中央厨房采购与加工食材的供应链优势，除了销售成品，还销售原材料、半成品。根据产品特性选择不同的供应链类型，从中便可窥见企业的运营管理智慧。

梅的手机提示音响起，她打开微信，小俊发来消息，车子即将到达会议酒店。

4.2 吃在家：享受健康与可口的"好"

两人走到酒店门口。

梅：小俊已经在来的路上，快到了。

兰：好久没见小俊及他的太太小熊了。

正说着，一辆蓝色特斯拉 Model 3 出现在眼前，小俊在车里向两人挥手。三人相视而笑，梅和兰上车。不一会儿，便到了小俊家中。正在准备点心和咖啡的小熊走出厨房，迎接梅与兰。

梅：在众多家务中，做饭是为数不多能给人带来创造感的事儿——可随意一点，依心情搭配食物的味道和颜色。有时，照顾孩子、丈夫的生活细节也能给研究带来灵感，所以事业、家庭其实是相辅相成的。

兰：家庭厨房也是一个工厂，背后有运营管理学问：采用模块化的多品种、小批次流程及并行流程策略等。

小俊：我不常做饭，却也好奇做菜流程中的运营管理道理。

4.2.1 自己动手

并行流程

有人认为工作忙碌，生活乏味，所以要去学画画、学音乐来调剂生活。其实，好好地为自己做一道菜，不仅饭菜健康、可口，还能跟画画一样自我纾解。

在家办公，梅会在工作间隙洗菜、切菜、蒸饭，临近饭点再炒菜。梅将做饭流程模块化，将做饭的模块穿插在脑力劳动的间隙中，让自己在脑力与体力劳动间切换，不仅提高了脑力劳动的效率，也完成了做饭的准备工作。

模块化做饭流程有助于梅采用并行流程策略，达到菜品多、烹饪快、省时间的目的。何为并行流程？并行流程是一种安排工作进程的方法。比如，要准备红烧牛肉和清炒蔬菜两道菜，将烹饪这两道菜的流程模块化：烧开水

（5分钟），洗、切、炒蔬菜（15分钟），处理牛肉（切小块、去浮沫，10分钟），炒牛肉（5分钟），焖煮牛肉（40分钟）。若只有一个炉眼，而炒蔬菜、处理牛肉中的浮沫和炒牛肉都需要用到炉眼时，存在两种做饭方法。

方法甲：用开水壶烧开水；待水开后，处理牛肉；随后，爆炒牛肉，炒到五成熟，倒入电饭锅并加入烧开的水焖煮；待牛肉焖煮完成后，洗、切、炒蔬菜。用图4–1表达方法甲的操作流程。

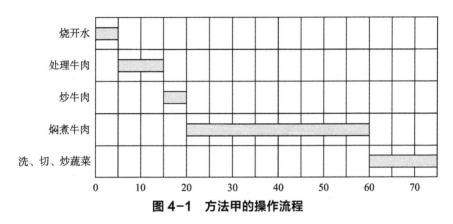

图4-1 方法甲的操作流程

方法乙：用开水壶烧开水；在等待水开时，处理牛肉；随后，爆炒牛肉，炒到五成熟，倒入电饭锅，加入烧开的水焖煮；在焖煮牛肉时，洗、切、炒蔬菜。用图4-2表达方法乙的操作流程。

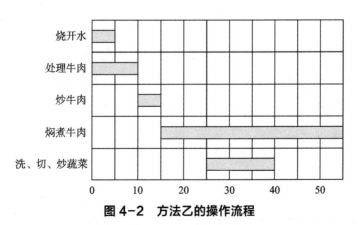

图4-2 方法乙的操作流程

方法乙优于方法甲。方法甲需耗时 75 分钟，而方法乙耗时 55 分钟。方法乙运用并行流程策略，烧开水、焖煮牛肉无须人工，在进行这类环节时，梅可去处理牛肉，洗、切、炒蔬菜，该并行流程属于人和机器并行运作，节省时间。

模块化流程中的艺术。无论在哪种做饭情境中，模块化做饭流程并不意味着生活一成不变。

艺术化常给生活带来意外之喜，梅将做饭视作艺术创作的流程，在模块化做饭步骤中不断加入创意，享受每一餐的色香味。仅简简单单地煮一碗面，梅就能不断创新：每次煮面时，总是尝试煮不同时间、加入不同配料、改变调味料品类等。

艺术化的基础是标准化与模块化。一个会烹饪的人在标准的烹饪流程基础上加入创意，增加烹饪流程的灵活性，这是艺术化流程。如果一个不会烹饪的人一开始便抛弃标准化、模块化流程，随性而做，这或许会诞生一道黑暗料理，而非艺术料理。如果能像梅一样将做饭变成艺术化的创作，那么做饭将是一种娱乐活动。

写到此处，兰联想到，写学术文章同样是一种艺术化的创造过程。虽然整篇文章已经被模块化——摘要、背景、文献综述、研究过程、结论，作者难改变已有的“八股文”框架，却可在每个模块中进行艺术化创造，做到独树一帜。

智能化工具

人们想要在家中更快更好地制作餐食，企业便提供工具，响应人们的需求。工具可分为知识性的和硬件性的。

比如，电子菜谱就属于知识性的工具，人们利用菜谱中详细的步骤，可以制作更多品类的餐食。过去，菜谱多是纸质的，一本菜谱中介绍的餐食也较为有限，想要学习更多的餐食制作技巧，就需购买更多的菜谱。如今，菜谱电子化了，市面上涌现出较多的菜谱软件，比如美食杰 App、下厨房 App 等，采用工作间流程为人们提供服务。人们可在各类 App 上寻找自己想要的菜谱，也可分享自己制作餐食的步骤，还可以在线评论，收藏心仪餐食的制作流程，保存浏览记录，分析制作餐食的流程。

新冠肺炎疫情让全民变"大厨"。根据美团发布的《2020 春节宅经济大数据》，美团外卖上烘焙类商品的搜索量增长了 100 倍，并带动酵母、酒曲等商品的销量增长近 40 倍，饺子皮的销量增长了 7 倍多。那些买了酵母、酒曲等商品的顾客，在家照着 App 菜谱，为家人制作各类点心。

曾经静止的、只给出一种制作方式、采用连续流程制造的纸质版菜谱，逐渐演化成为基于模块化设计理念研发的电子菜谱，采用工作间流程为顾客提供多种菜肴制作方式。电子菜谱能提供更多彩色图片与视频，使人们能更直观地习得做菜的步骤。电子菜谱的出现，能帮助顾客获得比纸质菜谱更多、更好的菜式，还省了过去购买纸质菜谱的花费。

兰：借助硬件方面的技术手段，炒菜流程实现自动化。比如德国一款名为美善品的炒菜锅，采用装配线流程，让厨房"小白"也可做菜。人们只要买好食材，按照美善品提示的步骤操作，就可顺利完成。美善品的便利性体现在不少方面，比如，用它打蒜蓉 5 秒就搞定，剥蒜 3 秒就成功；教人们做馒头时，美善品直接标识需多少水、糖、酵母粉、面粉，同时它本身也是一个秤，顾客看着数字重量提示进行操作，就可控制好添加量；炒菜也是无油烟的。

美善品制作的餐食是否美味，还存在疑问。但不可否认，利用自动炒菜锅将各步骤标准化、自动化，确实能帮助人们更简易地制作餐食。

推而广之，可以利用越来越多的技术改进炊具，让厨师做得又快又好。"快"是因为厨师可以并行工作，"好"是因为可以标准化一些操作流程，替人们完成厨房里的重复性劳动，提高制作效率。这样的变革还存在于生活的很多方面。曾经，人们洗衣得用搓衣板手洗；后来，有了洗衣机，实现了洗衣自动化。曾经，人们出行主要靠走或自行车；后来，有了电动车、燃油车等，出行更便捷。曾经，人们计算主要借助算盘、计算器；现在，人们利用计算机、云计算，就可以完成海量数据的计算。

兰将此部分内容拿给一位投资餐饮业的同学看，他评论道，如果想要好吃的，在家无论是借助美食杰 App 这类软件，还是美善品自动炒菜锅这类硬件，流程都略显烦琐，一时新鲜后顾客会逐渐放弃。他认为，美善品自动炒菜锅这类产品是企业想象出来的顾客需求，并且，这类做菜工具在做菜流程中没有什么艺术化的心思。因此，它们得不到讲究餐食的顾客的欣赏。实际上，至少在中国，若要吃得快，选择点外卖；若要吃得好，选择下餐馆。

4.2.2 把餐馆"搬到家"

梅：现在，借助饿了么、美团等外卖平台，顾客规避了在家吃的局限性与在外吃的不便性，不用出门、无须过于操劳，就可把餐馆"搬到家"。

兰：不仅如此，有些人上班期间较忙，线上购买、线下第三方物流配送方式对其更合适；有些人虽然时间不宽裕，但是上下班途中有餐馆，因而采用线上下单、线下取货的方式，不仅可节省在超市选购餐品的时间，还可节省餐品的配送费。

梅：从人工下单到自助下单，从去实体店吃饭到全渠道地获取餐食，互联网技术、智能手机等推动企业以较低的成本满足顾客的各种需求。

兰：餐饮行业向全渠道发展的过程，体现了产品－流程矩阵中餐饮企业从右下角向左上角——从批量服务到个性化服务——的演变历程。

叫外卖

快节奏的工作使很多人不希望在吃饭这件事上消磨太多时光，一些人选择在回家的路上，带一些包子、馒头，或时令的青团、粽子。在这里，包子铺的运营流程具有批次生产的特性。一些人回家后，可能会煮上一盘速冻饺子，或一碗方便面，速冻类食品的制造采用的是装配线流程，而方便面的制造采用的是连续流程，还有一些人通过饿了么等平台或餐馆的线上餐厅叫外卖。

外卖配送平台。餐饮配送的需求孕育出饿了么、美团外卖、Grubhub、Uber eats 等外卖平台，它们基于工作间流程，帮助餐馆更好地匹配食客的个性化需求。这类平台企业为顾客提供如下服务：商家在平台上公布所提供的服务品类，食客依据需求选择餐馆提供的某款餐食。借助平台，食客可以选择的菜品品类几乎达到无限，降低了食客的搜寻成本；商家也不再局限于大企业，越来越多的小企业聚集在一起，提供多品类的食材，降低了餐馆的交易成本，有助于餐馆在市场中存活。

平台的自动接单及配送系统把餐馆的部分员工从收银台前解放出来，提高了餐馆即时响应顾客需求的能力，降低了餐馆的交易成本。如果没有平台的自动接单系统，餐馆需要额外雇用员工处理外卖 App 上的订单需求。同时，平台的自动接单系统不仅降低了食客的等待时间，还使餐馆避免了未及时接单造成的需求流失及消费者因搜索付出的沉没成本。平台标准化的终端界面、评分系统有利于平台统一管理各个餐馆，保证食客获得真实有效的信息。

此外，外卖零售的模式——自配送、众包及平台配送，还使餐馆在配送模式上具有柔性。当平台运力不足时，餐馆可利用众包骑手配送餐品，即使订单量太大没有骑手接单，餐馆也可自行配送。这样餐馆可在保证配送服务质量的同时最小化配送成本。以饿了么为代表的平台除了参与"烧钱"大战，更懂得借助科技升级服务。在人工智能技术的催化下，即时配送由一开始的自配送、众包及平台配送模式过渡到半人半智——无人机与人工结合的模式。

平台统一分配外卖订单，利用规模经济降低餐馆的配送成本。如果商家在配送方面成本较高，会导致利润下降甚至入不敷出。通过平台提供外卖零售服务，可为餐馆提供多渠道的销售模式，使其在面对不同类型食客时能提供不同的渠道。针对时间成本较高但对价格不敏感的食客，餐馆通过外卖渠道为其提供优质服务；针对时间成本较低但对价格敏感的食客，餐馆可通过较低的商品价格吸引其进店堂食。

未来，人们的需求越发多样化，餐馆间的竞争也越发激烈。是否有这样的可能：顾客在平台上提出一个特殊需求，比如"超级麻辣且低盐的烤虾"，平台上的餐馆竞标获得顾客的订单。这种对餐馆与食客需求的精准匹配并非空想，类似想法在售卖机票的航空公司早已成气候。进一步，外卖平台系统还可以做的一件事情是，收集并分析顾客的历史订单数据，预测顾客的喜好，主动推荐餐馆的菜品给顾客。

实时定位技术的成熟，使借助平台提供外卖服务的餐馆突破了传统的配送范围，延伸到高铁上，满足出行者的路上用餐需求。很长一段时间，火车上的餐食又贵又不好吃，若乘客自带餐食，方便面是首选，但同样不够美味。为解决乘客对餐食的品质追求，饿了么、美团外卖等平台与12306订票平台合作，乘客在线购买车票时，可看到外卖平台推送的餐食，乘客可选择在某一站点获得外卖。该模式助力乘客获得好服务、多选择；与此同时，餐馆由于获得了高铁上的食客群体，也增加了利润。

《清明上河图》里有一个画面：一家酒楼前站着一位伙计，他一手持碗，腰间挂着筷子，步履匆匆，类似送外卖。当代外卖的雏形早已有之，不同的是，现在的外卖是与网络技术相融合，可实现线上点单、线下配送。

读者可能感受到中国的外卖行业发展得如火如荼，那么美国的外卖行业又如何呢？比如，Grubhub起初提供一个平台，餐馆和顾客加入其中，顾客在平台上搜索餐馆，采用网络预订方式叫外卖，由餐馆自行配送。而饿了么、美团等不仅提供平台，还雇用配送人员，帮助餐馆配送外卖。这种统一配送模式的好处显而易见，对餐馆而言，依靠平台的配送更省成本；对顾客而言，统一配送方便其了解配送实时状态，从而获得好的服务体验。当然，这种平台雇用人员的方式也存在短板，在中国这样人口密集且劳动力成本较低的国家比较适合，然而，在美国这种地广人稀且劳动力成本较高的国家，就不太适用。因而，Grubhub采用两种模式相结合的方式，在人口密集程度较高的城市，比如纽约等，采用类似于美团的统一配送方式，而在人口密集程度较低的城市采用餐馆自行配送的模式。

Grubhub 本身是从外卖平台起家，在美国，也存在原本从事其他行业，为拓展业务而提供外卖服务的企业，比如 Uber eats。优步的主营业务是打车服务，考虑到外卖与打车都具有配送的性质，优步与餐厅合作，开拓 Uber eats 服务线，向顾客配送食品，而送餐的任务由优步的驾驶员来完成。优步利用本身已有的资源，获得更多收益。特别是，受新冠肺炎疫情影响，人们的出行需求减少，居家办公的需求增加，不经常做饭的人更有可能点外卖。相应地，Uber eats 的市场需求会增加。

优步向外卖行业的拓展较为成功，而中国的滴滴外卖业务却处于受阻状态，分析其原因，主要是由于滴滴进入市场较晚，当时中国的外卖市场已被美团和饿了么占据。同时，打车服务与外卖配送服务存在一定区别：一是打车服务一般只需送顾客到主干道，而外卖服务对导航精确度的要求更高；二是打车服务一次接送的顾客人数较少，而外卖服务面临多家餐厅、多位顾客，两者的调度不同。因而，优步拓展外卖服务的成功，其背后"功臣"还是到位的运营管理。

线上餐厅。餐饮企业除了借助外卖平台售卖食品，也可以借助线上平台售卖食品。以肯德基为代表的快餐业，采用线上、线下相结合的技术手段，实时地感知顾客的需求，并及时地提供相应的服务，让顾客享受到又好又快的用餐服务。

肯德基为食客提供"本地生活"指南。肯德基会员官方旗舰店入驻天猫，依托天猫的巨大流量打通多个渠道，既能方便用户使用，也能更好地为官方 App 引流，巩固会员体系。除此之外，肯德基还将线下餐厅搬到线上，携手百度，将遍布全国的几千家餐厅悉数搬上百度地图平台，打造为"肯德基虚拟餐厅"。食客只要打开百度地图移动端主页，附近肯德基的餐厅信息、特色活动，以及专为虚拟餐厅推出的定制套餐等一系列活动将尽收眼底。依托百度在"连接人与人"方面的技术优势以及丰富的实践经验，肯德基打造了完整的服务闭环，让食客轻松实现从指尖到舌尖的旅行。

请厨师

任何一个行业都存在个性化的需求，同样，很多人对吃饭也会有个性化的需求。如果一个人吃饱饭了，如何让饭吃得更精致就提上了议程。当下，好厨师、爱大厨、点大厨、烧饭饭等 O2O 服务移动应用已经开始在北京、上海等一线城市生根发芽。厨师上门做菜，与顾客面对面沟通，更容易了解顾客的口味和偏好，从而根据需求定制饭菜。

同时，逢年过节或在家人过生日、朋友到家做客等重要场合，自己往往会忙不过来，这个时候如果能够由厨师提供全程服务，是一件非常省心的事情。一方面，自己可以腾出更多的时间陪家人、朋友；另一方面，富有经验的厨师做出来的饭菜口味更好。

除此之外，厨师上门还可满足高端消费人群的饮食需求。收入水平较高的家庭往往会请家政阿姨，但要请到一位厨艺高超的家政阿姨很困难。如果能够有厨师上门服务，他们的需求就能得到满足。

请厨师到家烧菜的模式能走得远吗？在中国，可能不行。

当下，饿了么、美团等外卖 O2O 平台都积累了强大的用户基础，它们除了可以给用户提供送餐服务之外，同样也可以为他们提供厨师上门服务，只需要将平台对厨师开放。

对于顾客而言，请厨师到家需要提前采购，餐后还要收拾，整个流程下来，服务体验可能不是很好，还不如直接去餐馆宴请亲朋好友。

一些提供类似于请厨师到家服务的企业，生存境况堪忧。其一，对于厨师而言，提供餐饮服务的供应链太长，还会遇到厨房设备不称手的情况，一天下来做不了几单生意，不划算；其二，虽然多数厨师拥有智能手机，且多数人可以通过微信、QQ 等方式与家人、朋友联系，但数字技术在工作中的运用尚浅，通过互联网渠道、App 接单的厨师占比较低。

根据图 1-4 所揭示的产品与流程匹配的精神，将吃在家情境中不同的产品或服务对应的不同流程表达在产品－流程矩阵中，如表 4-2 所示。

表 4-2　吃在家的矩阵

流程类型	产品品类与需求量				
	单件定制	多品类低需求量	中品类中需求量	少品类高需求量	极少品类超高需求量
项目流程	请厨师类 App				
工作间流程		外卖平台			
批次流程			包子铺		
装配线流程				肯德基	
连续流程					方便面品牌商

梅：一日三餐的制作流程蕴含着运营思想。做菜流程也可模块化及技术化。如果将做饭变成艺术化创作，那么做饭就是一种娱乐，是一个创造美的过程，而非被迫与无奈之举。美食装盘那一刻成就感油然而生，食物被自己和他人品尝时，幸福感悄然迸发。

小俊：我刚教授运营管理课程，正发愁无法激发学生的学习兴趣。听到你们刚才讲的这些都蕴含着产品－流程矩阵的道理，这下我可以讲给修读运营管理课程的学生们听。

小熊：运营管理在厨房的体现，让我这个经常做饭的人也听得津津有味，长了不少见识。阿姨接孩子，路上堵车，在家做饭恐怕一时半会儿吃不上。天色已晚，小俊陪二位去餐馆吃如何？

小俊：想吃点什么？中餐还是西餐？这附近有西班牙菜、印度菜、泰国风情菜、越南风味菜、老北京风味的火锅、苏浙汇的江浙口味菜、老克勒的上海菜、川菜等。

听到小俊的一番介绍，梅和兰惊讶于附近的餐厅种类竟如此之多。梅先选择苏浙汇，小俊打电话给餐厅订位置，被告之客满；梅再选择老克勒，再次被告之客满。三人大笑，感叹消费内需之强。

兰：关注美味不用等公众号或下载 App，可实时查看附近餐厅的排队预约情况。

小俊打开美味不用等 App，发现一家之前去过的名为"越风尚"的越南餐馆只需排队两桌，小俊取号预约了一张桌子。三人离开小俊家，朝餐馆方向走去。

4.3 吃在外：可以省事与省心

一行人甫一走到餐馆门口，美味不用等 App 便通知小俊可进店就餐。在服务员的带领下，三人走进餐馆。通往餐桌路上有一面透明的玻璃墙，顾客可透过玻璃观看厨师制作春卷的流程。走过玻璃墙，三人落座。

服务员：你好，欢迎光临！这边坐。请扫码点餐。

小俊：老师、师姐，依你们的喜好点餐。

梅：我在美国的越南餐厅吃过香兰椰汁西米糕，今天尝尝这道菜在这家店的味道如何。

兰：我点一份西贡咖喱鸡和春卷。

小俊：懂生活的人对什么菜品好吃具有一种天然的直觉。老师与师姐点的菜品都是这家餐馆的推荐菜品。我点一大份咖喱蟹，再来一份越式芒果鲜虾沙拉。

服务员：三位请稍等。

小俊：这家餐馆厨师制作春卷的流程全透明。我们坐在这里，可与透明化的厨房遥遥相望，偶尔还能和厨师来次眼神交流。

兰：让食客看得放心，做得很干净，又有一点表演性质，带小孩过来用餐的食客，更享受这类服务。

梅：这个道理与 JIT 生产系统中的暗灯操作系统类似：将生产流程全部展现给顾客，任何人发现了问题，都可以暂停生产流程。

谈话间，服务员送来几道开胃小菜。

梅：不仅如此，不同的餐厅氛围满足了不同顾客的需求。我们一边吃饭一边聊天，需要一个较好的就餐环境；如果我们只是吃一顿工作餐，再回到办公室，那么我们对就餐环境就不会有那么高的要求。

兰：餐馆作为供应方，需要了解顾客的需求，再"对症下药"。

小俊：以我喜欢的火锅为例，如果要社交，就需要较好的就餐环境和服务，我选择海底捞；如果只是吃一顿饭而已，我可能去呷哺呷哺，点一个自助小火锅，方便省事。

梅：海底捞与呷哺呷哺的关系，就像是汉堡王与麦当劳的关系：前者提供品类更多、成本不低的餐食，后者提供有限品类的餐食，因此相对便宜。海底捞采用工作间流程，而呷哺呷哺采用装配线流程。前者着重为食客提供"好"，而后者着重为食客提供"省"。

小俊：我只是随口说一句火锅，老师就能和运营管理理论联系在一起！

　　梅：那是因为你刚才说的让我想起曾经有位老师访问我，他写了一本关于这两家企业运营模式的书[1]。

　　餐厅食客们欢声笑语，三人围桌共话。

4.3.1 选快餐

任何一家餐饮企业都有不同的产品，采用不同的生产流程，自然地，就能服务不同顾客。

　　以兰所工作的学校周边的餐馆为例，若要吃得"快"与"省"，兰可选择南京汉口路周边的餐馆，从中式的重庆小面、七德好[2]、大娘水饺、庆丰包子、兰州拉面、真功夫，到西式的麦当劳、肯德基、赛百味，顾客花费小几十元人民币就可饱腹。若要吃的品类多，兰可选择去中山路上的艾尚天地、德基广场、金鹰商场里的餐馆，这些餐馆菜谱较为丰富，包括汤、小吃、甜点、咖啡等。由于顾客不提前下单，餐馆不得不提前配备好菜谱中所有菜品所需的原材料，以及制作相关餐品的厨师和厨具，虽然成本较高，但顾客的需求都能得到满足，灵活性高，从而能为顾客提高种类丰富及高质量的餐品。若要吃得特殊，比如减肥人士偏爱的轻食、月子中心为妈妈与宝宝提供的定制餐食、美食爱好者偏爱的特别口味的菜、各类私房菜餐馆提供的菜品，顾客需要付出更高的费用。其中，私人定制餐厅采用项目流程，顾客因为某一主题，比如生日宴，而定制

1　此书为龚其国、王丹所著《海底捞 VS 呷哺呷哺：餐饮企业经营模式的选择与创新》，中国经济出版社，2018。
2　"七德好"为"吃得好"的吴语发音。

餐食，餐厅需与顾客沟通个性化需求，比如，是中餐类型还是西餐类型，若选择中餐类型，餐品包括哪些，上菜顺序是什么。确定好后，餐厅方可采购原材料。

从长远来看，餐饮业的发展会呈现两个极端情况。一个极端是连锁经营，采用"中央厨房＋冷链"模式，以连续流程、装配线流程，保证食品安全且成本较低，现场加工的食材多为半成品，虽然运营系统管理起来有挑战，但可实现去厨师化，比如航空餐、麦当劳。另一个极端是满足高端顾客需求的私人订制餐饮，采用项目流程，提供好的餐饮服务。处于中间的服务提供商为团体服务，采取批次流程，比如学校食堂、苏客餐饮、庆丰包子、粤式茶楼、大娘水饺、南京大学鼓楼校区附近的七德好，每日做的饭菜有一定量，品类也不是那么多。

个人做饭是项目流程，满足几个人的需求即可。还有些人做饭是为满足一群人的需求，需求量大，相应地，就可以采用批次流程。接下来，我们通过汉堡、米饭与面包，来说明连锁经营餐饮行业中的生产流程。

汉堡

顾客花费小几十元就可饱腹的餐馆，为何能较省地提供餐食呢？我们以汉堡王和麦当劳为例加以说明。汉堡王是一家允许食客自我定制（Do It Yourself，DIY）汉堡的餐厅，食客可根据个人喜好，搭配面包、肉饼、酱汁，制作适合自己口味的食物，获得"好"。兰曾经拿着携带方便的汉堡王的汉堡登机，不仅可随时吃上一口，也无须担心口味平淡的汉堡引发腹痛。

相比于**汉堡王采用工作间流程**为食客准备多样的食材，提供 DIY 机会，最大限度地满足食客的多样化需求，**采用装配线流程的麦当劳主要提供基本款食物，奉行"快"的理念**。麦当劳运用装配线流程，在短时间内做出口味还不错的餐品。采用装配线流程的麦当劳虽然能快速地提供餐品，但所提供的餐品品类有限。餐品制作流程标准化，有利于员工快速地制作餐品；同时负责备餐的员工可到各餐品存储区快速取餐，备餐流程效率高，食客不需要等待较长时间即可获得餐品。

企业服务的顾客类型应匹配企业的供应链类型。麦当劳为持续提供标准化口味的餐食，将牛肉的饲养、土豆的种植和汉堡包的制作等许多流程标准化。但是，有一日，麦当劳突然想变革——从装配线流程转型为工作间流程，尝试制作自助汉堡（Create Your Taste，CYT），为食客提供口味款食物。食客可在几十种食材中随意搭配面包、肉饼、酱料和配料，制作专属汉堡。然而，这种尝试反响平平，这是为何？

麦当劳想要为食客提供个性化服务，其初衷是实现"多、快、好、省"四大目标中的"多"——将汉堡制作流程柔性化，提高食客的用餐体验。但是，麦当劳的供应链类型和运营方式与这一目标不匹配。麦当劳 CYT 汉堡的个性化程度介于面包房的夹心面包和定制款生日蛋糕之间，夹心面包有相同的外表和不同的夹心，定制款生日蛋糕则彼此不同，麦当劳 CYT 汉堡有相同的肉饼、面包等原料和不同的配料，因此，针对这类配料，麦当劳应采用装配线流程生产，随后再采用工作间流程，满足顾客的需求。然而，麦当劳制作 CYT 汉堡时，为实现好的品质，未采用标准化的肉饼生产线，而是采用项目流程，不仅耗费时间，而且工序麻烦，对操作人员的技能要求高，增加了人员成本。因此，麦当劳制作 CYT 汉堡一味注重好的品质，而未能为顾客快速地提供食品及节省运营成本，这均使得 CYT 汉堡失败，当下，令麦当劳闻名于世的仍是普通标准汉堡。

和梅电话讨论修订到此，梅的那边已经是午夜时分，兰的这边也到了午饭时间。

梅：快去吃饭吧。

兰：过了学校食堂的用餐时间，我在美团上叫了外卖。

梅：外卖好吃吗？

兰：今天想吃得健康一些，点了一份附近西餐厅制作的三明治。平时，还会点一些中式快餐外卖，高油食品，第一口好吃，其实长久来看，不好吃。

梅：现在，在中国，无论是美团、饿了么等外卖平台，还是各种小餐馆，都在打价格战，心思集中在如何在当下抓住顾客的"胃"和"钱袋子"，没有想太多这样的运营流程能否可持续地为顾客提供"多、快、好"。

兰：如果企业将更多心思用于如何提供健康、安全的食物上，在"好"上多做文章，长久来说，顾客是会买账的。

梅：最健康、安全的饭菜永远是妈妈、太太厨房出品的。这让我想起在课堂上讲授的一个印度外卖配送的案例。同为人口大国的印度，在二三十年前就已经出现外卖这个行业了。现在，印度外卖行业甚至成为全球最准时的外卖行业，准时率高达99%以上。和中国不同，印度外卖小哥并不是为商家送饭，而是给那些工作离家远的人送饭。换句话说，就是妈妈或太太在家里做好饭给这些外卖小哥，这些外卖小哥就会准时送到她们的儿子或丈夫手中。

兰：印度的"达巴瓦拉"专业送餐业务已有120年历史，这些外卖小哥甚至不识得几个字，仅仅凭借一些颜色、标识，就能快速且准确地将盒饭送到目的地。在此流程中，几乎没有用到任何数智化的技术。

梅：那是因为在印度的劳动力成本相对低廉，送餐企业洞察到了所能利用的"资源"——丰富的劳动力，从而借助一些颜色、标识，标准化送餐流程，让快递员能快速完成任务。如果这项送餐服务需求是在美国，当地没有那么多廉价的劳动力，自然，那些平台企业就要充分地利用数智化技术——无人机、智能调配算法等，规划骑手的送餐行程，做到又好又快地满足顾客的需求。

米饭

无论是汉堡王、麦当劳，还是赛百味，早期进入中国餐饮市场的"洋快餐"给中餐快餐品牌带来很多启发和影响，老乡鸡、真功夫、老娘舅等采用装配线流程，控制中餐品质，并迅速地扩张。以老乡鸡的餐食制作流程为例，所有半成品在中央厨房包装好；包装好的半成品通过恒温冷链物流配送到店面；店面根据每个菜品的料表，将半成品原料按比例配制；将配制好的菜品原料放入蒸锅里蒸制；蒸制好的产品上保温柜销售。

采用装配线流程的老乡鸡

兰：一些中餐馆菜单提供的品类特别多，希望吸引食客进店消费，但是，当食客落座开始点单后，常被告之某些菜品暂时不提供或售罄了。

这是因为中餐馆在实际运营中，不得不消减某些菜品的库存，以降低运营成本。一些西餐厅提供的菜品品类较少，但只要食客点单，几乎总是能够得到满足。

梅：西式快餐的特点是产品简单，因此菜单品类相对较少。而中餐不一样，既要多样性，又要标准化。

兰：中式快餐学西式快餐很辛苦。

梅：的确如此。中式快餐既想提供多品类吸引食客，又不得不顾及多品类造成的高运营成本，而要降低库存量，这使食客的需求经常得不到满足，所以餐厅的服务就不可靠，因此也就不能称之为"好"。

兰：有什么办法解决这类问题呢？

梅：一些餐馆除了提供常规菜单之外，还依据时令变化，灵活地提供特价菜单。这些特价菜单涉及的食材，多数是新鲜、时令的，不仅食客喜欢，餐馆在当季的进货价格也不高。

一些企业通过盒饭售卖机，将顾客选择商家、到店就餐的烦琐就餐流程简化为采用批次流程制作盒饭、食客到盒饭售卖机上自助下单。批次流程节约了盒饭生产成本，同时，食客只需要在盒饭售卖机面前轻触屏幕，用手机付款，一份热腾腾的盒饭就准备好了，帮助食客节省了时间。

盒饭售卖机采取冷链盒饭模式，将菜品在中央厨房批量生产，这些采用批次流程生产的盒饭被快速冷却到10℃以下，再用真空包装，使餐品与外界隔绝，并运到2℃~8℃自动售餐机里储存。食客取餐时，餐品通过光波迅速加热，与刚出锅时相比，色香味还原度可达九成，这些技术手段保证了盒饭的口味与品质，使食客能买到好吃的盒饭。比如，遍布新加坡主要地铁口的盒饭售卖机，以及在北京和深圳，由深圳旮晃云商科技有限公司投放的自动盒饭售卖机，一台售卖机可装36个盒饭，有4~6种不同口味，比如鸡腿饭、咖喱饭、牛肉粉等，满足食客的不同需求。盒饭售卖机给大众带来便利，既满足了快节奏生活和工作的需求，同时品类多、品质好，还能帮商家省成本。盒饭售卖机作为餐饮行业新零售模式已崭露头角，也预示着自动售卖机的业务形态更加丰富。

新加坡地铁站的盒饭售卖机

从人工售卖的盒饭到自动售卖机里的盒饭，再到苏客餐饮、七德好，这些企业在为人民服务的过程中，所采取的生产流程类型介于连续流程与项目流程之间。

面包

一些餐馆可以满足顾客吃得饱的需求，另一些餐馆可满足顾客吃得好的需求，背后的道理是连续流程到项目流程的转变。这可以用 1.3.2 节中面包坊中的切片面包、夹心面包与生日蛋糕之间的关系加以说明。

从标准化的切片面包到模块化的夹心面包，再到灵活的生日蛋糕，产品制作难度越来越高，食客的需求量越来越少。面包坊生产切片面包时，生产流程标准、简单，产品的边际利润较低，位于产品 – 流程矩阵的右下角；生产定制款生日蛋糕，面包坊虽耗时耗力，几乎需要全手工定制，但产品边际利润较高，位于产品 – 流程矩阵的左上角。将前述内容按照图 1–4 的精神，汇总为表 4–3。

表4-3 吃在外的矩阵

流程类型	产品品类与需求量				
	单件定制	多品类低需求量	中品类中需求量	少品类高需求量	极少品类超高需求量
项目流程	生日蛋糕				
工作间流程		炒菜（点餐） 三明治 自助餐			
批次流程			包子、水饺		
流水线流程				快餐、盒饭	
连续流程					航空餐

标准化支撑餐品的制作流程

无论是以"快"与"省"为导向的餐馆，还是以"多"与"好"为目标的餐馆，它们都希望提供稳定的餐食味道，留住顾客的"胃"和"心"。餐食制造流程的标准化意味着操作流程处于稳定的状态，意味着流程产生的变化在统计上是稳定且可预测的。上述道理听起来符合逻辑，但在实施中，餐馆面临诸多挑战，这些挑战源于流程管理中的三类偏差：系统偏差、特殊原因偏差和随机偏差（Easton，2015）。

一是系统偏差，也被称为普通原因偏差，为流程固有，不受企业控制。比如，麦当劳保温食材所需的中央厨房设备的运作稳定性，主要取决于中央厨房设备的技术水平，而不取决于麦当劳的管理体系。企业若想减少普通原因偏差，需脱胎换骨地改造生产流程，这并非易事。与麦当劳同样售卖"面饼夹肉"产品的肉夹馍企业无法实现连锁经营的可能原因之一是没有采用中央厨房设备，这导致每家肉夹馍企业在肉、面饼的制造流程上总是停留在经验层面，也就无法管理系统偏差。

二是由某种特殊原因导致的偏差，被称为特殊原因偏差。造成该偏差的事件或因素被称为特殊或指定原因，这些原因可被识别与预防，企业可通过加强管理供应商的方式来消除此类偏差。

三是随机偏差。较稳定的流程并不意味着流程完全稳定，流程中还存在随机偏差，当流程出现问题或其他错误时，餐馆将责任归咎于某一个人，这会导致一系列严重后果。比如，当顾客抱怨时，餐馆未考虑流程是否处在控制之中，而仅依从谁有过错谁承担原则，试图找出"背锅人"。寻找"背锅人"的做法忽略了问题是由随机变化导致的可能性，即并不存在特定原因与问题相关。纵然是在标准化方面获得成功，企业也无法完全避免随机偏差。

一家电水壶企业发现，每年4、5月份售卖的产品退货率较高。追根溯源，企业发现，高退货率产品的生产日期是在当年的1月份左右，临近春节，工人思乡心切，自然地，生产操作的出错率较高。

借助标准化手段，几乎可去除系统偏差和特殊原因偏差。但是标准化流程并不意味着完美，还存在随机偏差。餐馆控制住系统偏差与特殊原因偏差，就有精力处理随机偏差，节省运营管理成本。相对于采用装配线流程提供"快"与"省"的餐馆，采用工作间流程提供"多"与"好"的餐馆，其菜品制作流程更为复杂，更容易出现随机偏差，因此这些餐馆需要花费更多精力应对随机偏差。虽然餐馆的运营成本会相应地提高，但是餐馆在顾客心中的口碑得到了提高，从而获得了收益。在权衡成本与收益后，餐馆需要决定花多少精力应对随机偏差。

上述道理说起来容易做起来难。结合图1-4所解释的产品与流程匹配及表2-1所解释的产品与供应链类型匹配的精神，面对上述三类偏差，不同企业面临的挑战各不同。采用"中央厨房＋冷链"的连锁餐馆，比如麦当劳、老乡鸡等，虽然在顾客端采用装配线流程满足顾客需求但在生产流程环节实施的是批次生产理念，从供应链类型视角看，实施的是效率型供应链，可以很好地控制系统偏差与特殊原因偏差；而采用项目流程及响应型供应链的餐馆，因其菜品极大地依赖于厨师手艺，且顾客需求多变，所以管理起上述三类偏差，确实有困难。

除将餐食的制作流程标准化，为稳定菜品质量，餐馆还可采取模块化方式，如提前准备一些高汤，放在不同的菜中，较"省"地提高菜品的品质。再譬如，一些餐馆借助模块化实现餐品的批次生产：餐馆确定当餐所需准备的餐品，比如辣椒炒肉和蒜薹炒肉，其中肉是共需的，一次性处理好两道菜所需的肉；备好菜后，餐馆批次制作出一大盘炒肉，而不是一份份地制作。批次处理食材有助于餐馆在较短时间内制作出更多品类的菜，节约时间和人工成本。不过依据梅的个人经验，如果把肉提前炒好一大盘，肉一旦回锅炒一炒再出锅，柴了不好吃，口味差一点儿。所以大部分餐厅需要在时间与人工成本之间权衡，一般不会一次性把所需的肉全炒好。

4.3.2 预订与排队

小俊：现在，人们出门吃饭的需求增加，为人民服务的餐馆不仅在数量上，而且在品类上都丰富起来，与此同时，借助机器学习、在线排队叫号等技术手段，餐馆可个性化地服务食客。

梅：在一个服务流程中，若人需要参与其中，体验就很重要。

兰：餐馆的预订、排队管理，就是为了更好地利用有限产能。餐馆的产能是固定的，而人是随机的，如果大家一起来，位置就全满了。

梅：企业采用一些预订手段，提前引导顾客的需求，获得顾客需求的变动信息，也能够提前做些准备工作，令后厨可采取按库存生产方式，从而及时地响应顾客需求。

小俊：即使餐馆在预订方面已经做得很好，排队也不可避免。

梅：这就需要研究在顾客等待的情境下，如何让顾客感觉到舒服，从而愿意等下去，来这家餐馆就餐。

兰：我们边吃边聊，讨论需要坐下来点餐、用餐的餐厅的服务流程特性。

梅：自助餐厅的服务流程不在这一节的讨论范围内。虽然两类餐厅的服务流程都属于工作间类型，但是相对于需要坐下来点餐、用餐的餐厅，自助餐厅更偏向于产品－流程矩阵的右下角。

预订

若一个人想约朋友吃饭，需要做好日程安排，然后打电话到餐厅定位；如果没有座位，还需要预约另一家餐厅或改时间。电话预订模式不仅耗时且易出错。餐厅的高固定成本与其盈利能力和上座率高度相关，在电话预订模式下，餐厅通常没有安排专门的人员处理非营业时间的预订，当顾客无法在自己方便的时间电话预订时，餐厅就失去了潜在的生意。因此，电话预订模式经常不能为顾客提供好的预订体验，也不节省顾客的精力与餐厅处理订单的人力。比如，每家餐馆都要安排专人接听订餐顾客的来电询问，而一家餐馆有多少张桌子、多少个座位、能容纳多少客人，是有限的。

逐渐地，一些大餐馆采用图 2-2 所示的流程的"分"与"合"理念，以及图 2-3 所示的"五个化"之间的逻辑关系，将一些预订流程标准化，并进行模块化组合，实现自动化，或者外包预订服务，帮助顾客与餐馆共同完成预订。

餐厅外包电话预订需求，虽然节省了部分成本，但毕竟还是人工在处理顾客预订信息。随着网络技术、智能手机的发展，一些餐馆开始引导顾客在线订餐，彻底地将订餐服务流程自动化，以节省人工成本。

在线订餐流程主要涉及信息服务，餐厅的工作人员几乎可以不参与其中，使订餐流程更加自动化了。比如，与饿了么等外卖平台的服务流程模式类似，OpenTable 网站基于工作间流程让顾客快捷地订餐，并实时地分享给一起用餐的朋友。打开 OpenTable 网站后，顾客首先根据需求，包括地点、口味、日期及人数，筛选餐厅，或者直接输入目标餐厅，然后通过订餐时间、价格、餐桌位置等条件精确预订内容，预订信息进入 OpenTable 和餐厅的数据系统。随后，顾客收到订餐确认的详细邮件，OpenTable 允许顾客在线修改或者取消预订。与此同时，餐厅可在 OpenTable 上推销自己以吸引顾客。OpenTable 的主要收入来自订餐软件的月租赁费，以及以用餐人数为收费标准的订餐佣金。

与 OpenTable 类似，中国有美味不用等 App 为顾客提供排队等位、餐位预订等服务。与 OpenTable 不同，顾客借助美味不用等 App 实现远程排队取号，并实时查询排队等位进程，提前 5 个号还有短信推送提醒。美味不用等 App 排队管理功能解决了顾客用餐高峰排队难的痛点。除此之外，美味不用等 App 也提供每日排队排行榜，供顾客参考。

使用美味不用等 App 的顾客多是为了避免在热门餐馆排队，而使用 OpenTable 的顾客即便打算去的是不那么热门的餐馆，也习惯于先预订。那些临时起意出门用餐的顾客，一般会选择周围的餐厅用餐。一般而言，人们理想的步行距离不超过 800 米。随后，共享单车的兴起与普及，为人们提供了更多的短途出行接驳方案，降低了出行成本，拉长了人们临时的出行距离，自然地，人们选择餐馆的范围也在扩大，这在无形中加剧了餐馆间的竞争，有助于人们获得更好的、更便宜的餐饮服务。

无论是美国的 OpenTable，还是中国的美味不用等 App，其初衷不仅是便利顾客预订餐馆，更重要的是，平台可以收集顾客的需求数据，从而基于项目流程理念向餐馆提供贷款、信息咨询等个性化服务。这个类似于京东、阿里等平台型企业的做法，收集顾客的信息，给商家推荐各种后续服务。

回想从前，没有美味不用等 App 时，人们也要预订餐馆——或派人专门说一声，或打电话预订。现在有了智能手机和以 5G 为代表的高速网络通信技术，顾客预订餐馆的流程更加简洁、流畅，也让餐馆收集到更多关于顾客需求的信息，从而基于大数据做出决策。

但是，无论是中国的美味不用等 App，还是美国的 OpenTable，都面临顾客违约的风险。平台、餐馆如何人性化地管理顾客的预订行为呢？餐馆可向网约车企业"取经"，比如滴滴，如果出行者取消预订，会被扣钱。那么，餐馆是否可以这样做：如果顾客预订并按时到场，菜品打折；如果顾客没有预订而临时进店吃饭，菜品保持原价。

排队

一些餐馆难以减少顾客的用餐时间，则以提供全面的等餐服务来减少顾客排队的不满。比如，社交型餐饮——海底捞火锅难以通过缩短用餐时间来提高翻台率，因为多数人来海底捞不仅是吃饭，还要社交，因此，"人"在服务流程中是一个很重要的因素，海底捞需要让"人"感受到良好的服务。据此，海底捞通过提供零食饮料、桌面游戏、美甲和擦鞋服务、折星星抵餐费等方式留住排队的顾客。然而，若餐馆缺的不是顾客，而是上菜效率，这些方式就不具有太大意义。

节假日期间，兰去海底捞用餐，虽然门口有零食和游戏机，但当得知前面还有将近百桌时，兰选择离去。这说明这些方式确实能留住有意愿排队的顾客，使队伍排得更长，但也存在上限——当队伍过长时，这些方式无法留住后来的顾客。因此餐厅不仅需要获取广泛的客源，还需要将服务流程标准化，提高服务效率，从而提高翻台率，获得利润。

海底捞缓解顾客等待焦虑的做法，在其他服务行业也有体现。银行、餐厅、政府办公大厅等可用机器或手机取号、叫号，让顾客自由行动，无须枯燥地排队等待。此叫号系统为进度条。再比如，咖啡厅开放操作后台，让顾客看到咖啡制作进度。外卖 App、打车软件会显示快递员、司机在地图上的位置，以及预计到达时间，这也是进度条。还有在电视节目中插播广告的时候，屏幕右上角会提示广告剩余时间，这也是进度条。

一些餐馆为鼓励顾客快吃，推出中午 11：00 前买单，或者用餐时长在 1 个小时内，就可以打折，从而提高翻台率，降低成本，企业能做到"省"，就能为顾客提供"省"。还有一些餐馆通过预订，引导顾客分时段就餐，平稳了客流，令后厨可采用批次流程制作餐食，运营压力就没有那么大，也增加了收益。

4.3.3 用餐

点餐

点餐运营管理流程的本质在于要让顾客点餐快且便捷。餐馆满足了顾客对快与便捷就餐的需求，顾客就会多访问该餐馆，餐馆便可获得更多市场份额。那么，餐馆如何在节省成本的前提下满足顾客的需求呢？

在餐馆点餐，过去多是通过纸质菜单及与服务员交流。餐馆中若配有较多点单员，餐馆在人力成本上不"省"，若配有较少点单员，顾客点餐时可能需等待较长时间，不能获得好的服务体验。

就点餐这一项服务流程，餐馆根据图 2-2 所揭示的流程的"分"与"合"理念，利用标准化与自动化点餐流程，节省这一环节的人力成本；与此同时，将有限的人力放在必需人力的环节，如炒菜、摆盘等，可提高餐馆的服务水平。

点餐不再局限于店中。顾客在等位时就可开始点餐，改变了传统餐馆就餐时的流程顺序，即从先入座再点餐变革为先点餐再入座。一是让等座位的顾客在等待时有事可做，从而在心理上觉得等待时间较短；二是给后厨更长提前期用于准备餐食，当顾客进入餐馆落座后，就可等待餐食上桌，甚至坐下没几分钟，美食就上桌了。这种顾客等位时可点餐的流程，恰如图 4-2 所蕴含的并行工程理念，帮助餐馆和顾客节省时间。

一些餐馆让顾客落座后扫码点餐，或用平板电脑点餐。一些餐馆提供非常逼真的、具有 3D 效果的菜单，顾客打开智能手机，所有菜品都会出现在手机屏幕上，完善了点餐流程。但是，3D 效果只是吸引顾客的一种新颖手段，归根结底，餐馆能否满足顾客"多、快、好、省"的需求，还要看它们的流程管理有没有做到位。

特别是，在不实施分餐制的多人聚餐情境下，该如何点餐？各人有各人的主意。有的是，每位客人各点一道菜，然后主人再加菜；有的是，主人点了所有菜。多人同步点餐技术让客人与主人之间的角色模糊，使菜品更可能适应顾客的口味。一些餐馆支持多人同时点餐，菜品数据、订单详情可在各终端实时同步，选好菜品后点击下单直接传送至前台打印，后厨分单制作菜品。

技术手段，如花钱购置平板电脑、与平台合作实现扫码点餐，看上去是餐馆做了一些投资，但是从长远来看，却可使餐馆节省运营成本：顾客点餐、加菜、自助买单，并且，顾客下单的信息直接对接厨师，无须服务员介入，免去了人工点餐、收银服务，为餐馆节约了大量人力成本。

数智化的点餐工具可以提醒顾客点菜量是否过多，某些菜品的食材是否相冲，并推荐一些新鲜的时令菜，如春季南京的菊花脑、香椿头、茼蒿，再根据大数据，给常客个性化推荐菜品服务等，则能够更好地体现数智化点餐工具的人性化。

上菜

等上菜这段时间内，餐馆可以给小朋友提供玩具，安抚小朋友因等待引发的焦虑情绪。上菜时，一些餐馆用机器人上菜，希望又省又快地将菜品从后厨送到顾客的餐桌上。一些暂时无法启用机器人上菜的餐馆，将出菜、传菜、上菜、收取空盘等各环节标准化，提高翻台率。具体而言，传菜员和保洁负责缩短收台时间，服务员负责缩短客人用餐时间，后厨人员负责缩短上菜时间，收银员使用快捷结账手段等。

一些提供自取菜品的自助餐厅，借助数字通信技术，监督所上菜品的新鲜度。

寿司需要新鲜的海鲜、蔬菜等生命周期较短的食材，与库存相关的缺货风险与库存剩余风险较高，使得食材废弃率成为左右餐馆获利的关键。与此同时，寿司的制作多数需要手工完成，这导致寿司制作的人工成本不低。这均使得寿司价格较高，令一些食客望而却步。

如果餐馆能够又"快"又"省"地提供寿司，顾客就能享受到美食了。为此，一些餐馆如 HAMA 在上菜流程方面创新。首先，采用数智化手段，使用时间管理芯片，在寿司盘底下放置 IC 芯片，可实时监控寿司，厨房工作人员可快速地响应堂食顾客的用餐速度，保证餐厅菜品新鲜，减少食材浪费，节省成本。其次，投资自动化轨道，利用传送带上菜，将上菜流程从工作间流程或项目流程改造为批次流程。若采用人工上菜方式，不仅成本高，且服务效率低下。

令顾客感觉良好的上菜流程不仅体现在上菜速度上，也体现在上菜的先后次序上。在中餐馆，上菜的流程一般为：先凉后热，先炒后烧，先咸后甜，先味浓的后清淡的，最后是主食。其中，贵的菜应该先上。然而，多数中餐馆的上菜秩序常常容易混乱，原因何在？因为餐馆在做菜流程"称手"与上菜流程"应该"之间权衡时，常常倾向于前者，采用做菜流程"称手"的理念，节省后厨运营成本。

吃菜

餐馆的服务流程很容易千篇一律：等位、点菜、吃菜。虽然大多数企业都采用这类模式，但顾客会觉得乏味，因为出门就餐的人在意的不仅是菜，还是一种氛围。

一家日本人在美国纽约创立的日式烧烤餐厅——东京红花餐厅觉察到顾客对就餐氛围的需求，创立了"烧烤餐桌"（厨师直接在顾客面前做菜的方式，类似中国海底捞的拉面展示），8个客人一起，批次进入，从流程角度来看，降低了运营成本。并且，让客人直接与厨师对话。餐厅提供了四种主料（牛排、鱼片、鸡肉与虾）以及基本不变的配菜（豆芽、笋瓜、鲜蘑和洋葱），库存消耗极低，顾客反响极好（Klug and Sasser，1972）。

梅的女儿生日将至，梅邀约家人至市中心，一品"种草"已久的东京红花餐厅。坐在巨大桌子旁边的小女儿正思考着桌子巨大的理由，突然一位日本武士扮相的人出现在她面前，他其实就是厨师。他首先礼貌地鞠躬，接着伸手去取冰块上的牛肉，挥舞着刀前后几下，一大块牛肉就已经被肢解，真是深得庖丁之真传啊！接着桌子中央突然升起一团火焰，大家还没有来得及看是怎么一回事，带着吱吱声的牛肉粒就已经放到他们的餐盘中。他们想要品尝这美味，但是又不舍得错过眼前的演出。大概是从来都没有看过这样精彩的"刀火之舞"，从来没有品尝过如此可口的烧烤，食物与气氛的完美融合将大家的情绪紧紧抓住，还没来得及相互议论，一切就结束了，一家人如梦初醒，还没回过神，"武士"已经与他们鞠躬道别。

修订至此，梅想到曾经与兰一起用餐的炙子老北京烤肉店，同样是提供烧烤类的食物，东京红花与炙子老北京烤肉店的定位显然不同。东京红花主要从食材品类选择、食客就座方面，尽量采用批次流程，降低餐馆的运营成本，又不损害食客的用餐体验；而炙子老北京烤肉店提供了品类丰富的食材，且不要求食客与陌生人拼桌，采用工作间流程，为食客提供服务，运营成本不低。

东京红花的一些流程设计做法，使得从日本聘请厨师的高昂费用没有造成过高的用餐价格，顾客还能付得起。为了改善顾客的就餐体验，东京红花让厨师现场表演餐食的制造流程，自然地，厨师的培训成本不低。为了降低厨师的培训成本，东京红花只提供几类主食材，让厨师更容易熟能生巧。与此同时，只有几类食材，餐馆控制食材的采购成本就相对容易。进一步，如果厨师每次只服务几位顾客，看起来就没有很好地利用厨师的技能，于是餐馆希望厨师一次能服务多位顾客，因此要求顾客拼桌——每8位顾客形成一个批次。若要求顾客拼桌，那么顾客不得不等，餐馆就需要为等待的顾客提供一些乐子。

三人边吃边聊，服务员送上餐后甜点。

兰：无论是面包坊，还是赛百味、麦当劳，这些企业在提供食物的时候，都会在基本款、口味款和定制款间权衡。企业对基本款采用连续流程，生产大批量面包，用成本优势吸引食客；对定制款产品，企业的运营目标不是降低成本，而是满足食客的个性化需求，因此，企业采用项目流程；对口味款产品，企业既看重成本，又注重对顾客个性化需求的部分满足。企业在成本与响应二者之间权衡，结合实际情况，选择批次或装配线流程。

梅：三种不同模式各具特点，可满足顾客的不同需求。

兰：生活节奏越来越快，餐饮行业也在不断调整以适应潮流，因此快速服务顾客尤为重要。餐馆快速满足顾客，也能因为增加所服务的顾客数量而提高利润，所以高翻台率是餐馆孜孜以求的目标。

梅：除了"快"，"多、好、省"同样重要。相比高翻台率，高客单价可提高餐厅的盈利能力。品类多、食材品质好、节省成本等均会影响顾客满意度，餐厅需权衡这些目标的关系。

4.4 喝一杯：便捷与称手

三人吃着餐后甜品，聊着天。

小俊：品尝了这么多美食，我们再喝点什么呢？

梅：刚刚看菜单上有一款推荐饮品红茶特饮，我来品尝品尝。

兰：我想点一份奶茶。

小俊：晚上我要赶一篇论文，就来杯咖啡吧。

梅：我们这一桌，茶、奶茶和咖啡都齐了。

小俊：是啊！师姐刚才点了奶茶，是茶与奶昔的混合。为了迎合人们的这种需求，像喜茶、一点点等奶茶品牌，将店铺开在了大街小巷。

兰：如果是自己在家做奶茶，首先，要将水煮开，关火，倒入茶叶焖3分钟，依据自己的口味调节茶叶和水的比例。然后，倒入牛奶，加热。等到周围起了一圈小气泡，即可关火，之后依据个人口味加糖、蜂蜜。最后，将茶叶过滤，依据个人喜好加入布丁、珍珠粉圆、椰果等配料。在家采用项目流程制作的奶茶虽然可以完全满足自身需求，但复杂的制造流程意味着等待，也就不"快"了。

梅：洞察到这类需求，奶茶店采取工作间流程，较"快"地为顾客提供较"多"与较"好"的饮品。顾客可以在较广的范围内选择自己喜欢的奶茶品类，并能依据自身需求选糖、冰和配料。

小俊：酒店的自助早餐，常能看到饮品区有一大壶奶茶放在保温炉上循环加热，口味单一。

兰：酒店采用批次流程满足较多客人的需求，为了节省成本，提供的奶茶品类较为单一。

小俊：还有一种杯装奶茶，制造企业将小袋装的不同口味的奶茶粉末、糖包、吸管等装配在一起。

兰：这是企业采用装配线流程，大批量地生产奶茶。还有一种速冲的袋装奶茶，这迎合了考虑便捷性及低成本的顾客需求。制造企业通过连续生产流程，降低生产成本，为食客提供"省"和"快"；顾客可以选择自己喜欢的口味购买且携带方便，出差在外、教室自习、茶水间闲聊等多重场景均可使用。

梅：将提供奶茶的情境用产品－流程矩阵理论解读，可以汇总如表4-4所示。

小俊：咖啡也是这样吧，也蕴藏着匹配之道。

梅：没错，从奶茶到咖啡，我们享受到生活中的种种便利，背后都有产品－流程矩阵的道理。

流程	产品品类与需求量				
	单件 定制	多品类 低需求量	中品类 中需求量	少品类 高需求量	极少品类 超高需求量
项目流程	自制奶茶				
工作间流程		奶茶店的奶茶			
批次流程			酒店一大壶的奶茶		
装配线流程				（组装型） 杯装奶茶	
连续流程					（冲泡型） 袋装奶茶

表 4-4　奶茶的矩阵

4.4.1　煮咖啡

如何制作出一杯醇香咖啡呢？首先，将烘焙后的咖啡豆研磨为粉末；其次，利用工具萃取咖啡因；最后，依据需求加糖、奶等，调配出一杯好的咖啡。

行笔至此，兰想起修改此书稿时，每隔几日，便去一位朋友家听取修订建议，朋友总是提前将精品咖啡豆手工研磨出一勺咖啡粉，再用萃取技术制作一杯咖啡。两人喝着现做的香浓咖啡，改着书稿，不觉时光飞逝。

相对于去咖啡店，人们在家能够制作咖啡，虽然成本低，但一煮就是一壶，品类少。**采用项目流程现磨的一杯咖啡意味着需要花费时间等待**，而速溶咖啡满足了那些有便捷性及成本要求的顾客。**借助连续流程，速溶咖啡可降低生产成本，助力企业为顾客提供"省"**。但是，连续流程令咖啡的香气部分流失，注定品质不高。

4.4.2 胶囊咖啡

在办公场景中，**采用工作间流程的胶囊咖啡机能够为顾客提供多口味咖啡**，操作简便，半分钟内即可获得一杯咖啡，满足办公场所多数人员的不同需求。胶囊咖啡机类似工作间——小批量多品种制作咖啡，无论顾客想喝拿铁、摩卡还是卡布奇诺，只需放入一个胶囊，就可轻松搞定。

从煮一壶到煮一杯

食客购买胶囊咖啡的平均价格较低，以雀巢品牌为例，仅需 4 元人民币左右，相对现磨咖啡，顾客获得了"省"。与此同时，胶囊咖啡机企业借助"刀架 / 刀片模式"盈利：几乎以成本价出售咖啡机吸引食客，而看似低价的胶囊咖啡的利润率其实颇高，一旦顾客购买一台胶囊咖啡机，就会不停地购买胶囊咖啡。

梅：在工作的间隙，我会走到办公楼里的咖啡间，启动胶囊咖啡机，制作一杯适合当下心情的咖啡。

兰：最近我的办公室附近新开一家咖啡馆，采用了改良版的胶囊咖啡。

咖啡店主事先将咖啡浓缩液制作好，客人下单了，再做相应的稀释处理。

梅：两种"胶囊"的表现形态不同，但制作流程"分"与"合"的精神是一致的。先将能够提前计划的东西制作出来，再根据顾客所需做后续的流程处理。

兰：更多咖啡店的做法是，依据顾客的下单需求现磨一杯咖啡。

梅：让我们讨论一下采用项目流程的现磨咖啡，特别是其在线上、线下情境中的流程运作特性。

胶囊咖啡

4.4.3　在线点单

线上点单的技术令兰受益，在咖啡准备好之前，无须在咖啡馆等待，等待成本降低了。即使不使用自助下单技术，兰也能受益，因为虽然仍可能遇到排队等待的情境，但是咖啡馆可灵活地安排线下与线上的订单需求，采用响应型供应链，较快地为兰制作一杯咖啡。久而久之，兰比以前更愿意点单，咖啡馆可售卖更多咖啡，增加收益。

技术手段助力企业应对特殊的情形。在新冠肺炎疫情期间，一些餐饮店顽强营业，比如星巴克。在很多餐饮店关门的情况下，为什么星巴克可以不关门呢？这其实与星巴克的特性有关。用户到餐饮店就餐最顾虑的问题是什么？一是担心食物在处理的时候不得当，可能有病毒；二是担心店里人多，会不小心被传染。星巴克在一定程度上解决了用户这两个顾虑。其一，星巴克的产品比较标准化。咖啡师基本上不用跟食材有所接触，只要按照标准流程生产就行，不会有差池。其二，咖啡、汉堡等本身是方便外带的食物。除非是去星巴克谈事情，不然顾客可选择外带而非堂食。2019 年 5 月，星巴克上线"啡快"，用户只需要在小程序下单，然后到店里的"啡快"货架拿货就可以了，这样的流程能减少人员接触。星巴克在疫情期间升级了"啡快"：在门店靠近出入口处设立取餐台，用户可快速取餐，减少与他人接触的机会。

星巴克可以胜出，背后的运营道理是将服务流程模块化，从而可以依据外部环境的变化，灵活应变，体现出响应优势。

小俊饮一口咖啡：味道还不错，但菜单上只有美式和拿铁两种口味，可选品类不多。这让我想起很多美剧中家庭主妇每天早上为家人煮一大壶咖啡，口味常年不变。

梅：类似地，像酒店的自助早餐，我们常能看到饮品区有一大壶咖啡放在保温炉上循环加热，口味单一。一种口味注定难以满足消费者多元的需求，速溶咖啡、罐装咖啡解决了这个问题，不仅口味多样且携带方便，出差在外、教室自习、茶水间闲聊等多种场景均可使用。但是这种连续流程制作的咖啡，香味和口感就无法保证了。

兰：人们不想长期只喝一种口味的咖啡，而对咖啡品类有多种喜好。胶囊咖啡机在某种程度上满足了顾客的这些需求。

梅：有些顾客购买商家采用批次流程生产的精品咖啡豆，为自己研磨一杯个性化的咖啡。

小俊：在国内，在线配送服务相当发达，借着这一形势，一些企业做起了线上点单线下配送服务，顾客在办公室便能喝到咖啡师手工制作的咖啡。

兰：星巴克的标准化生产流程为饮品的安全保驾护航，方便外带的特点和门店外取餐的经营方式减少了顾客之间、顾客与服务员之间的接触概率。星巴克咖啡的模块化服务流程、柔性化的响应优势让它在疫情严峻时仍能顽强地营业。

梅：以往，顾客想喝一杯咖啡，只能选择煮一壶，或者冲泡速溶咖啡；现在，借助胶囊咖啡机、在线点单技术，无论是在办公室还是在家，人们可以很容易地喝上各种口味、刚刚研磨的咖啡。

兰：生活充满了乐趣与匹配之美！

小俊：那我们就敬这份匹配之美！

伴着夜色，三人相谈甚欢，结束了美好的一天。

将上述内容，根据图1-4产品与流程匹配的理念，汇总为表4-5。

表 4-5 咖啡的矩阵

流程类型	产品品类与需求量				
	单件定制	多品类 低需求量	中品类 中需求量	少品类 高需求量	极少品类 超高需求量
项目流程	现磨咖啡				
工作间流程		胶囊咖啡			
批次流程			酒店一大壶的咖啡		
流水线流程				用精品咖啡豆自己研磨的咖啡	
连续流程					速溶咖啡、罐装咖啡

4.5 小结

民以食为天，谁不想吃得可口、健康而又省钱和省时间呢？可是自己做饭就是做不了那么丰富，也没有那么多时间。企业如何善用新技术，发明出新手段解决这些问题，满足人们的用餐需求呢？

在家做饭、吃饭的人们希望用时短又吃得好，为满足这类人的需求，企业提供各类做菜 App、智能化炊具。洞察到一些想在家吃饭又不想自己太辛苦做菜的顾客的需求，企业为其提供叫外卖及请厨师到家的服务。洞察到人们采购瓜果蔬菜流程中的各类需求，菜场、超市满足了顾客对"省"的追求，纯线上电商满足了顾客对"快"的追求，线上、线下相结合的模式满足了顾客对"好"的追求。

为满足不同消费层次的外出就餐顾客的需求，餐馆采用项目流程、批次流程和装配线流程等。洞察到顾客不想在现场排队等待的诉求，餐馆采用在线排队技术，标准化与模块化顾客预订系统。体会到顾客不得不在餐馆等待的感受，餐馆为等待中的顾客找些事情做，缓解等待中的不适感。为使顾客用餐流程中的服务体验好、所付费用低，餐馆标准化、数智化、技术化地管理菜品的新鲜度和上菜顺序。

为满足顾客喝咖啡的需求，在生产流程设计方面，企业采用批次流程（煮一大壶咖啡）、连续流程（速溶咖啡）和工作间流程（胶囊咖啡）等；在产品配送方面，企业采用线上点单、在线支付技术，与外卖平台合作。

5

住：从何以为家到四海为家

同小俊分别后，梅、兰回到酒店，想到明日没有会议安排，两人决定利用睡前时光继续聊天。梅是酒店钻石会员，她用会员权益在酒店行政酒廊预留了一片安静空间，与兰喝些软饮，再畅聊。

两人举起苏打水碰杯。

兰回想起自己刚工作时，收入一般，在住房地理位置和房间装修样式上选择不多。有了一定积蓄后，她买了房子，对房屋选址、装潢有了更多的要求。

如梅、兰一样的人们，不仅对"在家住"的空间需求发生改变，对"在外住"的愿望也在变化。在外住的情境中，人们对入住的"多、快、好、省"的需求表现为："多"——多样化选择满足顾客多样化的住房需求；"快"——顾客可以快速地拿到房子，快速地办理入住与退房手续；"好"——顾客可享受到宾至如归的入住体验及随心所欲的家的感觉；"省"——以尽量低的费用满足顾客"多、快、好"的需求。

与衣、食的情境不同，在住的情境中，企业提供的服务流程主要涉及信息与人，对于东西，企业主要提供安全保存的服务，比如，在前台提供行李寄存服务、在房间提供保险箱服务，不涉及运输、处理等，服务流程相对单一。

5.1 在家住

兰：家提供一个私密空间，让人放松、舒适。如果能够买得起，谁不想要一套具有多种功能的房子呢？

梅：我在美国生活多年，可我依然有着东方审美，所以我在布置客厅时选择定制的红木沙发；考虑到孩子的成长变化，孩子卧室的家具不会长久使用，因此购买这类家具时，我既看重"好"更看重"省"，我选了宜家的成品家具；餐厅的餐桌和餐柜需要经常使用，且要用起来称手，我与家具设计公司合作，按照我的需求改制了一套，供家人使用；我的先生经常在家办公，为了让他在家也能感受职场气氛，他书房里的家具也是选择质量好且风格是他喜欢的。每间卧室的空间格局不同，我请家具设计公司按照我的要求，打了一套壁橱。

兰：宜家将模块化做到了极致。宜家的厨房样板间陈列了基于模块化理念设计的不同套装家具，消费者按照自己的需求挑选。与此同时，一些螺丝钉、隔板等部件都是通用的，可以用到宜家的很多款家具上。这些家具零部件采用连续流程生产。并且，宜家在设计杯子的尺寸时，考虑到一些顾客对杯子的大小不是那么敏感，这些顾客需要的就是杯子的基本功能，于是，宜家将杯子的尺寸设计得更容易包装，以降低运输成本，杯子的售卖价格较低，从而为顾客提供了"省"。这些家具零部件或杯子等均可以采用连续流程生产。

梅：我们可以将上述几种家具类型放置在产品–流程矩阵（表5-1）中。

兰：房子并不等于家，房子里除了家具，还有人。在家人打发时光的情境中，也有匹配之美。

表5-1 家具的矩阵

流程类型	产品品类与需求量				
	单件定制	多品类 低需求量	中品类 中需求量	少品类 高需求量	极少品类 超高需求量
项目流程	定制壁橱				
工作间流程		样板间的家具			
批次流程			职场风家具		
装配线流程				普通家具	
连续流程					家具零部件

梅：在家里的人，无论是家中的"顶梁柱"，还是孩子、老人，需求不同，企业要提供的服务自然也不同。

5.1.1 "顶梁柱"：生活、工作两不误

家中的"顶梁柱"不仅需要工作养家，也需要在家休闲。

休闲

"电视"的载体变迁。曾经，**一家人围在一起看电视，只能同时看一个节目，并且电视机不容易被移动。这种观看电视节目的模式属于装配线流程**，一家人的选择不多。

现在，**借助各种技术手段，人们可以在手机、iPad 等终端看"电视"，获得了项目式服务**。其一，同一个节目，不同的人可以在不同时间看。比如，每日 19：00 直播的《新闻联播》，若一个人错过了直播时间段，可以用机顶盒将《新闻联播》录下来，在随后任何时间段再观看。机顶盒技术模块化地录制节目，满足了人的个性化需求。其二，在同一个时间，可以看不同的节目。一个家庭中，不同年龄段人的兴趣不同，有了各式各样的看电视模式后，不是每个人都要围在一起，看一个电视节目。比如，对于球赛、新闻等，可以全家人一起看，共享亲密时光。对于其他的节目，每个人可以依据自己的偏好，灵活地选择，从而拥有私密空间。其三，相对于电视频道，人们通过手机可看到较多节目，这是因为网络平台媒体能够覆盖更多观众。总体而言，技术的发展，让人们能够随心所欲地观看节目。

从租碟片到在线流媒体。从产品制造视角看，录像带、VCD、DVD 这类产品，**若灌制的是流行歌手，比如邓丽君、迈克尔·杰克逊的曲目，采取的是装配线流程，若灌制的是小众歌手的曲目，则采取的是批次流程**。从顾客消费视角看，顾客或是购买一张录像带或 VCD，或是租赁。采用批次生产

理念制作的一盘磁带或一张 CD 上有几十首歌曲，无论顾客是否喜欢，都需统统打包买下来。

在录像带租赁时代，**网飞和百视达两家公司均采用工作间模式，服务顾客的观影需求**。虽然均是采用工作间模式，但两者的具体运营管理流程略有不同。百视达采用类似图书馆借书收费的方法，收益由每部 DVD 的固定租费和逾期罚金两部分组成，其中逾期罚金是顾客不及时归还 DVD 而产生的惩罚费用，这令顾客服务体验变差。对此，网飞用月租收费方法：顾客每月缴纳月租费，获得一定数量 DVD 的租赁权限，当顾客租赁的 DVD 数量达到上限，需先归还部分 DVD，方可租赁其他 DVD，当月无须支付额外费用。这两种方式给顾客带来不同心理感受：交罚金令顾客感到是在履行义务，收月租令顾客感到是在获得权利。比起履行义务，顾客更愿意通过付出获得权利。因此，在实践中，网飞的收费模式比百视达的有效。

梅在阅读中度过了青春岁月，随后用上录像带、VCD 和 DVD 等，再接触到流媒体和弹幕。

借助流媒体技术，已经在市场中的**网飞公司，采用连续流程满足顾客的观影需求**。借助机器学习算法，一方面，由于可以追踪到会员的行为，就能预测顾客喜欢什么类型的节目，并向顾客有针对性地推荐个性化的节目清单，并且能够捕捉观众观影的瞬时反应，在观众觉得内容无聊时插入广告，这既不影响观众的观影体验，也让广告商的宣传达到好效果，一举两得。另一方面，网飞上会播放一些美剧的拍摄剧本，在撰写过程中，编剧会实时地收集观众的点评和预期，调整剧中人物的命运和情节的走势。

借助流媒体技术，**iTunes、网易云音乐、QQ 音乐等采用工作间流程为用户提供听音乐的服务**。用户在这些音乐服务平台，根据需求付费下载适合当下心境的歌曲，并将手机与智能音响连接起来，以获取最佳视听感受。用户能个性化选择曲目，这不仅是因为音乐提供商借助流媒体技术，将歌曲下载服务模块化，为用户提供在音乐库中购买单首歌曲的选项，也是因为音乐提供商洞察到用户真正想听的往往只是专辑中的一两首歌曲，从而放弃要求用户体验整个专辑的欲望，转而允许用户在任何时候都可购买他们所需的单曲，这是一种符合产品与流程匹配精神的做法。并且，随着获取到的用户行为数据的增加，音乐提供商，如网易云音乐、QQ 音乐等，可以利用在线算法猜测用户对音乐的喜好，从而精准地、主动地给用户推荐其喜爱的音乐，让用户感觉到音乐提供商服务的个性化。在数智化音乐浪潮中，有些用户从音乐提供商的服务中感受到的不仅是个性化，还有一丝恐惧——有人比自己还了解自己的需求，隐私何在？

兰：音乐类产品是创作者因为某种心境、某个人，有感而发的产物，比如那些经久不衰的情歌、民谣单曲。对于创作者而言，这些单曲的创作采取的是项目流程。

梅：采用项目流程创作出来的音乐单曲，被网易云音乐平台商汇总在一起，再有针对性地推荐给用户，实现供应与需求之间的匹配。

兰：如果感知顾客需求的算法出错，虽然让顾客消除了"有人比自己还了解自己的需求"的恐惧感，却没有给顾客带来任何价值。

梅：当然。最准确的感知与响应模式是，顾客点歌，歌手现场演绎。

兰：这是采用项目流程的演绎了。

梅：20 世纪 80 年代，想要买一辆自行车，需要自己主动感知周围谁是卖车的，在感知流程中可能出错——误将管理存车的人当作卖自行车的。

兰：现在，有了数智化手段，企业能根据顾客的浏览历史，根据顾客偏好，推荐合适的产品或服务。

我们将人们居家观影、听音乐所涉及的服务（产品）流程类型放在产品－流程矩阵的理论框架下思考，将这个思考汇总于表 5-2 中。

表 5-2　听音乐的矩阵

流程类型	服务（产品）品类与需求量				
	单件定制	多品类低需求量	中品类中需求量	少品类高需求量	极少品类超高需求量
项目流程	点歌				
工作间流程		音乐平台（网飞、QQ 音乐等）下载歌曲			
批次流程			小众歌手的 DVD		
流水线流程				流行歌手的 DVD	
连续流程					音乐电台

SOHO

要让员工在线办公的企业，其运营管理的本质是要使那些看起来需要在办公环境下完成的工作也能在家完成。这是因为一些工作可以被模块化，不需要人与人之间面对面，每个人完成自己的工作部分之后，再拼接起来，就可基本完成全部工作了。比如，一项工作可以被模块化，让具有不同天分、技能的员工参与进来，请产品经理和客户打交道，上下沟通，请技术经理编程，实现客户的需求，从而集大众所长，完成这项工作。广义地讲，该组织模式是一个工作间，面对不同的客户需求，企业可以调用具备不同能力的员工来完成。这就类似于 2.1.2 节所描述的患者就诊流程，到了医院的患者，根据各自的特殊需求访问不同的诊室。

工作模块化并不意味着员工之间不需要交流。以前，员工在一个屋檐下，比较容易实时交流；现在，借助 Zoom、腾讯等数智化工具，员工可以虚拟地"在一个屋檐下"，不一定总是要在办公室面对面，就可以把各自完成的工作内容拼接起来。

这种可以在线完成的流程，处理对象多是知识性的产品或服务，主要涉及人与信息。如果需要完成的流程主要涉及所有物，比如，企业要生产一个产品，或提供干洗衣物、打扫办公室服务等，就无法在线完成。

5.1.2　孩子：健康与成长

生养

受全面二孩政策以及消费升级的影响，母婴市场的需求持续上升。妈妈们舍得给孩子花钱，同时也是对产品品质要求最严格的人。企业想要在这个市场里分一杯羹，就必须满足妈妈们对"好"的追求。由于缺乏经验，又无法接受老一辈传统的育儿观念，除了商品，她们还急需在怀孕和育儿过程中获得各个方面的实时指导。

面对这类需求，提供母婴产品与服务的公司孩子王从经营商品转向经营顾客，从满足需求转向创造性地满足需求。以顾客为核心资产，以经营顾客关系为核心理念，创造性地满足顾客对各项商品与服务的需求，并打造线上、线下一体化的全渠道服务平台。具体而言，孩子王推出了由育儿顾问和育儿专家构成的服务。育儿专家驻扎在门店，他们不仅是销售员和理货员，还是营养师、母婴护理师、儿童成长培训师，其主要的职能并不是销售产品，而是为会员家庭提供实时的孕产、育儿各个方面的服务，比如妈妈产后催乳、月子餐搭配、宝宝理发等日常生活护理。育儿顾问则是为会员家庭提供权威的母婴及育儿知识解答。在洞察并培育了顾客对"好"的需求后，

孩子王采用流水线流程提高效率，通过线上、线下渠道的融合，将多样化的服务放在一起，为顾客提供全方位的商品售卖、服务和社交体验，还花费少。（陈宏、戴悦和顾雪芸，2018）

学习和娱乐

当孩子逐渐长大后，父母需要关注孩子在学习与娱乐等方面的需求。在家的孩子是父母的"神兽"，如果不能有效地安排好孩子在家的活动，或许就会面临老舍笔下的种种情景：

> 小女三岁，专会等我不在屋中，在我的稿子上画圈拉杠，且美其名曰"小济会写字"！把人要气没了脉，她到底还是有理！再不然，我刚想起一句好的，在脑中盘旋，自信足以愧死莎士比亚，假若能写出来的话。当是时也，小济拉拉我的肘，低声说："上公园看猴？"于是我至今还未成莎士比亚[1]。

几十年后的今天，我们再读此文亦毫无违和感，只是纸笔变成了电脑。对于有年幼孩子的父母而言，在家工作最具挑战性的方面也许就是如何照顾孩子。因为不出门的并不只有"顶梁柱"本人，同时还有老人和孩子，把他们安置好，"顶梁柱"方能踏实地在家办公。如何借助运营管理理论安排好孩子要做的两类主要事情：娱乐与学习呢？

学习。作为孩子，谁不想多玩一会呢？一些孩子，一边在家看电视，一边竖着耳朵听着门外的脚步声，当父母快进门时就关掉电视，并用湿布给电视降温。"道高一尺，魔高一丈"，当下的父母无须再用手触摸电视来推断孩子是不是一直在学习，而可以将电视设置为在某些固定时段方可开启。

---

1 老舍：《老舍经典散文集》，天地出版社，2019。

"神兽"归笼

　　特殊时期，若孩子不得不在家学习，家长有何良方可以借鉴？一些商业类平台如 VIPKID，一方面整合小学教师资源，另一方面整合学生资源，借助互联网技术，让学生随时随地学习成为可能：采用项目式的运营模式，实现线上一对一，去掉场租等固定成本开支，降低了运营成本和学生的支付成本。学生可以在家里相对自主地选择学习时间，这让家长感受到了个性化的服务体验。比如，家长上班或外出时，无法及时了解孩子的学习进展，平台便推出了家长同步看直播的功能，家长也省去了接送孩子到线下培训机构的舟车劳顿。平台也尝试通过技术手段分析孩子的表情，观察他们的注意力和对课程的喜好，并把这些反馈给老师，帮助老师调整课程难度和教学方法，增加课程的趣味性，培养孩子的学习兴趣。VIPKID 借助人工智能技术，扫描每一帧画面，固定某一段音频，看里面有哪些地方需要关注、核查，从而完成每天 20 万节课的审核和质量评估，而这靠人工几乎是无法完成的。

除了如 VIPKID 这类商业机构以较低成本，提供线上一对一学习辅导服务，一些非营利平台，如可汗课堂，采用工作间的理念，利用网络传送的便捷与录影重复利用成本低的特性，以影片的方式辅助孩子学习，每段课程影片长度约 10 分钟，从最基础的内容开始，以由易到难进阶方式衔接。

VIPKID、可汗课堂授课模式的核心是利用标准化理念，将一些教学流程模块化，使移动学习、在线学习成为可能，也为自主学习的学生提供了个性化的上课体验。这些事情之所以能够发生，背后都是技术手段在驱动。当然，并非所有的企业都能洞察到技术带来的模式创新的可能性，以及可能满足顾客哪些内在的需求。一些采用批次流程的线下授课模式开始向线上授课模式学习。当兰写到这一段时，正值新冠肺炎疫情蔓延，为了让学生们在家也能上课，一些老师采用录课方式教学，学生可以在线点播课程视频。为让学生搞懂每一个未来要用到的基本概念后再继续往下学，网上授课的老师可在视频教程中设计一种自动生成问题的软件，学生学习一段视频教程后要完成相应的练习题，只有当学生全部答对一套题后，方可进入下一个单元学习。

受疫情影响，不少学校选择了"网课"，解决学生因疫情不能上学的问题。一位小姑娘在父母工作的菜场的一个角落"蹭"网、学习。这是互联网版的凿壁借光，这一缕光对于这个孩子而言，是了解世界的窗户，也把她的梦想与世界连接在一起。

娱乐。面对技术变革带来的危机，孩之宝与 Shapeways 合作，基于项目流程，实施玩具设计者与消费者共享玩具的理念。其中，Shapeways 是一家集销售、定制和设计于一体的 3D 打印企业。

孩之宝和 Shapeways 达成合作，允许孩之宝品牌玩具的"粉丝"自行设计品牌系列的 3D 打印玩具，通过 Shapeways 网站上传、制造、销售。Shapeways 审核玩具设计，审核后向设计者发放证书。设计者可选择打印玩具的材料，并获得 3D 打印玩具的基本价格，包括服务费、原材料成本和孩之宝品牌使用费。设计者依据自己想获得的利率确定产品的零售价，设计者保留玩具设计的所有权，但被允许在 Shapeways 上售卖，其所设计的玩具可贴上孩之宝商标。三者关系如图 5-1 所示。

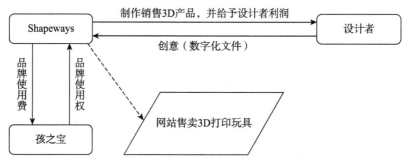

图 5-1　孩之宝与 Shapeways 合作平台

在此合作模式下，孩之宝可获得品牌使用费，增加一条玩具销售渠道，吸引更多顾客。Shapeways 获得打印 3D 产品的服务费，与孩之宝合作吸引一批孩之宝玩具的"粉丝"使用 Shapeways，增加市场份额。设计者不但获得售卖玩具的利润，而且亲手设计喜爱的玩具，自己的设计成为孩之宝玩具家族的一员，令设计者获得成就感。在这种模式下，对孩之宝而言，个性化定制的需求虽然仍存在不确定性，但是 Shapeways 的 3D 打印技术为顾客提供了多品类产品。

上述模式存在着何种匹配之美呢？Shapeways 令顾客之间可以互动，并提供个性化的产品。现在，有了 **3D** 技术，平台做到了比较便宜、快速，又做到了个性化，因为数字化，所以可以设计很多，从而能以较低成本，满足顾客对"多"与"好"的追求。这类似于赛百味，顾客选择赛百味，就意味着顾客是要吃三明治的，随后，顾客再在给定的面包、配菜等品类中，依据自己的需求做出选择。

5.1.3 老人：安心与健康

关于退休的老人，国内、国外的情境不一样，即便是在中国，城乡二元结构下农村和城市老人面临的情境也不同。但是，无论在什么情境中，居家老人都面临两大紧缺资源：一是资金，二是人手。

养老服务

在养老服务市场，顾客是老人，顾客总是身处服务流程之中。如 2.1.1 节所言，涉及人的服务流程，变数较高，自然较难管理。那么，在该领域，存在什么服务流程类型呢？

无论是传统养老（老人与孩子同住）、抱团养老（老人与老人同住），还是共享养老（老人与年轻人同住），都采用了项目流程。其中，共享养老的模式让老年人与年轻人之间交互起来。双方依托社区，动态发布养老服务供需两方面的信息。老人将房屋出租，租金稍低，年轻的房客与老人住在一起，相互交流、照顾。同住一个屋檐下的老人与年轻人既可共享客厅以获得亲密性，又可独享卧室获得私密性。客厅与卧室的模块化组合所带来的柔性化，既让人感受到亲密性又给人提供了私密性。那么，如何提高亲密性与私密性共存的共享养老模式的可行性呢？

采用项目流程提供的服务不是所有的老人都能付得起的，而采用流水线流程运营的养老院，雇用了一批护工、厨师、健康管理师等，可为更多老人提供价格不是那么贵的养老服务。运营养老院的企业或政府机构，在一个地方将流程建立起来，并标准化、模块化后，就可如法炮制，在其他地方建立养老院，形成连锁经营，利用规模经济效应，进一步降低运营成本。这背后的运营管理道理类似于 2.1.2 节讨论的眼科医院、妇科医院的运营。

采用流水线流程的养老院可为多数老人提供不是那么贵的养老服务，但是，养老院的护工、厨师对老人的照顾可能不如亲人那么贴心，因此，一些老人更愿意与子女同住。然而，当老人生活无法自理后，即便子女全天 24 小时照顾，也有可能照顾不周。比如，常年卧床的老人，因家中洗浴条件有限、子女搬不动、子女缺乏专业护理能力等，可能无法洗个舒服澡。洞察到这类需求，一些企业采用流水线流程的思想，提供帮助老人洗澡的上门服务。这些企业专注洗澡这一件事，通过分解老人的洗澡流程，尽量做到标准化。这样就可借助流水线流程，把事情做仔细，也有利于培训员工。

智慧医疗

居家老人除了可以通过与年轻人或孩子一辈的人合住解决人手不够的问题，还可以借助技术手段，满足日常生活中的医疗需求。

日常生活中的医疗需求之一是如何助推人们遵从医嘱。一些人有慢性病，需要定期服药，这其中，有些用药人群没有按时服药。可能原因是人们讳疾忌医，或者习惯了慢性病伴身，比如习惯了血压高、血糖高，而怕麻烦不愿意按时服药。Abe Matamoros 换了一个思路解决了此问题。

Abe 回家看望爷爷，发现平时整天笑嘻嘻的爷爷突然病得很严重，整个身体在颤抖。她发现爷爷已连续多日未按时服药，她心焦地问爷爷为何不按时服药。爷爷告诉她，每次把一堆药拿回家，然后按照每顿的量分装到各个药盒子至少需要花半个小时。复杂的分药流程让爷爷觉得很麻烦，最终放弃了按时服药。爷爷的这个事情给 Abe 带来了很大的触动，她与合伙人开发了一款名为 Elliegrid 的智能药盒，采用流水线流程，借助软件功能，定时提醒患者服药时间以及用药剂量。患者只要在手机 App 上进行简单的设置，盒子就会在规定时间内发出声音，提醒患者按时服药，并且在屏幕上显示每个药仓需要吞服的剂量，患者可以直接按照屏幕指示服药。这款产品针对的目标用户主要是 40~70 岁的服药人群，潜在用户群体还包括需要定期服用维生素之类保养品的人。

其实，智能药盒这款产品的理念并不全是新的，药盒的硬件早已有之，并能采取连续流程加工制造。只是，借助各类应用 App，智能药盒能够允许患者根据自己的需要编辑个性化的提醒信息，做到更加智能化了。

读到这里的读者可能会想到，有时候，生病、吃药是个人隐私，患者并不想让他人知晓自己的身体状况。因此，Elliegrid 需要继续改善产品，让药盒在规定的时间内只提醒到用户，而不让患者周围的人察觉到该药盒的存在。

智能药盒给需要经常服药的人带来便利，那么，它能长久地为人民服务吗？这要看其盈利模式是否清晰。智能药盒的盈利来源主要有两大块：第一是硬件的销售，在美国，每个 Elliegrid 盒子的生产成本在 25 美元左右，售价为 99 美元，如果能够找到合适的生产商，降低生产成本，利润率还可以提高；第二是数据的共享服务，企业与医疗机构或护理中心达成合作，每个月提供用户的用药数据，并收取一定费用实现盈利。

独处老人可借助智慧医疗 App，让家人实时查看其轨迹和位置信息，软件还支持历史数据的回溯查询，用于远程的亲友交流和健康咨询。但是，老人可能不愿意让家人实时查看其轨迹和位置信息，觉得没有隐私。如何在既尊重老人隐私，又照顾到老人的医疗安全需求两方面权衡，是商家在开发相关产品时需要注意的。

智能药盒、实时定位 App 均是智慧医疗在实践中技术含量较低的一种表达形式，除了智能药盒，还有很多其他形式的可穿戴医疗设备，帮助老人享受健康的晚年生活。在中国，要推广可穿戴医疗设备，不仅在于相关技术的发展，更在于相关的医保制度改革与政府政策支持。

将老人与孩子居家情境中涉及的产品或服务，根据图 1-4 的理念，放在产品 – 流程矩阵中，如表 5-3 所示。

表5-3 老人与孩子居家的矩阵

流程类型	服务（产品）品类与需求量				
	单件定制	多品类 低需求量	中品类 中需求量	少品类 高需求量	极少品类 超高需求量
项目流程	VIPKID、孩之宝 与 Shapeways 合作平台				
工作间流程		可汗课堂			
批次流程			线下授课		
流水线流程				智能药盒、孩子 王的育儿服务	
连续流程					药盒的硬件

两人边饮边聊。

兰：科技重塑家庭，首先是对空间的影响，其次是对家庭成员——父母、孩子、老人的影响，甚至包括宠物，但主要是对家庭成员活动的影响。

梅：技术手段让人们更"宅"了。

兰：这是因为技术手段让人们"天涯若比邻"。

梅：今天是周五吧？我和先生的工作性质不同，每日的共同活动是看电视剧、看电影和吃饭。这让我们在家办公时能够有些共同相处的亲密时光。最近我看的一些电视剧是《小欢喜》《安家》《猎狐》《温州一家人》。

兰：老师和您先生的每日工作和生活安排也体现了流程的"分"与"合"。

梅：进一步想，从需要去电影院看电影，到在平台上看电影；从只看电影，到以评论和弹幕等方式进行社交互动；从只能观看录制好的视频，到直播。这些变化体现出娱乐服务从标准化、单一服务模式转向柔性化、个性化服务模式。娱乐企业的定位从产品－流程矩阵的右下角向左上角转移。

兰：运营管理与生活乐趣完美地匹配在一起了。

5.2　在外住

平时工作强度高的你出门度假时，可能想寻得一块清幽之地，舒缓紧张的身心，希望入住之地能提供好的服务。如果是只身一人旅行，非学术会议，也非拖家带口的家庭旅行，那么你所需要的"好"可能是一张舒服的床、一扇面朝大海的窗户、一段虫鸣和一晚酣眠。如果是陪同家人一起旅行，考虑到家人的各样需求，你对住宿体验的要求就会有所不同，你可能希望房间里能有多种形式的服务，满足不同年龄层次人的需求。

5.2.1　酒店

两人饮着水，探讨起入住的运营管理问题。

兰：酒店价格不同是因为定位不同，定位不同导致其提供的服务不同。

梅：风情式酒店为客人提供独具特色的客房服务，连锁酒店为客人提供标准、统一的客房服务。

兰：酒店方便了顾客外出，可满足其住宿需求，档次可以不一样，服务的项目可以不同。旅客选中了一类项目，服务是可以预期的。

梅：酒店可以满足不同人群的需求，但提供的多数还是标准化服务。只要是服务，人就是在里面的。

兰：这跟餐馆一样，有固定产能，如果能够服务更多顾客，就能做到"省"，从而为顾客提供"省"。

梅：预订能减少不确定性，从而获得"省"，这是一种比较标准化的流程。

兰：入住前后的事情，不是真正的增值服务，因此要强调"快"，越快越好。

梅：无论是商务出差还是旅行游玩，人们都需要预订酒店。**长租公寓采用连续流程为客人提供最基本的住宿服务；以连锁酒店为代表的酒店类型，采用流水线流程为客人提供标准化的服务；以风情式酒店为代表的酒店类型，采用批次流程为客人提供具有一定特色的服务；以度假酒店为代表的酒店类型，提供住宿、就餐、划船、打牌、观看秀等各类服务，因此采用的是工作间流程。**

兰：让我们用产品－流程矩阵及"五个化"，解读在外住背后的奥秘。

预订：减少客人与员工之间的互动

梅曾参加一场在上海举办的学术会议，需要在会议召开前预订酒店，由于预订得晚了一些，会议优惠房间中的大床房全部被预订，梅只预订到标准间。为在多家同等级酒店中脱颖而出，这家酒店给会议承办方房价折扣。对会议承办方而言，让多家酒店竞标，可为参会人员赢得房价优惠；对酒店而言，给会议承办方房价折扣，是因为承办方会租用酒店的会议室，而且参会多，他们会在酒店内的餐厅或咖啡馆等消费，这些都会给酒店带来收入，因此酒店愿意给予房价优惠。

承办方确定酒店后，酒店提供一串数字，作为申请房价优惠的凭证。参会者在酒店官网自行预订房间，在预订时输入该串数字，便可享受房价优惠。若参会者临时取消预订，他只需在预订日期前的 2~3 天在酒店官网上操作。

除通过会议承办方预订会议酒店，参会者还可在携程网、去哪儿网上预订酒店。平台推荐的酒店千差万别，既有五星级酒店，也有三星级酒店和无星级评价的胶囊酒店。五星级酒店的房间价格贵，但提供的服务多；相对而言，胶囊酒店的房间价格便宜，但是酒店除了提供一张床，几乎没有别的服务了。

出门住酒店的客人除了像梅一样的因公出差人员，也包括旅游人员。酒店业的固定投资成本高，多数酒店采取动态定价方式，引导顾客预订，以便尽量将房间售卖出去。**与酒店合作的平台企业，如中国的携程网、去哪儿网，美国的 Priceline 平台等，帮助酒店吸引客人下单预订；与此同时，也为外出的旅客提供一站式出行服务。这类服务流程属于工作间流程。**

参会者也可以在百度、Bing、谷歌上搜索酒店并预订。谷歌的酒店广告项目"pay-per-stay"向全球的酒店广告合作伙伴开放，只有当旅客真的入住了谷歌推广的酒店，酒店才需要支付佣金给谷歌。采用每次行动成本（Cost Per Action，CPA）计算方式，让酒店以便捷无风险的方式增加曝光度。

入住与退房：简化客人与员工之间的互动

学术会议结束后梅去退房，常发现酒店前台排起长长的队伍。由于会议结束后参会者纷纷退房，酒店前台人手不足。梅不禁想到，不仅是学术会议，体育赛事等也会引发这类情况。酒店和客人像是供应链的两个节点，客人希望"快"，酒店希望"省"，酒店需权衡"快"与"省"。一方面，为满足客人对"快"的需求，需要加强酒店的柔性化建设，即需要培训员工的多方面技能，以达到客人所希望的退房速度；另一方面，为达到"省"的目的，酒店需要标准化服务流程，以节约成本。

行笔至排队景象，梅想起一次带领学生到中国暑期游学的酒店入住的经历。一行人到达浦东国际机场时，酒店安排的接机人员早已在机场等候，待梅一行上车，在舒适宽敞的大巴中坐定，负责接机的酒店人员逐个登记客人的护照、信用卡等信息，并分发酒店房卡。当大巴抵达酒店，梅和学生们无须在酒店前台排队登记信息，而是直接到房间休息，这节约了客人的时间与精力，也缓解了酒店前台人员的工作压力。离开酒店前一天，酒店统计第二天的退房人数。待第二天客人退房时，酒店增派前台人手，迅速有序地为梅一行办理退房手续。

阅读至此，你可能觉得，团队在大巴上办理入住很难实现，因为根据规定，所有入住人员必须在前台进行人脸识别，确保人证一致。其实，人脸识别技术是这几年才有的，在以前，需要酒店大堂的工作人员识别入住的客人与所持有的证件是否一致。将来，随着技术的发展，酒店工作人员可以拿着手机等移动设备，在大巴上完成人脸识别的工作。当下，尚未有这类移动设备，如果酒店想缓解入住高峰时期员工人手不够、客人服务体验差的情况，首先需与团队负责人沟通团队集中到店的时间，根据情况事先制作房卡，待客人人脸识别通过后，依次发放房卡。不着急入住的客人可以先寄存行李，再在酒店附近转转，或者先用餐。

　　为加快退房流程，一些酒店为客人提供标准化的快速退房服务。选择快速退房服务的话，需要在办理入住手续的时候就告诉工作人员不需要客房服务；登记后，会有工作人员把房间内的迷你酒吧上锁，入住时也无须缴纳押金；退房的时候，只需要把房卡留在房内的快速退房箱，即可拎包离店，省时省心。

　　在中国，因公出差的客人需要酒店提供入住发票。曾经，绝大部分酒店使用手工开票模式，流程烦琐、开票时间长、效率不高，且容易出错，尤其是在退房高峰期，客人体验感差，严重影响酒店的服务质量。现在，受益于中国税务体制的改革，借助各种终端应用小程序，酒店提供了便捷的在线电子发票填报系统，采用流水线流程，让客人在线填写发票抬头信息，使开票信息的准确性得到极大提高，客户不用排队等候，可及时完成开票。

酒店前台扫码开票大堂服务：简化与客人的互动

5.2.2　民宿

　　梅：曾经，人们若想获得个性化的入住体验，需要入住度假酒店，但是这类酒店收费高，不是每个人都付得起。

兰：无论是在家，还是出差在外，人们总是要有个地方休息。人们对美好空间的向往——舒适、随意、宽敞，本就固有，谁不想要很多选择呢？但是企业没有能力提供那么多，人们的愿望就只能被限制了，只能选择枯燥的、标准化的某个房间。

梅：现在，以爱彼迎为代表的民宿，将世界各地风格迥异的房间聚集在平台上，能够满足各种客人的需求。我不喜欢千篇一律的酒店，和家人去希腊、日本旅行，如果有可能，都选择住民宿。

说着说着，梅想起在希腊圣托里尼岛入住爱彼迎民宿时照下的房东家门前一棵花朵盛开的树。梅翻出照片，展示给兰看。

兰：门前的一棵树也是异国旅行记忆中的一部分。我过段时间陪父母去杭州旅行，通过爱彼迎预订了西湖附近的民宿，希望一边欣赏西湖的自然风景，一边享受当地的风土人情。

异乡者

梅：你们仨出行，酒店的标准化客房尚能满足你们的需求。如果是上有老下有小的一家7口出行，不住在一个屋檐下，就会有种种不便。

兰：是呀，这时候，民宿相对于酒店标准客房的优势就体现出来了。出行的人们可以预定包括多个房间的套房，既相互有个照应，也能满足不同人的作息习惯。

梅：民宿不仅为人们提供了多样化的旅行经验，也能够满足一众出行者的不同旅居需求。民宿提供服务的"多"，也面临服务"好"的挑战。

兰：让我们用产品－流程矩阵来解读民宿是如何应对上述问题的。

酒店标准化程度高，装修和服务差不多，容易令人产生审美疲劳。**民宿采用项目流程，所提供的客房产品标准化程度低，具有多样性，能让房客近距离地感受当地的风土人情。**特别是以爱彼迎为代表的预订平台使民宿能够以更低成本、更灵活地响应不同类顾客的需求。接下来，我们讨论以爱彼迎为代表的民宿，如何将房主与房客匹配在一起。

预订

爱彼迎是一家联系房客与房主的网站。房主将闲置房屋信息发布到爱彼迎网站，方便房客了解信息，房主自行决定价格；房客根据出行需求，在爱彼迎网站上自行搜索待出租的房屋信息，可以立刻获得所搜寻房间的地点，方便确定房子；爱彼迎向房客和房主双方收取服务费用，获得盈利。为何会出现爱彼迎这类服务平台呢？该创业理念来自创始人的一次经历。2007年，旧金山设计大会的参赛者很难找到可以负担得起的酒店，有些人就把自己的公寓提供给这些参赛者；随后，利用互联网和群体的力量，他们帮助人们寻找一个可以居住的地方，将不同类型的供应和需求匹配在一起。

爱彼迎房源差异化大，爱彼迎应如何管理这些房源，为房客提供标准化的房源信息呢？

首先，平台要求房主提供房源介绍。比如，房主需提供全方位的房源照片，标注是整房还是单间出租、可容纳房客数、房间功能、房源地点等，还要有房主详细的房源介绍。房客通过用户评论了解该套房源的住房体验，平台依据一定标准评价出超赞房东，方便房客挑选房源。

其次，爱彼迎鼓励房客和房主在网站评价每次交易，丰富评论信息。由于爱彼迎接受的监管力度相对小，房客和房主通过信任建立联系，因此爱彼迎鼓励房客和房主丰富评论信息。比如，爱彼迎通过消息盒子的大小建议房客合适的评价字数，引导并鼓励房客分享——房客给房主的评价有5个项目：性价比、清洁度、地点、与房东的沟通和入住是否顺利。

最后，房主对房客也有评价机制。如果房客存在不好的住宿行为，房主可在评价中给房客差评。房客的下任房主可查看到房客的以往评价，保障房主权益。但房客信息还没有完全实现实名制，如果房客在获得差评后更换账号，下一任房主就无从得知房客的情况。

爱彼迎平台要求房主与房客在每次交易之后相互评估，缓解了市场中的信息不对称。这种现象之所以会出现，是因为智能手机和互联网技术的发展，带来数据量的不断增加，即使是在没有法律保障的情况下，也能支持大量交易活动。除标准化的信息支持和评价反馈系统，房客通过平台利用信用卡担保支付，支付方式也可标准化，有利于促进双方交易的达成。

总体而言，爱彼迎的房源虽然千差万别，但服务流程和服务评价反馈可以标准化。标准化的信息反馈系统保证房主和房客如实地反馈服务流程中的信息，有助于建立房主与房客之间的信任，助力平台吸引房主和房客。

匹配

爱彼迎整合闲置房屋信息，平台的房源由世界各地的闲置房主提供，相较于酒店的户型较少、缺乏特色，爱彼迎能为旅客提供多品类、更具特色的住房，比如独具特色的林中小屋、位于好莱坞等名流出没之地的房子。不同类型的房屋覆盖不同类型的房客，每位房客都有机会找到心仪的房子。

多样化还体现在爱彼迎上的房屋住宿价格由房主制定，这是因为爱彼迎上的产品差异化大，爱彼迎无法对所有房源统一定价。这不同于优步、滴滴等网约车服务商采取的集中定价模式，因为出行服务商提供的是从一个地点到另一个地点的出行服务，服务产品差异化不大，而民宿平台提供的则是风格各异的客房服务。

爱彼迎的房主是如何确定房间的价格，有效地将自身与房客匹配在一起呢？其一，房主可以给房客提供一个"一口价"，房客要么接受要么拒绝。房主自行公布"一口价"，因为容易与房客沟通，在交易执行上是非常便捷的。但是，"一口价"会给房主带来负担，因为房主要根据房客的偏好及自身的供应情况，来选择"匹配"的价格。其二，房主可以让房客竞拍，确定房间的价格。拍卖机制虽然有助于匹配顾客的偏好，在交易执行上却非常烦琐。

以上两种策略各有利弊，有没有两全之策呢？既让交易执行简单，也能匹配房客的偏好与支付意愿？房客可以向房主说出自己的价格，房客的报价要么被拒绝要么被接受。房主通常会采取一个简单策略：决定一个阈值，接受高于该阈值的报价，拒绝低于该阈值的报价。在此报价策略中，房客不知道房主的阈值，如果房客的出价高于阈值，房东就会有额外收入。

对出行者而言，爱彼迎的出现是个利好消息。一方面，爱彼迎加剧了酒店业的竞争，促使酒店业价格下降，使不享受爱彼迎服务的人群也能在享受酒店服务时得到优惠；另一方面，民宿能够提供一种类似于家庭生活的居住空间，既有私密性也不乏亲密性，这是其相对于酒店标准客房的优势所在。

对政府而言，酒店业收益下降，政府税收减少。但是爱彼迎使住宿更加方便，间接地刺激了旅游需求，能为当地带来收入。

新冠肺炎疫情的突发，对全球酒店业都是一个巨大的冲击，但是对于民宿行业也许是一个新的发展机遇。2020 年 5 月 4 日，中国的疫情逐渐缓解，人们开始恢复周边旅行计划。在疫情还没有完全消除的情况下，人们希望能够去人口密度较小的地方享受青山绿水。这正好是民宿业的机遇，相比于大多数酒店密集分布于城市中，民宿是非聚集型，散落分布于青山绿水中。因此，相对于传统酒店业，民宿的人均居住面积较大，更加符合疫情过后人们的需求。

同时，疫情也推动着民宿向提供更好服务的方向发展。人们对于在外居住有四点需求：卫生、安全、品质、特色。疫情过后，人们对卫生的要求更高了，一些民宿房主看到了这一点，为客人提供更卫生的服务，比如，实行分餐制、增加消毒频率等。但是，我们也不得不承认，一些需要合住的民宿服务受到了巨大冲击，出于规避潜在风险的考虑，人们可能不愿意和陌生人合住了。

对比：民宿与酒店

曾经，人们想要住空间大、颇具当地文化风情的酒店，只能选择度假酒店。度假酒店好是好，就是有点贵。现在，人们可以选择民宿，虽然民宿提供的客房服务没有那么多。比如，虽然爱彼迎和酒店都有入住时间限制，但酒店会免费帮客人存放行李，在爱彼迎上预订的民宿却无法提供存放行李的服务，不到与房主约定的时间，房客无法进入民宿。酒店还会给客人提供叫车、预订门票、寻找当地向导等服务，酒店客服人员还可随传随到，而民宿一般无法提供以上服务。但是，民宿令人有机会以较低代价享受到颇具当地文化风情的客房。换句话说，在产品–流程矩阵中，横轴上确实存在这么一个点——人们希望好的客房服务，而在纵轴上，虽然有高端的连锁酒店，多数人却支付不起；现在有了民宿，就回归到如图 1–4 所示的产品–流程矩阵的对角线上了，同样的成本，可以提供更加个性化的服务。

根据图 1-4 所揭示的匹配精神，得到在外住的矩阵（见表 5-4）。

表 5-4　在外住的矩阵

流程类型	服务（产品）品类与需求量				
	单件 定制	多品类 低需求量	中品类 中需求量	少品类 高需求量	极少品类 超高需求量
项目流程	民宿				
工作间流程		度假酒店			
批次流程			风情式酒店		
流水线流程				高端 连锁酒店 经济 连锁酒店	
连续流程					长租公寓

　　梅环视行政酒廊精美的装潢，回想起每次入住这家连锁酒店时的宾至如归之感，不禁联想到酒店业的发展变迁历程。

　　梅：酒店业古已有之，运营模式不断变化。在出行艰难的年代，人们对住宿服务的要求不高，所以酒店业规模小，住宿环境较差，也缺乏有力监管。随着出行越来越便捷，住宿需求越来越多，对住宿质量的要求也越来越高，因此酒店业逐步发展起来。行业内出现了标准化程度高的连锁酒店，也出现了具有地方特色或者特定主题的酒店。

　　兰：紧随其后，以爱彼迎为代表的民宿预订平台发展起来，满足了房客的个性化需求。爱彼迎能与连锁酒店平分秋色，部分原因在于爱彼迎能够提供个性化的住宿体验。个性化服务体现在房客和房主的交流上，与酒店客服人员的职业微笑不同，房主和房客真诚地交流，没有太多套路，营造出个性化氛围。

梅：若将连锁酒店和以爱彼迎为代表的民宿放在产品－流程矩阵中，那么，连锁酒店在右下角，爱彼迎位于左上角。

兰：当下，酒店发展出各类住宿形态，期待以后能和老师一起体验丰富多样的住宿形式，挖掘其背后的匹配之美。

5.3　房屋租赁：无房却有家

兰：生活压力大的年轻人选择以租房代替买房。租房的渠道大致有三种：线下中介公司、线上租房平台、"线上＋线下"。

梅：不仅租房的运营流程在变化，租房模式本身也在变化。电视剧《安家》里面的几个主角选择合租，既彼此有个照应，获得亲密性，也相互独立，获得私密性。

兰：技术的发展使志同道合的人更容易发现彼此，从而租住在一起。这令我想起南京大学在给大一新生安排宿舍时，曾采取匹配算法，让脾气秉性相投、作息时间相近的学生可以住在一起，而非按照学号安排学生的宿舍[1]。

梅：要让无房的人感觉到有家，企业应该怎样提供服务呢？

兰：企业需要利用产品－流程矩阵，将供给与需求匹配在一起，做到为人民服务。

5.3.1　"云"择房

房价上涨，买房成本高昂，租房是为满足人们居住"省"的需求而生的

---

[1] 《南京大学用大数据给新生分宿舍，帮助寻找习惯、爱好相近室友》，澎湃新闻，https://www.thepaper.cn/newsDetail_forward_2389161，2020 年 7 月 9 日。

行业。但房源信息和房客需求之间存在沟堑，中介公司如何快速响应房客的需求，为房客提供又"快"又"省"的租房服务呢？

针对房客，中介公司采取线下策略性布点的手段。中介公司不会在每个城市、每个小区盲目布点，而会针对重点城市、重点小区布点，在人流量大、交通发达的小区门口设置门店。虽然无法做到线下社区门店随处可见，但在这部分房客产生租房需求时，中介公司能提供符合其要求的房源，很快地满足房客需求。中介公司无法满足某些偏远地区的租房需求，为这部分小需求付出高昂的布点成本不划算。中介公司策略性布点的方法有针对性地满足了一部分房客对"快"的需求，同时降低了运营成本。

针对房主，中介公司采取房屋托管[1]策略。房主将闲置房屋托管给房屋中介公司，一来房客需要看房时，无须与房主协调时间，只需与中介公司联系，由中介公司快速地响应房客的看房需求；二来房屋托管策略减轻了房主负担，房主无须为房屋出租花费大量时间。因此，房屋托管策略避免了中介公司因房主和房客时间不匹配而导致的工作效率低下问题，实现房客、房主及中介公司三方共赢。

但是，线下租房市场中房客和房主的信息不对称，供需匹配多由中介公司完成。中介人员的素质参差不齐，难以给房客和房主带来好的服务体验。此外，房客的需求是多样化的，而线下租房模式的响应速度慢，房型有限，房客花费大量时间、金钱也难以挑中满意房子。因此，线上租房平台应运而生，其采用临感 VR 看房技术，可实现图像的自动拼接。中介公司仅需十几分钟，便可轻松完成一套房源的全景录制，临感 VR 看房技术可自动测算房间的长、宽、高，采用算法拼成 3D 模型，给用户带来全新的看房体验。临

1　房屋托管是指房屋产权所有者将房屋使用权以契约形式让渡给房屋经营单位，房屋经营单位对房屋使用权进行商业化的一种流程，包括日常管理、招租、承担房屋中途空置期风险等。业主（或委托人）将房屋委托给受托方并签订委托合同，受托方将按照业主的协议为其寻找房客。

感 VR 看房技术不仅降低了拍摄成本，还帮助中介公司与房主、房客快速联动，提高工作效率，保证经纪人和房客的高效对接，降低了中介公司的运营成本。

线上租房平台推出的直播看房功能采用前沿智能科技和移动互联技术，以视频互动的方式帮助房客与房东在线上实时交流，使房客能直观、清晰地感受房源的全貌，降低了线下租房看房业务中，房主与房客之间反复沟通的成本。

5.3.2 "云"匹配

合租形式已经越来越被人们所接受。浏览各大房屋租赁平台上的房源信息时，都有整租和合租的选项。相比于整租，合租是房客只租住房屋的一个房间，和同一个屋檐下的房客共同承担房租，选择合租的房客不仅承担的房租比整租少，还可享受到与整租一样的租住服务，因此收入较低的群体为省钱而偏好合租。

此外，合租让年龄相仿、兴趣相似的房客在一起相互交流，相比于一个人整租住在空旷的房子中，和朋友一起生活的合租模式更适合年轻人，因为这部分群体少有家累，收入不高且恐惧孤独，房客感觉到合租的"好"才选择这种模式。

如何保证合租的房客兴趣相仿？同时使房客没有人身财产安全的顾虑呢？这需要在合租之前利用技术手段匹配房客。

首先，线上合租平台可使用大数据分析和机器学习，打通房主和房客的社交媒体圈，增加双方间的了解和互信，再为房客提供房间偏好类型推荐及与房主进行匹配，同时也为房主提供定价指导和诈骗检测等。线上合租平台为对方匹配的房客或房主均是基于双方日常社交习惯推荐，从而保证匹配到的房客与房主是兴趣、习惯、生活节奏相似的陌生人。爱彼迎在 2016 年推出短租和合租的业务，利用社交媒介的数据，增强房客与房主间的黏性。

其次，线上合租平台借助区块链技术保护用户信息。区块链技术简化了银行支付和结算程序，从而为房客、房主及平台节省服务费用。同时，区块链技术帮助线上合租平台与其他平台交换房客与房主的信息。爱彼迎于 2016 年收购了开发区块链技术的 ChangeCoin 公司，借助区块链技术提高用户的信息安全度。

最后，线上合租平台可建立用户的点评和评分数据库，房主和房客可互相评价对方的信用度，健全信用体系和支付保障体系，让房客与房主遇见对的人。爱彼迎的短租平台分享无不良信誉的优质房客及房主的数据，这些好的信用信息对房客与房主在其他平台上的诚信评级多有裨益。

兰：曾经，要租房，必须自己实地去看房。在有限时间内，可以看到的房子数量很少。比如，看几套房子，一天时间就占满了。

梅：现在，有了图片、视频，特别是 VR 等技术手段，人们可以先在网上筛选一遍，再有针对性地到实地去看。虽然在一天之内还是看几套房子，但是人们在看这些房子之前，已经在网上浏览了几十套，再从中挑出几套，用于线下的实地走访。

兰：在有限时间能够看到更多的房子，这都要归功于科技与创新带来的运营流程变革。

梅看了看腕表，发现时间不早了，两人起身离开行政酒廊，乘电梯准备回房间。

梅：明天怎么安排？去博物馆逛逛？

兰：老师还是老样子，每到一个地方，都喜欢参观当地博物馆。明天一起去参观国家博物馆？

梅：当然。

电梯门开，两人在走廊分别，各回房间休息。

5.4 小结

在"住"的情境中，企业不是卖一个有形的东西，而是在提供各种无形服务，因此，人、信息如何参与服务流程就特别重要。

居家期间，人们的休闲方式之一是看电视，移动通信、智能手机与流媒体技术使企业能精准地匹配顾客需求。洞察到人们居家办公的需求，企业使用在线会议技术，在线会议技术的发展使人们在保持物理距离之时缩短了社交距离。洞察到孩子娱乐的需求，企业借助平台技术实现精准的匹配。洞察到孩子在线学习的需求，企业借助平台技术，采用项目流程，提供一对一的匹配服务。洞察到居家老人的需求，德国推出共享居住模式，中国推出宜居民房模式，均是希望将房子作为平台，为老人与年轻人提供一个既具有私密性又具有亲密性的生活空间，从而将老人与年轻人的需求和供给匹配在一起。

在外住时，酒店提供标准化服务，民宿满足顾客的柔性化需求。为满足高端顾客的需求，五星级酒店为客人提供宾至如归的入住服务，随时响应顾客的需求。为满足客人经济适用的需求，三星级酒店为客人提供性价比高的入住服务。为满足客人个性化入住的需求，度假酒店提供相应服务，但是这类酒店收费高，不是每个人都付得起。借助平台技术、智能手机与移动定位技术，以爱彼迎为代表的民宿将世界各地风格迥异的房间聚集在平台上，通过标准化、模块化的预订和入住流程，为客人提供风格各异的客房。

谁不想拥有一个安全、舒适的私密空间呢？可是人们很难为舒适的住房支付非常高的费用。为满足那些暂时没有房子，却想有个家的人的需求，企业提供租房与共享居住模式，满足人们的这种需求。

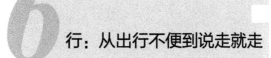

6 行：从出行不便到说走就走

世界那么大，谁不愿意来一场说走就走的旅行呢？然而，在家千日好，出门一日难。在出行场景中，出行者的需求在于：多——出行方式选择多；快——服务速度快，耗时少；好——服务质量高，旅途舒适，绿色出行；省——性价比高。

一家提供出行服务的企业很难同时满足顾客的所有需求，所以如衣、食、住情境中一样，每家提供出行服务的企业都需确定目标顾客群，发现和创造新技术，应用新技术，创新商业模式，突出"多、快、好、省"中的某几点，选择合适的运营模式，为看重某些方面需求的出行者提供恰当的服务流程。

6.1 "开门"造车

梅与兰早起出门，办理了退房与行李寄存手续，讨论如何去国家博物馆。兰觉得现在是上班出行高峰期，地铁拥挤，出行体验不佳，建议打车前往，获得出行舒适的"好"。梅表示，既然是出行高峰期，打车也堵，可能不"快"，时间不好掌控，而她们今天用于参观博物馆的时间有限，因此建议选择地铁出行，还能获得"省"。

在去往国家博物馆的路上，梅、兰从共享单车聊到特斯拉，从公交车聊到私家车，从博物馆聊到医院与机场。在不同的出行交通工具及出行场景中，存在哪些匹配之美呢？满足了顾客"多、快、好、省"中哪方面的需求呢？

6.1.1 自行车

从酒店出来，梅、兰二人走向地铁站，看到沿途马路边停放着各种共享单车。

兰：如果出行路途不是那么远，自行车是个好的出行工具，穿过几条小胡同，注意避免往来的行人及随时擦肩而过的电动自行车，就可"零排放"地到达目的地。

梅：为了鼓励人们"零排放"，一些制造商采用批次流程，生产具有一定特色的时尚自行车，增加销量。

兰：的确如此。街边的这些共享自行车是大批量生产出来的，千篇一律，无法满足一些小众需求。

梅：那些批量生产的共享单车，在共享单车泡沫破灭之后去哪里了？是被批量地销毁了，还是被批量地另作他用？

兰：我读到一则新闻，2019 年 3 月，缅甸人丹顿温从新加坡、马来西亚等地购买了 ofo、摩拜以及新加坡 oBike 停止运营后闲置的单车，将智能锁改成普通单车锁，为每辆车添加一个后座，赠送给仰光附近农村地区的孩子们，方便他们可以两人共用一辆车去上学。如果没有投资者间的恶性竞争与大量投放共享单车，就不会成就将共享单车捐赠给孩子们的这桩美事！

梅：我们可以讨论一下热闹的共享单车背后，自行车生产企业运营流程的那些事。

兰：是啊！曾经，中国是"自行车上的王国"，人们希望拥有的"四大件"之一就是自行车。随着自行车被公共交通、电动自行车、私家车等替代，自行车制造商逐渐没落。之后，共享单车行业曾让自行车制造商恢复了一时的生机，却又眼见他起高楼，眼见他楼塌了。自行车制造商究竟要何去何从呢？

批量化生产

共享单车的一时兴起曾救活了一大批自行车厂。比如，全球最大的自行车制造商——富士达，年产销量 1000 多万辆，具备全方位的生产配套能力；同时，它也是 ofo 共享单车的主要代工厂。但是，共享单车泡沫破灭之后，传统自行车厂商的日子再度难过。比如，国内自行车行业龙头企业—— A 股上市公司上海凤凰发布的 2018 年度财务报表显示，2018 年度营业收入为 7.62 亿元人民币，同比减少 46.68%，主要原因是共享单车的生产和销售减少。

富士达、上海凤凰这类企业目前主要为共享单车企业做代工，采用装配线流程，大批量地生产规格统一的自行车，满足大多数人的共性需求。在当下的中国，如果自己购买出行工具，一些人会选择购买电动自行车，而非自行车。

大规模定制

当经济发展到一定程度后，人们开始需要个性化的自行车。采用装配线流程制造的自行车，其产品生命周期进入衰退阶段。此时，**企业可以根据消费者的个性化要求，比如对轮胎、变速器等的需求，采用工作间流程，允许骑行者在一定范围内定制自行车。**自行车制造流程从装配线流程向工作间流程演化的过程恰如表 1-3 所示的随产品生命周期演化的矩阵理念。

日本的自行车产业也曾经历国内需求疲软、对美国出口数量减少、韩国进口自行车价格更低的多方影响，大规模批量生产的自行车销量逐渐下滑。一些自行车企业，比如日本国家自行车工业公司，针对上述问题，结合健身时尚理念，提出运动自行车的产品设计概念，采用响应型供应链制造自行车，满足骑行者对"好"的追求（Fisher，1995）。

认可健身理念的多为年轻人，他们更喜欢购买零件自行组装独特的自行车，这为日本国家自行车工业公司带来了启发：可否为顾客提供根据个人尺寸和品味调整自行车样式及风格的服务，实现运动自行车的大规模定制呢？

运动自行车的大规模定制对于企业来说是一把双刃剑。优点是个性化定制的运动自行车可以定高价，弊端是运动自行车的需求难以预测，容易造成零部件库存积压。为规避大规模定制导致的零部件库存积压问题，在生产端，日本国家自行车工业公司通过模块化缓解需求的不可预测性和降低生产过剩的风险。日本国家自行车工业公司在原有的传统自行车模块基础上，提供以下模块：手柄的宽度有三种尺寸可调；座管的长度从 46 厘米到 60 厘米可调；座位到手柄的距离可调；手柄的高度可调。此外，日本国家自行车工业公司还为顾客提供了多样化的自行车颜色，每个顾客可以从 70 种颜色中选择 1 种本色和附加的 2 种其他颜色。若顾客不需要额外的其他颜色，只需支付与传统自行车相似的价格；若顾客想获得额外的颜色，则需额外支付一部分溢价。模块化的做法保证了日本国家自行车工业公司能为顾客提供模块化的自行车组装服务和多样化的颜色选择，降低了零部件库存积压的风险。

在销售端，日本国家自行车工业公司实施按需生产，避免需求不可预测的弊端。日本国家自行车工业公司通过零售商收集顾客对车型、款式和颜色等的要求，将其直接传输到工厂，综合车型、颜色、车架尺寸及其他特征，公司还开发了订单系统，在接收到客户订单后，会生成自行车的设计蓝图、所需的各零部件及其对应的条形编码标签，并发送至生产系统。同时订单系统还可触发生产流程：切割管材、前三角定位和焊接、后三角连接、座柱开槽和铰孔、车架结构的自动检测。

与共享单车同兴共衰是中国自行车制造业这几年的真实写照。自行车制造业是不是命该匹配共享单车行业的变迁趋势？在中国，自行车制造商不应该或是只采用装配线流程，大批量地制造几年不变的自行车，或是针对极个别有特殊需求的人士，采用项目流程定制自行车，而是可以向日本国家自行车工业公司、特斯拉、戴尔这类企业学习模块化理念，自建在线模块化装配需求接单流程，或是在天猫等平台，借助模块化"内功"组织生产流程，面向顾客需求，通过工作间流程，实现"开门"造车，以较低成本为顾客提供在线的个性化定制服务。无论是上述哪种方式，均是基于图 2-2 所蕴含的生产流程"分"与"合"的理念，在靠近制造商的生产环节，尽量定位于图 1-4 所示产品–流程矩阵的左上角，而在靠近顾客的生产环节，尽量定位于产品–流程矩阵的右下角，这类做法表现为大规模定制。这或可为自行车市场的需求打开一片新天地，否则，自行车制造商的日子会一直难过下去。

6.1.2 小汽车

两人走到地铁站，打开手机上的乘车码，扫码上车。

梅：昨天小俊来接我们时，开的是特斯拉？

兰：是啊。特斯拉在中国的工厂开工那一日，特斯拉的股票暴涨，投资者看重中国工厂能够降低特斯拉的生产成本，增强特斯拉汽车的竞争力。

梅：这种在全球范围搜寻供应商构建供应链的做法，和当下的另一种趋势——逆全球化是相悖的。长期来看，逆全球化不符合企业供应链布局的战略发展。特别是汽车产业，企业间的竞争已非一朝一夕。

兰：在计算机时代以前，以汽车制造业为背景，美国的生产以 ROP（Reorder-Point）策略为主，后来发展出了 MRP（Material Resources Planning）和 MRP Ⅱ 管理生产系统。

梅：随后，日本大野耐一创造了"丰田生产系统"，主要包括自动化（Automation）和及时生产（Just in Time，JIT）两个概念。这是因为，二战后的日本百废待兴，人们需要车，但是又没钱。大野耐一去参观其他企业，发现了很多浪费现象，回到日本后，他重点关注如何减少生产浪费，生产出低成本汽车，以满足当时人们的需求。

兰：日本丰田生产系统的表现引起了美国汽车产业与学者的关注，但是因为大野耐一等有所保留，美国汽车制造业在应用丰田生产系统时不尽如人意，因此热度逐渐衰退，而随着 ERP 系统出现，美国转向应用ERP 系统。

梅：说到车，我想起我的一位同事，他是研究丰田汽车运营管理的资深教授，他了解不同品牌汽车车型的性能。最近，他换了一辆混合动力的丰田车。这辆车给人的直观感觉是功能型产品，经济实惠。然而，这位资深教授绝对有财力买一辆奢华的汽车，并且他的同事多数开宝马。

兰：老师的这位同事不仅喜欢研究关于丰田的运营管理，也爱屋及乌地喜欢开丰田车。

梅：适合的选择方是最好的。不是大家都开宝马，自己就得开宝马。丰田车满足了他的诉求，实现了匹配之"好"。

回顾以汽车为代表的机动车发展历史，我们观察到，最早的汽车出现在欧洲，实现了**"从 0 到 1"的创新**，那时的汽车只有贵族阶层才用得起；随后，美国福特汽车制造公司采用装配线流程，将车辆的装配环节进行细分，使每个工序所需的人工技能很容易被学会，从而实现组装汽车的流程标准化了，以及零部件标准化与通用化，实现"从 1 到 100"的创新。产量上去了，自然就能利用规模经济效应降低生产成本，特别是生产准备成本。上述精神与 2.4.1 节中围绕着刚柔并济画作所展开的讨论精神是一致的。

以历史上的福特为代表的企业由于生产准备成本较高，所以一次要生产一大批才比较划算。二战之后，丰田开始在产品品类方面创新，采用柔性化的生产模式，降低生产准备成本，以较精益的方式，从一个车型切换到另一个车型，生产多品类汽车，满足不同类型顾客的需求。当下，人们对环保议题日益关注，汽车制造企业生产混合动力或纯电动车，满足人们对汽车环保属性"好"的追求。

汽车制造业的装配线流程在 1.3 节已部分提及，在这里，我们不再赘述前述内容，而是接着 1.3 节的内容，写一些新的东西。回到梅的同事热爱丰田车的事情上，为何丰田车能够赢得诸多顾客的青睐呢？为何丰田车在性价比上表现得如此出众呢？

丰田基于模块化精神，采用装配线流程，降低了运营成本。其一，丰田建立无间断标准化作业流程，若是某个环节出现问题，连续生产系统就会停顿，及时止损。具体而言，丰田借鉴中国的"鞍钢宪法"[1]，对福特的泰勒制进行改良，把过细的点线式技术分工（流水线作业）改为环岛式小组协作分工（团队劳动技术合作，小组全员参加全面质量管理），实行装配件的"零库存"制度，并争取让同一款车型用更多共同的模块，尽量降低切换成本，使生产效率和产品质量都有较大幅度提高，形成了后来名声远扬的"丰田制度"。其二，丰田车处在发育成熟的燃油车市场，标准化和模块化的汽车零部件能够采用连续流程生产，不仅有利于降低运营成本，也有利于形成模块化的产品架构，帮助丰田采用装配线流程，获得"省"的优势。

基于模块化思想的装配线流程具有一定的灵活性。2020 年 2 月 6 日，上海通用五菱（简称五菱）宣布联合供应商生产口罩；2 月 8 日，首批 20 万只口罩下线；2 月 10 日，五菱自建生产线；2 月 14 日，全自动生产线组装、调试完毕，随后 100 万只五菱口罩正式交付。不仅如此，五菱既能授人以鱼，又能授人以渔，仅用 76 小时就完成了 10 天的工作量，

---

1 "鞍钢宪法"是指以群众路线为基础，"两参一改三结合"，即实行干部参加劳动，工人参加管理，改革不合理的规章制度，工人群众、领导干部和技术员三结合。把一线职工与高层领导各自的优势都发挥出来，让领导看到劳动者的智慧和无奈，也让劳动者看到领导面对的复杂局面。这样的团队协作自然能够充分调动从上到下各层面的积极性。

造出了第一台五菱牌口罩机。五菱也是借助模块化的"内功",将组装汽车零部件的运作理念用于生产口罩及口罩机,将口罩及口罩机的生产拆解为几个模块,采用装配线流程,将几个标准化模块组装在一起,口罩就这样被生产出来了。

新冠肺炎疫情期间,汽车制造业转产的"及时雨"不仅可用于"防",也可用于"治"。特斯拉制造的汽车有先进的暖通系统,因此基于特斯拉的生产线与零部件制造呼吸机并不难。特别是,特斯拉用自己的汽车零件制造呼吸机,这样做既避免了挤占专业呼吸机生产商的零件供应,也令特斯拉的工程师能通过其熟知的零件加快产品的研发速度。

汽车制造企业转产呼吸机,并非特斯拉一家独有,通用汽车、丰田汽车也开始制造呼吸机。事实上,由于呼吸机和汽车制造本身都属于机械制造行业,具有共通性,美国和西欧多国政府呼吁各大汽车厂商参与呼吸机的生产。

太阳底下没有新鲜事。早在1950年,全球暴发脊髓灰质炎,Molins汽车公司就设计和制造了第一台呼吸机。纵然汽车制造商可转产呼吸机,但是所制造的呼吸机多为相对低端的呼吸机,而专业的重症急救呼吸机需要某些关键零部件,还是需要专业的呼吸机厂商来生产。

采用装配线流程的汽车制造企业允许车主个性化定制。比如,特斯拉允许顾客个性化定制空间位置、轮毂、油漆、动力系统等,这些并不涉及复杂的产品设计,车主有能力进行个性化定制。购买特斯拉的车主,可以像曾经购买戴尔电脑一样,在线下单。因为信息都是电子化的,可以立刻被传送给汽车生产线,几乎全自动化的汽车生产线依据车主的需求装配汽车,每辆汽车下线后,都带着一个单号,该单号详细地说明了该辆汽车的零部件构成。

汽车制造商满足车主大规模定制需求的道理在亚马逊也有类似的体现。每位顾客的订单内容不一样，比如，一些人的订单包括口罩、维生素、鞋子等，每位顾客所订购的东西都要装到盒子中，亚马逊的自动化仓库系统在读取了顾客的订单信息后，把对应的货架自动地送到拣货员面前，拣货员就可以将商品装箱，满足了个性化订单的需求。

将"开门"造车情境中不同类型的生产流程放在产品 – 流程矩阵中，如表 6-1 所示。

表 6-1　"开门"造车的矩阵

流程类型	产品品类与需求量				
	单件定制	多品类 低需求量	中品类 中需求量	少品类 高需求量	极少品类 超高需求量
项目流程	为特殊需求定制的自行车				
工作间流程		运动自行车			
批次流程			时尚自行车		
装配线流程				丰田汽车、五菱汽车、共享单车	
连续流程					汽车零部件

兰：自行车制造商可以被分为两大类，为共享单车企业代工的制造商位于产品 – 流程矩阵右下角，而实行大规模定制的制造商位于产品 – 流程矩阵左上角。期待左上角的制造商越来越多，能够为顾客提供物美价廉的自行车。

梅：时光如梭，20 世纪 80 年代中期，我还会为购买一辆采用大批量生产流程制造出来的自行车实地走访，花费也不少。现在，人们可以较低价格购买到一辆个性化定制的自行车，并且还是在网上下单。

兰：顾客不仅可以在网上订购自行车，也可以订购特斯拉这类电动汽车。颇令人惊讶的是，一家汽车制造商既能制造汽车，又能制造呼吸机，这是模块化赋予企业的"内功"。

梅：我最近想换一辆车了，考虑购买一辆特斯拉，就像我的同事一样：总是研究了什么，就想买什么。

兰：咱们研究一下 SpaceX 火箭的运营管理，顺便买一枚吧！

梅：哈哈！关之愈切，爱之愈深。

6.2 室外出行

中途地铁门开，有乘客下车，梅和兰找到空位坐下。

梅：曾经，出行主要靠脚，再到骑马、骑驴、坐船，一头用箩筐挑着小孩，一头挑着行李。在那个时代，朋友要出远门，是需要送行，"劝君更尽一杯酒"，并折柳送别的。

兰：现在，人们说走就走，可以选择地铁、轻轨、公交车、出租车、私家车等交通工具，让人有了空间扩大的感觉。

梅：我没有私家车时，出行依赖各种公共交通工具：周末乘地铁、公交往返各处。在"好"与"省"之中，我选择"省"。

兰：搭乘地铁到博物馆虽费脚力，却给了我们很多并肩而谈的时光。

梅：在古代，因为交通不便，很多朋友、夫妻之间的情感都会在分别时呈现出来。现在，公交车、网约车、私家车等出行工具，借助各类技术化手段，更便捷地满足了出行者的需求，呈现了别具一格的"行"之美。

6.2.1　公共交通

地铁一站站地驶过，梅、兰周边的乘客不断变换着，偶然会发生肢体触碰。

兰：我在东北读本科时，搭乘公交车做家教。晚上回学校时，公交车非常拥挤，我偶尔会在车上听到"你挤到我的貂儿了"这类口角之争。

梅：地铁、飞机、班车、公交等公共交通为人们的出行提供服务，不是侧重"好"，而是侧重"省"。自然地，其运营管理核心是如何设计运营路线，较"省"地服务多数人群的出行。

兰："省"的背后是运营流程优化策略。世界上最遥远的距离不是从单相思人的心到另一个人的心，而是从红绿灯到交通摄像头——红绿灯管红绿灯的事，交通摄像头管交通摄像头的事，很久以来，它们没有任何关联。

梅：在美国的一些地区，行人想过十字路口，就摁一下电线杆的按钮，按完按钮，红绿灯就可以转换。在那种情景中，红绿灯靠人控制。

兰：过去几年，杭州市把红绿灯和交通摄像头连起来，用"算力"管制杭州市十几个最拥堵的交通路口。

梅：政府和企业一样，至关重要的就是要掌握数智化技术。

兰：让我们说一下公共交通中的产品与流程匹配之美。

地铁和飞机

人们借助地铁在城市内穿梭，对乘客而言，其能根据需求选择上下站点，获得多品类的出行服务。兰曾从南京飞到北京，落地首都国际机场后，用高德地图查到，由机场去会议酒店的交通较为拥堵，便选择搭乘地铁。从机场地铁站到酒店所在地铁站，兰和具有相同需求的乘客一起上下车，即为按批次到达。然而，从地铁网络布局视角看，不是每一位从机场地铁站出发的乘客，都是到兰的酒店所在地铁站下车，他们可选择在其他站点下车。加之地铁的运载客流量极大，因此其采用连续流程为人们提供服务。若兰搭乘机场到酒店的穿梭巴士，则是批次流程的出行模式。

从旅客视角看，航班提供的是一种批次流程，这类似于传统课堂的服务流程，每次服务一个批次的学生。进一步，从航班网络布局视角看，一家航空公司提供多个城市间的飞行服务，这结成了一张航班服务网络，旅客可以按照出行需要确定出发城市和低达城市，这表现为工作间流程。航班服务网络类似于学校给全校学生提供的众多选修课，学生按照自己的兴趣选修。

公交

传统公交车的行驶路线多是事前规划的，较为大众化，可满足乘客对"省"的需求，却无法满足乘客对"好"的追求，因为事前规划虽然采取的是"先调研后设计"的思路，但是存在调研不充分，或乘客需求动态变化引发新的出行需求的可能性。

采用工作间理念的数字预约公交的运营模式提供了根据出行者反馈的实时出行信息随时更新路线的服务。数字预约公交根据出行者的个性化需求灵活调整运力，针对客流和虚拟站点实时计算最优路径，快速进行公交资源的动态调配，做到线上预约、选点上车，力求因需而生，随需而变。也就是说，数字预约公交采取的是一种大规模定制的出行服务模式，通过整合出行起始点、出行时间等相近的出行需求，提供预订的车次或线路的一种多元化、集约化、高品质的公共交通服务形式。该模式既降低了路线的运营成本，又可缩短乘客的出行时间。

新加坡政府向学术机构提供部分地铁站的乘客进出站刷卡数据，以期学术机构更好地设计地铁与公交的接驳系统。在中国，滴滴出行也参与到定制公交的项目中。滴滴出行和公交公司合作，滴滴负责线上运营，公交集团负责提供车辆和司机。乘客在滴滴 App 上选择定制公交并输入目的地，若有合适路线，可下单乘坐；若现有路线不符合出行需求，乘客可自主定制。当此线路的定制需求达到了一定客流量后，滴滴出行反馈线路情况给公交公司，后者综合考察道路通行条件、站点附近停车条件等，确认是否开通。

> 杭州交警联合杭州公交集团、滴滴出行公司，从 2020 年 4 月 7 日起，在三墩北、转塘区域试点推出数字预约公交服务。上线试运营一周内，5 条预约线路的客流逐日提升，运营客流总量为 3000 余人次。

其实数字预约公交车的理念与实践早已有之。比如，超市接驳车、澳门赌场穿梭巴士、酒店机场巴士等。在上述三种情境中，企业了解顾客需求，提供的路线较为单一，其目的地多为超市、赌场或酒店，属于非营利性质，且线路固定。然而当下，有出行需求的人们借助类似于滴滴的平台，发起即时或预约的出行需求，平台可根据算法将匹配到的车辆以不固定的时间、地点和线路来满足此需求，而当用户量达到一定程度，就开通一班需求响应式公交，这种路线是新的。与此同时，平台也可借助人们的出行数据，优化、更新多条公交路线，获得盈利。

上文提到的滴滴出行和公交公司合作完善公交线路的现象可能令人思考：数字预约公交的运营模式是否会挤占用户对网约车的需求？暂时不会。这是因为数字预约公交的用户中，很大一部分是低频的打车用户，公交出行和打车出行不完全冲突。而且当下的数字预约公交系统均为小规模试点，开行有明确的区域范围，并没有影响打车的整体业务。同时，由于数字预约公交采用的是较大的车辆，有车辆拼乘人数的要求，所以没有打车灵活，是否用价格换体验，就看用户的选择了。

无论是传统公交，还是数字公交，均为乘客提供具有工作间特性的服务，但是，**相对于传统公交，数字公交提供的出行服务更能精准地响应乘客的出行需求，因此其位于产品－流程矩阵的左上角。**

梅：我在 1986 年出国前，从未打过车。第一次到纽约，看到满大街的黄色出租车，为了打车而打车一次。

兰：市场中的确存在这类人群：他们负担不起买车钱，或需要不同类型的车满足不同场合的需求，又或出差到外地，临时急需用车。无论是在哪类情境中，他们都有用车需求。

梅：现在，智能手机、互联网技术的发展，使企业提供这类服务的成本降低了。自然地，顾客需求与企业供给的交汇点就落在了产品－流程矩阵的对角线上了。

兰：那么，各有所长、相互补充的，采用工作间模式的租赁汽车、出租车和网约车如何为顾客服务呢？

梅：乘坐地铁让我们有时间展开说一说。

6.2.2 租车

租车公司

最初，汽车租赁市场并不火爆，因为多数人负担不起租车的费用。但随着汽车租赁市场的良好发展，以及人们对出行服务的需求逐渐增加，越来越多的人选择租车。赫兹租车、神州租车、一嗨租车等汽车租赁公司得到迅速发展。比如，神州租车在中国国内主要城市拥有上千个租车网点，公司规模及地区覆盖面之广，使顾客能随时随地租到车。但因为考虑到控制运营成本，其拥有的车型相对较少，顾客未必能租到心仪车型。

修订至此，正逢新冠肺炎疫情在全球肆虐，旅游业一蹶不振，出行的需求骤降，数万辆的车队成了最大的拖累。2020 年 5 月 22 日，赫兹在美国特拉华州申请破产。

技术不断发展，一批旧企业倒下去，又一批新企业诞生。纵然如此，企业运营管理背后的道理——产品与流程的匹配，总是不变。

租车平台

一些平台企业，如携程，不拥有汽车，却借助平台的优势，将多家汽车租赁公司的汽车提供给顾客选择，在平台上出租的汽车，无论是车型还是数量，都更有可能满足顾客的个性化需求。

兰到台北出差。在携程网预订机票后，预订系统提示是否还需预订从机场到酒店的巴士接送服务。兰不熟悉当地打车流程，若由值得信赖的平台提供打车服务，安全性可得到保证，于是追加预订接送服务。提供租车的平台逐渐完善网上预订程序，让顾客能快速选到合适车型，提供送车上门的服务，并支持顾客异地还车，租赁费用尤其是长期租赁的费用相对较低。与此同时，平台可将租车业务与订票、订酒店等业务捆绑在一起，为出行者提供"一条龙"服务。

6.2.3 打车

出租车

出租车采用项目流程为人们提供出行服务，但是价格较高。这是因为出租车公司需要给司机配备车辆，各个环节都有运营成本。与此同时，出租车司机因为承担着"份子钱"而负担颇重。份子钱让司机普遍觉得不公平，因为每个月还没运营，就已经欠了公司一大笔费用。这个问题一直被出租车司机所诟病。

"份子钱"制度的改革有望在广州实现，广州市交委正引导企业利用互联网技术探索一种全新的司企分配模式，改变以往企业收取固定承包费"旱涝保收"，而司机得不到公平收入待遇的情况。具体来说，此项改革是通过互联网技术，对司机运营的每一笔收入进行实时清算，在司机和企业事先签订的合同框架范围内，对每一笔收入构成都进行了清晰的分配。比如应该支付的租车成本、应缴税费、应该给企业上缴的有关管理费用，这些统统都在一个平台上进行实时分配，彻底改变以交承包费取得运营许可的粗放管理模式，使司机与企业风险共担、利益共享。

网约车

需要打车的人们，不仅可以选择出租车，还可以选择网约车。连接司机和车主实现资源共享的网约车不仅帮助乘客享受到项目流程式的服务，也节省了部分出行成本，与此同时司机也提高了服务水平。随着在线匹配算法不断改进，供需匹配度也得到提升。

网约车不仅方便了乘客叫车，而且实现了支付与收据无纸化，这可避免司机的道德风险。同时，采用在线导航系统，司机能够实时查阅地图信息，使自己快速接上乘客。

新加坡的"滴滴"——GrabTaxi 起源于哈佛商学院的创业比赛，创始人是在哈佛商学院念书的马来西亚华人陈炳耀和陈惠玲。陈炳耀的朋友在吉隆坡机场搭出租车到他家时，被司机绕道狠狠地"宰"了一顿，而且服务态度也很恶劣。生活中的每个小麻烦都隐藏着大需求，于是 GrabTaxi 诞生。

以优步、滴滴和 GrabTaxi 为代表的网约车放弃了对关键资产——司机与车辆的控制，降低了运营流程的标准化程度。比如，网约车司机的认路能力可能不如出租车司机，使得网约车司机提供的服务质量参差不齐。虽然有导航系统，但是有些导航系统不识别新路或小胡同，这时候，出租车司机的优势就体现出来了。背后的道理是，出租车司机的人工认路能力与网约车司机基于地图导航系统的认路能力，是人类经验与技术发展之间博弈的体现。

网约车放弃了刚性定价，转而采用动态定价，鼓励司机在需求高峰提供更多车辆出行服务。在任何时候，网约车司机的数量都是有限的，但出行者的需求在不同的时间，受天气等各种因素影响，会发生巨大变化。司机太多是一个问题，因为他们拉不到乘客；司机太少是另一个问题，因为这会让出行者等待太久，最终放弃打车。网约车的创新之处就在于利用动态定价去匹配供需。司机在非高峰时间段的报酬较少，这可以解决非高峰时间段司机太多的问题；而在高峰时间段让出行者支付更多的费用，可促进司机在高峰时段多出来拉客，解决高峰时段司机供应不足的问题。

虽然采用项目流程提供服务的网约车放弃了对关键资产的控制、刚性定价及授权合同等长期资产，看起来没有像传统出租车、赫兹租车那样受重资产拖累，能够灵活地应对市场需求的波动，但是，遇到突发疫情后，人们的出行需求减少了。为了控制运营成本，网约车平台比较直接的做法是裁员，比如，优步在 2020 年 5 月裁员两次，有 1/4 的员工受到影响。然而，通过裁员降低成本不是挺过危机的唯一方案，网约车平台也可借助产品 – 流程矩阵的理念，审视自己的定位，洞察疫情下顾客的新需求，有针对性地优化流程管理，勒紧裤腰带，挺过难关。

因疫情而待在家里的人们可能体验过优步提供的送餐服务，在疫情期间，人们不能去餐馆了，相应地，更多餐馆需要为食客提供配送服务，因此，优步和餐馆展开合作，替餐馆送外卖给食客 (Ubereats)。

无人驾驶汽车

另一种出行模式——无人驾驶汽车正悄然兴起。再过几十年，大部分人可能不再需要私家车，超级市场、企业单位也无须再设停车位，因为汽车需求和供给可实时地达到平衡：无人驾驶汽车在接送乘客到达目的地后，可立即去满足下一位出行者的需求。在未来，无人驾驶汽车将能满足出行者的超高需求量，这表现为连续流程。

"无人"背后需要的是基于数据的对整个供应链的优化。让无人驾驶得以实现的多项技术包括图像识别技术、卫星导航技术等。无人驾驶技术还在试验阶段，尚不能个性化地服务出行者的需求，距离普遍进入人们的生活还有较长的一段路程要走。其一，技术仍然需要发展，无人驾驶试验出现意外的案例并不少见；其二，涉及伦理方面的问题。比如，若无人驾驶汽车撞到闯红灯的行人，导致意外发生，应该如何处置呢？

在室外出行场景中，将提供不同类型出行服务的各种出行方式放在产品 - 流程矩阵中，可得表 6-2。

表 6-2　室外出行的矩阵

流程类型	服务品类与需求量				
	单件定制	多品类 低需求量	中品类 中需求量	少品类 高需求量	极少品类 超高需求量
项目流程	私家车、租车、 打车、网约车				
工作 间流程		数字预 约公交 传统公交			
批次流程			班车		
流水线流程				地铁	
连续流程					无人驾驶汽车

由表 6-2 可得，飞机、班车采用批次流程，以较省方式满足多数人基本的出行需求，因而位于产品 - 流程矩阵右下角；私家车、租车、打车、网约车能够灵活地满足人们的个性化出行需求，位于产品 - 流程矩阵左上角，采用的是项目流程类型；公交采用的服务流程类型位于网约车与班车之间，属于工作间流程；地铁、高铁采用的服务流程为流水线流程。

总的说来，租车服务满足了顾客对便捷出行服务的需求，出租车不断地提供高水平服务，随着在线匹配算法的不断改进，供需匹配度提高。特别是，在线调度算法的不断成熟，使出租车、网约车的实时调度可以与火车站的实时车次、机场的航班抵达信息联系在一起，高效地应对批次到达乘客的打车需求。

6.2.4 私家车

梅：咱们说了那么多公共交通、租车与打车的事情，似乎现在出门都可以不开车了！

兰：可不是，特别是在北京这类大城市，交通拥堵时常发生。有些人可能买了车，平时只能将车停在车库内，过很长一段时间，还要把车开出来"遛一遛"。

梅：即便如此，一个家庭，特别是家里有小孩的，还是需要一辆车，以备紧急情况下使用。

兰：是的，这是在大城市购车的特殊场景。老师常年住在达勒姆的郊区，上下班也是需要一辆车。

梅：是的，我现在开的那辆车，已有 10 多年了，感觉不适合我这个人生阶段的需求。我前段时间在美国，比较了不同车型及贷款形式，随后，经销商将包括车牌、保险在内的所有事情都代车主办妥。在此流程中，虽然对我而言，我经历的买车流程是一个工作间流程，但是对于经销商而言，所有车主所要经历的购车手续都是类似的，因此，其可以采用装配线流程，较"省"地服务车主。

兰：买车这件事涉及的不同主体，对应了不同的流程类型。

梅：为了使用与维护一辆车，车主需要出门认路，需要为车辆购买保险和实时修缮，还得为车寻觅到一处停靠地。

兰：让我们围绕与私家车相关的运营流程，讨论一下。

灵活导航

随着新技术发展，新一代汽车的识途能力越发强大。

曾经，出远门的人需要一本地图册帮助找路，那时人们只能借助地图找方向。设计人员绘制好地图册后，**大批量地印刷，所有人都买同一款地图册，所采取的生产类型是连续流程。**

随后，车企在汽车上安装采用装配线流程生产的车载 GPS，其中的供应链运营系统是地图（车载 GPS）—车企（车载设备）—顾客。随着技术的发展，出行者可以在各类手机地图 App 上因需定制动态化地图信息。**这些手机地图 App 的数据和服务变成在线，背后的"功臣"是高清晰卫星影像。**本来每个人的出行需求就是不一样的，以前只是没有条件满足；现在，地图 App 借助数智化技术，可以较"省"地精准地满足每一位顾客实时的、个性化的需求，从而为出行者提供"快"与"好"的服务。只要有一个具有导航功能的手机，出行者就可在陌生城市找到哪家饭店好评多，哪家酒店房间便宜又整洁的信息。也就是说，借助动态地图，出行者可以获得全方位服务：不仅是找方向，还可以解决其他附带问题。这些服务得益于平台型企业的模式，因为人们本来只是找路，但是，平台可以把其他服务需求也挖掘出来，便利人们的选择。

基于社群服务的导航应用 Waze 实时地告知用户应该走哪条路。当用户打开 Waze 应用时，交通信息便可以传送到社区。如果道路上有绕道情况，Waze 可从一些用户反馈中获取信息，并及时为其他用户重新规划路线。Waze 的服务理念是，一个真正有用的导航系统需要知道的不仅是用户的车行驶到哪里了、如何继续行驶，更要知道其他车辆在哪里。借助社群提供的社交数据，Waze 让用户共享从交通事故到交通管制，再到限速警告、加油促销等几乎所有的交通信息，进而在线给出当下最优的出行路线建议。因此，用户享受到了 Waze 采用项目流程提供的指路服务。

以前没有定位技术，自然地，人们只能用纸版地图册或车载 GPS。后来，有了定位技术，企业也认知到顾客有这种需求，于是开发出各类手机地图 App。与此同时，因为使用手机的人多了，企业可以收集到更多数据，利用云计算，可以精确地算出行驶的时间、路线，从而为人们提供"多、快、好、省"的服务。

对于出行者而言，在使用动态地图时，其下载的 App 是企业开发的标准化产品，但其通过在 App 界面上输入查找道路、搜索美食、预约打车、逛商场等需求获得服务。因此，这些手机地图 App 采用工作间流程为出行者提供服务。为了更好地满足出行者的个性化需求，高德地图上线林志玲和郭德纲版本的导航语音包。林志玲的语音使高德地图的下载量剧增，而郭德纲的语音则帮助高德地图提升了每日活跃用户量。

按需付保险

在多数情境中，车主购买的车险多是保险公司采取批次流程确定的，保险公司所参考的车主用车信息仅有车主交通事故理赔的历史记录。

现在，跑在互联网高速公路上的汽车，可以将车辆位置、速度与行驶路线等信息进行实时更新与动态共享，并传输汇聚到中央处理器，使保险公司能够基于车主行为确定保险的价格（Usage Based Insurance，UBI）[1]，**这种按需付保险的模式采用了项目流程的理念**。比如，Metromile 提供按里程计价的车险业务，已覆盖美国 7 个州。

未来，通过分析车联网采集到的数据可推断出一些司机的个人数据，如活跃商圈、驾驶频率和出行时段。首先，在生产环节，汽车制造商可优化产品规划，缩短产品质量缺陷改进周期，实时获取客户体验，个性化地配置生产。其次，在销售环节，对汽车制造商和 4S 店而言，可调整广告投放渠道，预测热销车型及个性化促销手段。最后，在售后环节，从两个维度个性化定制车主的保险：一个维度是车主开车是否频繁，现实生活中有很多人有车但经常不开，对他们而言，即使没有开车也还是要缴车险，既不划算，用户体验也不好，以 UBI 维度设计车险，能很好地改善用户体验；另一个维度是根据车主的开车习惯设计车险，具体而言，有很多车主开车习惯不好，经常超速、急转弯等，这些行为增加了事故发生的可能性，因此应该多缴车险，而对那些行为习惯较好的用户，可少缴车险。总而言之，UBI 模式能帮助车险公司增加收益，帮助车主矫正不良习惯，节省车险开支，而汽车制造商则可基于车辆故障数据协助车辆设计的优化，提高用户的黏性。

UBI 车险的实施，需要保险公司在车上安装一个小型车载远程通信设备，或与地图 App 合作，记录驾驶员行为，并关联理赔风险。当下，车主顾及个人隐私，而不愿选择 UBI 车险计费方式，但是，这种趋势不可逆转。深圳市为鼓励绿色出行出台过类似的政策：完成申报停驶连续 30 天及以上的个人机动车辆，可以享受车险合同期限的顺延。尽管这有别于真正意义上基于驾驶行为定价的 UBI 车险，却是 UBI 车险普及的前奏。

1　UBI 车险是一种根据驾驶人的实际驾驶时间、地点、里程、具体驾驶行为，确定该缴多少车险的险种。

梅：人们本能地追求服务好、花钱少。相应地，城市内公共交通采用批次生产流程节省乘客的日常出行花费。而在城市之间，飞机、高铁、火车这类交通工具也采用批次流程，发挥各自优势帮助乘客省时或省钱。

兰：在传统公交之外，如今数字预约公交采用工作间流程，根据乘客的出行信息及时更新路线，满足乘客对"好"的需求。除了乘坐公共交通工具，乘客还可以选择租车或者打车来解决出行问题。大型租车平台将多家汽车租赁公司聚集整合，为消费者提供多的选择，同时租车平台延伸业务范围，为出行者提供订机票、订酒店的一条龙贴心服务。打车这一较为传统的出行模式也在推陈出新，不断改良运营管理模式。

梅：网约车让顾客节省了一些出行成本，享受到较高水平的出行服务，同时实行动态定价，较好地匹配供需。

兰：除公共交通外，随着消费水平的提高，私家车的数量不断增加。因此，各类地图 App 也在不断进行技术升级，满足消费者包括找目的地在内的多方面需求。大数据时代，车险公司利用互联网数据给予车主更好的赔付体验。在共享经济下，通过共享车位整合社会资源，让车辆所有者在获得停车位的同时还能将空闲车辆租出去以获得收益。

梅：如今交通工具繁多，从公交、地铁、飞机、火车再到汽车，大家发挥各自优势满足出行者的室外出行需求。随着经济和技术的发展，交通工具将继续革新升级，优化运营模式，匹配供需，让室外出行更加舒适便捷。

兰：是的，我期待着。

停车

共享停车位。采用工作间流程类型的共享停车位 App 为车主提供灵活的停车服务。城市普遍面临停车难题，同时许多停车位空置也是一种普遍现象。比如在晚间，小区的停车位紧张，但单位的停车位大多空着；反之，白天单位的停车位紧张，小区的一些停车位却闲在那里。应该让停车位物尽其用，缓解城市停车难的问题。

在实施共享车位较早的成都，据一家共享停车位企业介绍，该公司已经入驻300个楼盘，发布6万个共享停车位信息，2018年交易量达1万笔。可知，2018年全年每6个共享停车位产生1笔交易，从共享经济的高频交易特点来看，这种交易频率显然过低。

共享停车位可以充分利用社会闲散资源，提高使用效率。这样的说法听起来很美，但无法推广，可能原因如下。其一，交易低频，客单价低，业主出租存在租用者逾期风险，租用者则存在使用体验差等问题。其二，虽然各地政府大力推行共享停车位，实际运作却很难。这是因为城市中心多为老城区，停车位不多，这令共享停车位 App 陷入"巧妇难为无米之炊"的困境。

让停的车赚钱。在停车这个问题上，世间是否存在双全法，既能让车主省钱，又能让车主赚钱呢？真的有。比如，**采用项目流程的 FlightCar、Carhood 是由机场停车费太贵的痛点衍生出的模式**。车主将车交由 FlightCar 代理，在出差期间出租出去，不仅可节省停车费，还可得到部分租车的酬劳。就算车没有被成功出租，也可获取免费的洗车存车服务。如果在出租期间车子受损，FlightCar 购买的保险可补偿车主的损失。而且，FlightCar 利用资源，减少车辆闲置，这无疑是企业针对个人需求提供好的服务。

FlightCar 不仅帮助车主节省停车费，还能帮助车主获得额外的租车费用；同时，FlightCar 也借助私家车，获取租车费用。因此，运营 FlightCar 的供应链属于响应型供应链。

FlightCar 这种模式节省了车主在机场高昂的停车费，还使车主能额外获得一笔收益，同时满足了租车市场的需求，FlightCar 确实很好地将需求和供给匹配起来。为了降低风险，FlightCar 对车主和租客都有较为严格的审查标准。例如，对车主，要求车辆行驶里程不得超过 15 万英里，车辆的工作状态良好；对租客，要求其拥有驾照，同时无重大事故或违章记录等。尽管如此，FlightCar 还是遇到了许多问题。2015 年，FlightCar 宣布倒闭，将技术平台卖给了梅赛德斯·奔驰。

FlightCar 遇到了一些问题，例如车主对服务的负面评价，为此，FlightCar 邀请亚马逊资深产品与工程副总裁罗伯特·加斯重新设计服务应用端，但也没有扭亏为盈。可能的原因如下。

第一，FlightCar 需要面对来自优步等网约车的竞争。两者虽然不是直接竞争，但 FlightCar 的市场份额受到挤占。例如，去机场租车的租客大多为到外地出差的人，租车需要花费时间和精力办理租车手续，将车开入市区后，需要找停车位。如果用优步叫车，虽然费用可能更高，但对于刚下飞机的乘客而言，花钱省事也是一项不错的选择。

第二，FlightCar 的服务流程不完善，导致车主给予了较多的负面评价。在 Yelp 上，FlightCar 只得到了 2.5 分的评价（满分 5 分）。其中车主反映最多的问题是 Fastrak 扣费问题，在美国高速收费口中，至少有一个是快速出口，车辆通过快速出口时，通过 Fastrak 自动缴费，Fastrak 绑定车主的信用卡。租客中，如果有人误走快速出口，就会导致车主的信用卡被扣费。如果租客多走几次快速通道，则车主不但没有收益，可能还会倒贴。虽然 FlightCar 会给车主赔偿，但 Yelp 评论显示，很多人 1 个多月后才能收到赔偿。除此之外，还存在其他服务流程问题，如取车时间慢甚至无法取车；FlightCar 只管洗车，不管维修，导致车辆损耗严重；租车拿到的车型不对等。

因此，虽然从供需匹配角度看，FlightCar 的模式解决了车主和租客之间的供需关系，但是，就如滴滴、优步这类新兴的模式会遭遇司机的违法行为、爱彼迎这类模式会遭遇房主的歧视行为一样，FlightCar 也需要根据现实场景的需求，不断地优化运营流程，比如思考以下问题：其一，服务流程是否足够精简，目前租车服务行业普遍反映的问题是，租车手续太复杂，浪费时间、精力；其二，处理好租客与车主的关系之后，如何处理"车"这个中间媒介。机场汽车共享服务与租车公司的差别在于，车辆的损耗由车主承担，而不是由企业承担，公司该如何补偿车主，让其愿意出租？FlightCar 感知到的顾客需求是存在的，所计划实施的服务流程也是与其定位的需求相匹配的。但是，成功与否取决于服务流程实施的细节。曾经，有很多企业模仿戴尔的直销模式、美国西南航空公司的廉价航空服务模式，但成功者寥寥。模仿者可能始终未能理解流程运营的细节和本质，或是理解了，却没有能力做到。

将私家车涉及的产品（如车载 GPS 和纸版地图）生产流程和为顾客服务的流程类型放在产品 – 流程矩阵中，可得表 6–3。

表 6-3　私家车服务的矩阵

流程类型	产品（服务）品类与需求量				
	单件定制	多品类低需求量	中品类中需求量	少品类高需求量	极少品类超高需求量
项目流程	FlightCar、UBI 车险、Waze				
工作间流程		手机地图 App、共享停车位 App			
批次流程			在美国买车		
装配线流程				车载 GPS	
连续流程					（曾经的）纸版地图

　　兰：在给私家车指路服务情境下，纸版地图的生产流程和手机地图

App 的服务流程类型与纸版菜谱和美食杰 App 的一一呼应。

梅：背后都是产品－流程矩阵理念的体现。

兰：未来，人们可能不再需要各类手机地图 App，而只需要佩戴谷歌眼镜这类设备，就可对周围环境和设施一览无余。

梅：这类设备帮助出行者看得准、看得远，就像人人都用了一双千里眼。

6.3 室内行走

在地铁上经过了约 60 分钟，几乎横穿了半个北京城后，梅、兰二人到了博物馆附近的地铁站，两人走出地铁站，按照百度导航指引，穿过红绿灯路口，步行前往距离地铁口 1 公里的国家博物馆。导航显示两人的位置距离博物馆越来越近，梅和兰的步伐都轻快不少。

梅：在室内行走的场景中，企业提供了一些设施，满足顾客的某方面需求。

兰：可不是，室内的设施安排就需要让你我这样的游客，能够在短时间内，又快又好地完成某项任务。

梅：就连我们刚刚上下车的地铁站，站内的各项功能布局、装饰，也是为了让出行的人们感受到便捷、安全。

兰：我的办公室旁边有个地铁站，官方大名是"珠江路站"，还有个官方小名"糖果站"，因为这个地铁站附近有家儿童医院，从医院看病出来的小朋友，可以凭就诊病例，到地铁站售票窗口领一根棒棒糖。

梅：非常有爱！既然这个地铁站靠近大学，也应该给那些毕业论文优秀的大学生们各发一根棒棒糖。

6.3.1 博物馆

根据导航指引，梅、兰二人走到了博物馆门口。梅、兰走到博物馆的人工售票窗口欲购票，工作人员示意她们出示身份证件，并扫码购票。兰拿起手机扫描二维码，在允许博物馆公众号获取自己的微信头像、地理位置等信息后，购得了2张门票。买好门票后，梅和兰浏览博物馆的公众号，发现博物馆公众号除提供门票预订服务，还提供在线语音讲解功能、活动预约、特展门票购买、导览等服务。

梅：博物馆里的每件展品都是穿越时空与游客相见，游客如何调动起全副的感官，用想象力去接近，用自己的知识储备去理解呢？博物馆又如何较"省"地满足游客对"多、快、好"的需求呢？

兰：浏览博物馆，游客希望省时，希望更快地看更多、更好的藏品。"多"是指博物馆提供的藏品多，不同层次的服务多。游客可雇用讲解员为自己个人讲解，也可在指定地点、时间参加团体讲解。"快"是指游客想快速地了解藏品背后的故事，可选择书面形式了解信息，一目了然。虽然这可最快地了解，但是信息量小；若游客想细致地看藏品，可借助语音讲解器或人工讲解。"好"是指游客希望获得准确、丰富的信息。在游客不多的情境中，能近距离欣赏藏品。"省"是指花费的时间与金钱少。

梅：我想起去欧洲佛罗伦萨美术学院参观大卫石像的经历。不仅我想看到世界闻名的雕塑，其他游客都想看到。若每位游客都随意地决定参观大卫石像的时间，则会因为人群过于拥挤，而看不清楚大卫石像。应该如何应对这类问题呢？佛罗伦萨美术学院要求游客提前预订参观票，借助预约，保证每个时段内的游客都不多，为游客提供更好的参观体验。

梅：选定了一家博物馆，就意味着游客已经确定对博物馆藏品多的需求。接下来，游客希望在参观流程中能更好、更快，在省时间和金钱的条件下浏览。借助模块化、技术化手段，博物馆能更好地满足游客对"多"的需求。

购买门票

无论是哪里来的游客，有什么样的参观需求，都需要购买门票方可进入。多数博物馆借助如图 2-2 所示的流程"分"与"合"的理念，将不同类型游客的购票流程标准化，统一服务流程后，允许游客在线购票。游客提前在网上购票，到博物馆后，只需在闸机口扫电子票即可入场。博物馆借助技术手段满足游客对"快"的追求。此外，网上购票流程不仅帮助游客节省了排队时间，也帮助博物馆控制了人流，保证为游客提供好的参观体验。

博物馆将多数游客感兴趣的信息放在博物馆公众号中，采用工作间的服务模式，解决游客的共性问题，减少工作人员的压力，又可提高博物馆公众号的关注度，减少了博物馆的传单发放量。

上述流程和产品售后管理中的人机交互与本书的理念有异曲同工之妙。企业售后服务需要面对顾客的各类问题，如果所有问题都提供人工应答服务，企业的售后服务运营成本将会居高不下。如果企业将一部分常见问题的回答标准化，用机器代替人工，可缓解工作人员的压力。由于技术水平有限，该方式虽然节省成本，但也失去了人性化。兰多次体验过，拨打企业客服电话，转来转去，却找不到人工服务通道来解决一些特殊问题。

博物馆公众号在线服务功能也存在类似问题。其一，公众号呈现的答案不一定易于理解，例如，公众号地图没有工作人员指示得清楚；其二，公众号的信息更新不及时。

不仅博物馆可以将预约服务流程标准化，旅游城市也可以提供类似服务。1500 年前，敦煌曾是丝绸之路上最繁华的城市，历史馈赠了敦煌以莫高窟、月牙泉等惊世景观。现在，莫高窟每日接待大量游客，其压力可想而知。为解决该问题，敦煌建立莫高窟预约参观网络平台，以预约模式分流游客，同时构建旅游目的地疏导平台，引导并控制未预约去参观的游客；推出互动游览、手机客户端服务，为游客提供自主导览、语音讲解服务；通过建设莫高窟、月牙泉、鸣沙山等景区的物联网，分析游客行为与流量分布特征，提高景区承载能力，减少游客的非参观时间，提升游客的参观服务体验。敦煌的预约流程管理不仅便利了游客的出行安排，也保护了文物。

设施管理

在博物馆中，每一处藏品或设施可承载的人数有限，博物馆如何运营呢？博物馆可以向迪士尼乐园的景点管理学习（Barnes，2010）。

迪士尼乐园从全局视角管理各景点的排队状况，及时甄别景点的拥挤程度，部署对策。迪士尼用于观察的平板电视上遍布绿色、黄色和红色轮廓的景点，其中不同颜色代表不同排队时间：绿色代表畅通，黄色代表轻微拥挤，红色代表严重拥挤。迪士尼根据景点颜色的变化，推测景点、餐厅排队情况的变化，采取不同措施。若加勒比海盗景点的颜色从绿色变成黄色，中心会及时采取措施，响应排队情况的变化，可以增加海盗船数量，提高景点的处理速度，减少排队，或者安排杰克船长和排队游客互动，以减缓游客的负面情绪。若幻想世界景点被游客淹没，而隔壁景点——明日世界仍有充足空间，迪士尼则会规划线路引导游客进入人少的明日世界游玩。

从前，在迪士尼提供的 40 多个景点中，游客平均在园时间仅够游览 9 个景点；而采用响应型供应链之后，这一平均值上升为 10 个。依靠响应型供应链，迪士尼将更多的娱乐设施更快地提供给游客，让游客玩得更尽兴。

为提升游客的游玩体验，迪士尼提供快速通行证服务。通行证上注明景点、游玩时间段，游客绑定门票与快速通行证，在通行证允许时间内，通过迪士尼快速通行证入口直接进入相应景点，无须排队。此外，游客还可在线创建游玩组，一次为同行所有成员领取同一时间、同一景点的快速通行证，节约同行亲友的时间。

迪士尼提供的服务流程可理解为一种运用科技手段实施的大规模定制。借助算法，迪士尼计算每个景点的快速通行证数量，将游客的不确定性排队时长转化为确定性的游玩时刻，减少迪士尼景点运营的不确定性，节约迪士尼在游客排队管理上花费的时间、人力、物力等成本，提高了顾客的满意度。

在实施快速通行证之前，游客需在排队中浪费大量时间和精力，迪士尼也要花费力气缓解游客排队中的焦虑、不满等负面情绪。拥有快速通行证之后，迪士尼乐园在减少游客排队上花费的成本降低，游客等待时间减少，可提前规划线路，游玩体验更佳。总而言之，迪士尼快速通行证的创新化管理，节约了游客时间，提升了游客的游玩体验，将更多景点服务提供给游客，减少排队和拥挤，提高服务效率和满意度。这背后的道理是，企业实施价格歧视，区别对待不同类型顾客的需求，提高社会总福利。这个道理与网约车服务商实施动态定价是一致的。

校读至此，梅的一位朋友想到访问上海世博会的经历，在试运行的第一天，他在预约系统的队列排队等待进入场馆，排队行进过半，预约机器坏了。在随后的世博会运行阶段，再也没有看到世博会的预约系统工作了。

博物馆借鉴迪士尼乐园的做法，利用大数据跟踪游客的轨迹，若某些展品面前的客流量低，需要及时地查明原因；若某些展品面前的客流量异常高,需要实时地采取一些导流措施,避免降低游客的观展体验。比如,在部分热门展厅,设置环形进出通道,让游客沿着规定线路参观,避免在某个展品面前过长时间停留,造成拥堵。例如,台北故宫博物院有以下明星藏品——"五花肉"、"翡翠白菜"、毛公鼎,其参观路线是一条单行道,游客从一处进入,随着人流,从另一处出去,这让博物馆保证所有游客都可一睹展品的真颜。

除此之外,博物馆还需要留足够多的座椅,让游客有机会歇脚,满足个性化需求。

兰:我曾经和朋友相约去北京的故宫博物院,到门口,排队候场约1个小时。跨入故宫博物院大门后,看着络绎不绝的游客,我们不知如何领略古老故宫的魅力,于是,朋友再排队预约人工导游,我就近寻得一处排椅坐等。环顾四周,我发现,故宫博物院的人性化体现在多个方面,比如,在空地上安装足够多椅子,供游客等待或休息之用,毕竟想深度体验百年故宫需足够时间和精力。等待导游之时,我突然发现擦肩而过的一位先生是故宫博物院院长,于是上前几步,简短交流。若没有无所事事地坐在一旁,静观故宫博物院的那一片刻,或许我就无暇顾及周围的人是谁。

梅:我想起参观台北故宫博物院的经历。台北故宫博物院每天在几个固定时段提供人工讲解,免去一位讲解员仅为几位游客提供讲解,浪费稀缺资源的情况,这种讲解模式具有批次生产的特性。采用批次生产的讲解模式,可以帮助台北故宫博物院协调散客,让游客有组织地前行,可维持参观秩序,较省地给游客提供好的游览体验。

兰:这次,我们俩到北京参加学术会议,因是趁会议间隙游览,自然希望能高效利用时间,深度了解博物馆的产品。咱们聘请一位导游,享受一个"好"的参观体验吧。

梅：游客去博物馆就是为了获取知识、增长见识。博物馆如何满足游客的需求呢？第一步，感知游客的需求：有些游客需要的是"多"——希望更多地了解藏品背后的故事，而有些游客希望的是"省"——走马观花、到此一游；第二步，响应游客的需求，无论是要深入地了解、学习，还是走马观花式的"到此一游"，博物馆都要提供相应的服务，满足不同类型游客的需求。

兰：不如我们坐在角落边的椅子上，一边说说博物馆参观流程的这些事，一边歇一歇脚力。

参观讲解

具有项目流程特性的私人导游满足游客"好"的需求。一眼千年，时空旋转，如何探寻自我？游客进入藏品丰富的博物馆后，因为缺乏相关背景知识，不知道如何在有限的游览时间里，正确地参观博物馆，会越逛越感到身心疲倦，同时觉得展品越来越无聊，以至于无法发现足够吸引眼球的展品，此时雇用私人讲解员是不错的选择。

具有工作间流程特性的自助讲解服务满足了游客对"省"的需求。游客除希望进入博物馆的门票省一点，还希望了解展品信息的流程能省点时间。如果游客时间紧张，只想有"到此一游"的经历，便可自由参观，虽然参观效果不如之前两种，却能获得"省"。参观者不用任何辅助工具，走马观花，迅速、粗浅地看一遍，这种方式最便宜，具有连续流程的特性。梅想起在历史博物馆的参观经历，因为对解说员挑选的展品不感兴趣，梅选择自行看文字解说。然而，大多数展品的文字解说过长，由于时间限制，梅感觉了解展品太慢。兰曾去南京博物院参观，展品文字解说精练，能令游客以最快速度抓住关键信息。若游客希望了解更多信息，可租用自助解说器，每个展品信息由核心到详细，分为几个层次，游客可根据需要选择。

如果游客对参观自由度和灵活度要求高，对展品深入了解需求不高，**可选择自助讲解器，模块化组合讲解需求，跟着语音，有选择地参观一些展品**。游客之所以能按图索骥访问博物馆中的展品，是因为博物馆将展品视为运营管理模块，采用表1-1所解释的不同生产流程所需要的资源类型的差异，投入固定资源，为每个展品设计讲解词，使博物馆展品外借或重新规划展厅时，讲解词仍能发挥作用。该设计既节约人力、物力，还为游客提供了更好的参观体验，何乐而不为？此外，讲解词也优化了游客的参观体验：可选择喜欢的展品，定制一场最适合自己偏好的展览，也可重复品鉴喜欢的展品。

在服务游客的流程中，博物馆用标准化和模块化获得柔性化，与企业运营管理中将产品的部件标准化和模块化一样。博物馆将不同展品视为组成博物馆的部件，模块化这些部件。一旦藏品发生变动，博物馆可快速地调整藏品布局。

参观流程中的游客有各种疑问，他们想知晓答案，却没有专业导游，这是自助讲解器服务模式的不足。

如果游客时间充裕，且对参观流程的自由度和灵活度的要求不高，选择博物馆提供的固定时段的讲解较为合适。当梅、兰讨论着参观服务模式时，走过来一群中学生。他们由一位导游带领着，顺着某条参观路线，一边参观一边听着讲解。**这种采用流水线流程提供的跟团讲解，活动自由度不高、不灵活，导游挑选几个主要展品，顺着固定路线讲解**。

这几种不同服务方式满足不同游客的需求，让游客在"好"与"省"的的权衡中有更多选择。为直观地理解几种参观方式的区别与联系，依从图1-4的精神，将其放入产品-流程矩阵中，得到表6-4。

流程类型	服务品类与需求量				
	单件 定制	多品类 低需求量	中品类 中需求量	少品类 高需求量	极少品类 超高需求量
项目流程	私人讲解				
工作间流程		博物馆公众号、 自助讲解器			
批次流程			固定时段 的讲解		
流水线流程				跟团讲解	
连续流程					自由行

表 6-4 参观讲解的矩阵

6.3.2 机场

梅、兰二人参观完博物馆，向出口处走去，准备打车离开博物馆，回到酒店取行李，再各自搭乘飞机、火车回家。

梅：我们一会儿要去的机场，其运营管理也具有特色。

兰：在机场的乘客可不是在享受登机流程，而是在完成过安检、登机、处理行李等任务，希望快速地通过，乘客可不愿意滞留在机场。但是，在处理这些事情的流程中，乘客常需要等待，这是没有办法的事儿。

梅：如果机场能够将乘客必做之事安排得井井有条，标准化服务流程，那么乘客就可以很快地处理完登机手续，就有时间做点别的事情：休息、逛书店、处理邮件等。与此同时，乘客也无须提前很久到达机场。

兰：若机场管理水平欠佳，乘客就需要早到机场、早安检。比如，一些机场将国内登机口关闭时间由起飞前15分钟提前至起飞前20分钟，目的是减少远机位保障路线长导致的航班晚关舱门情况，从而提升机场的运营效率和航班正点率。机场的这些做法虽然提高了运行效率，却是以乘客早到机场为代价的。

梅：机场需要借助技术手段，优化流程管理，减少排队时间，在不损害乘客服务体验的条件下，保持高运营效率。

兰：其中的运营管理与高铁站、地铁站、长途汽车站的运营管理是一样的：乘客到了一个室内设施中，希望很快地走完进站流程，因此，服务设施提供者需要满足乘客的这一需求。

值机

曾经，搭乘飞机的人们需要手持身份证在人工柜台办理登机手续。再往前回溯，在 20 世纪 90 年代的中国，搭乘飞机是一件既稀罕也奢侈的事情。为了搭乘飞机，乘客要先在工作单位开具介绍信，再去派出所开身份证明，随后到航空公司代售点购买机票，持着这些文件，方可到机场办理登机手续。

现在，**智能手机和互联网技术的发展，使航空公司、机场借助图 2-2 所示的流程"分"与"合"的理念，标准化、模块化一些值机流程，在线完成旅客确认信息流程**。比如，机场的值机流程应该尽量做到自动化，如果机场对固定资产的投资不到位，没有做到自动化，就无法提供大量的服务，满足不了大量旅客的需求，也就不能在市场中有立足之地。

需要托运行李的乘客，可以在航空公司官网在线办理值机，到了机场再通过人工值机柜台或自动托运行李柜台办理行李托运手续。对于不需要托运行李的旅客，除了传统柜台值机方式，机场还提供了网上值机、自助值机等服务。技术的发展，使一些企业看到了某种机会。比如，航旅纵横 App 为乘客提供便捷的机场通关服务。

自助值机是旅客通过身份证在机场的自助值机设备上选择座位、确认信息并打印登机牌的值机方式，整个流程完全由乘客自行操作。为了满足旅客自助值机的需求，机场需要将值机流程标准化，并根据不同顾客的需求，模块化组合值机流程，帮助旅客快速地完成值机任务。

网上值机是指旅客在电脑上自行通过互联网登录航空公司官方网站自助值机界面，完成身份证件验证，选择确定座位，生成一个二维码，乘客可以保存在手机中，或打印出来，用于登机。一般而言，在航班起飞前的 24 小时内，航空公司或机票销售商可向旅客发送一个网上值机的超级链接，并提醒旅客可以在线值机。并且，无论发生什么紧急情况，航空公司都可即时地给旅客发送短信提醒。

过安检

机场的安检口并不总是全部开放。比如，安检处有两个安检口，但机场仅开放一个，排队安检的队伍就会相应较长。假设只开放一个安检口，旅客要排 20 分钟才能安检完；若机场增开一个安检口，则每位旅客不到 5 分钟即可完成登机。为何不到 5 分钟即可完成？这是因为在多服务台模型中，等待时间与服务台数并非线性关系，增加一个服务台之后，乘客平均等待时间缩短不止一半。

安检口的服务强度越大，旅客等待时间越短；安检口的服务流程越标准，安检口服务速度的波动性越小，旅客的等待时间越短；旅客到达速度的波动性越小，旅客的等待时间越短。

这个道理也体现在航空公司安排旅客分组登机的情境中。随后，我们以美国联合航空公司的登机排队运营流程为例说明。

若机场能以较低成本增开安检口，比如增开自助通关通道，旅客的等待时间将会缩短。曾经，旅客过安检需要接受人工查验；现在，利用人脸识别系统，机场能迅速地完成对人脸面部特征的采集，从而完成识别身份的任务，具有较高的安全性和便利性。

登机

登机队列管理。航空公司的诞生已经有百年，但是，多数航空公司尚未掌握如何最有效地安排乘客登机。美国联合航空公司曾将登机乘客分为 5 组。作为第一组和第二组的贵宾旅客享受优先登机权，但叫号之前他们仍需保持就座。一旦贵宾旅客登机以后，美国联合航空公司将每次叫一组经济舱乘客登机，其他组的经济舱旅客则必须等待。

美国联合航空公司的登机策略看上去足够人性化，**通过将登机的旅客分为多个小组，采用批次流程减少旅客站着排队的平均时间**。但是，这种看上去很合理的登机策略可能造成另一种意料之外的结果——一些旅客通常在出发很早之前排队登机，造成登机口区域拥堵。当问起旅客为何这么早就去排队登机，很多人回答说因为看到别人也在排队。因为旅客对航空公司登机队列安排的理解有误，航空公司无法有效地实施分组登机管理，为此，美国联合航空公司将 5 组登机队列减少至 2 组，使旅客有充足时间前往附近的餐厅、商店等，享受登机前的时光。同时，美国联合航空公司 App 会在登机开始时推送提示信息，引导旅客有序地前往登机口。

究竟该将旅客分为几组，同时应该安排哪些座位上的旅客优先登机呢？有些航空公司让后排旅客先登机，有些航空公司让前排旅客先登机，还有些航空公司让坐靠窗座位的旅客先登机。根据实践中的观察，请坐靠窗座位的旅客先登机，能够让乘客快速地落座。

登机口布局。人们的体验深受服务流程最后阶段的影响，如果旅客在机场的最后几分钟感觉很糟，那么他们对机场的全部体验都将受到影响。一直以来，登机口都不像值机或安检那样受机场重视，也没有像零售区域因能赚钱而得到大量投资，好像机场的所有注意力到登机口就停止了。不过，这种情况正在发生改变。

机场越来越关注如何使旅客在整个旅程中都感到愉悦。新建设的机场，如北京大兴机场采用放射状五指廊构型，以主航站楼为中心向四周散射，这意味着不管飞机停在哪个位置，旅客最多需要走两个走廊的距离，不超过 1.2 公里，相比传统机场 T3 航站楼一字形的登机口布局，旅客的行走距离相对可控。

处于竞争中的航空公司想方设法让旅客成为回头客。在登机流程中，航空公司是否使用登机廊桥会产生重要影响，一些廉价航空公司的小型客机希望旅客搭摆渡车或直接走到停机坪登机，避免向机场支付登机廊桥使用费，这种做法违背了机场希望登机流程更宜人、更高效的意愿。

走楼梯

机场的楼层不高，人流量却大。根据不同旅客的需求，机场分别采用步梯、自动扶梯和直梯。**步梯能够满足不同类型旅客的需求，为工作间的生产流程**；特别是，有些乘客的行李少，也希望快一些，可以选择走步梯。**自动扶梯可以被用于应对大批同时到达的旅客，类似于流水线流程**，能够非常高效地将旅客疏散开。连接地铁站与机场入口处的自动扶梯，面临的多是下了地铁需要搭飞机的乘客的上下楼需求，这种需求具有大量、标准化的特性，因此，使用具有装配线流程特性的自动扶梯能够满足此类出行需求。**直梯的服务流程类型介于步梯与自动扶梯之间，从每一位搭乘者可以依据需求上下的角度来看，直梯提供的服务具有工作间流程特性，而从搭乘者需要等待直梯，从而协调和其他人的需求角度来看，直梯提供的服务又具有批次流程的特性。在本书中，我们将直梯的服务流程特征主要总结为工作间。**

除了步梯、直梯和自动扶梯，机场还为行动不便的特殊旅客提供轮椅服务。要获得此类服务，旅客需要提前预约，因此这属于项目流程。一些超大型机场还为一些时间紧张的旅客提供室内的电动车接驳服务，帮助旅客尽快地从安检口赶到某一个登机口，这属于批次流程。当然，在机场情境中，更多的旅客是借助一双脚，顺着各类走廊，从安检口走到登机口，再从登机口走进机舱，这属于连续流程。

将机场行走情境中不同服务流程的提供者，依从产品－流程矩阵的理念，汇总在表6-5中。

表 6-5　机场行走情境中的矩阵

流程类型	服务品类与需求				
	单件定制	多品类低需求量	中品类中需求量	少品类高需求量	极少品类超高需求量
项目流程	轮椅				
工作间流程		步梯 直梯			
批次流程			电动车		
流水线流程				自动扶梯	
连续流程					机场走廊

梅和一位同事曾带领60余位MBA学生去参观一家生产高压电传输设备的企业。依约，梅一行应在9：00到达企业7层，与企业管理层交流。但是，当天由于路上堵车，梅一行8：40到达企业，梅十分焦急，因恰逢上班高峰期，推测直梯拥挤，60余位学生无法如约在9：00顺利到达位于7层的会议厅。令梅欣喜的是，为保证按时将访客送到办公室，企业工作人员提前预约一台直梯，专门为他们一行提供服务。此举让梅一行在约定时间顺利地到达报告厅。虽然一行人数较多，但对直梯的需求单一，预约直梯不仅能直接地将访客送达指定楼层，还可消除一行人

等待直梯的时间不确定性，提高服务访客的水平，一举两得。背后的道理是，企业知道梅一行的时间安排和搭乘直梯的需求，也意识到梅所带领的 MBA 学生是企业的未来客户，因此提前预约直梯，以较好地满足访客需求。

取行李

等行李。在机场的旅客，等行李总是在所难免。机场想让旅客等待时间最短，缓解旅客的焦虑，可为旅客播放舒缓歌曲，让旅客将注意力从大长队转移到别处。此外，还可给焦虑旅客提供一些服务，舒缓其心情。也就是说，在无法直接改善服务绝对质量的情况下，机场借助人性化手段，基于旅客的心理，使旅客获得好的体验。

> 休斯敦机场曾让旅客下飞机走 1 分钟，在行李转盘等 7 分钟，并把行李搬运速度提升到极致，但旅客还不满意。随后，休斯敦机场修改了旅客的行走路线，让他们下飞机后走 6 分钟，然后在行李转盘处等 2 分钟。神奇的事情发生了：再无旅客抱怨（Larson，1987）。

一边是旅客在行李转盘处等待取行李，另一边是接机的亲友在外面焦虑地等待家人、朋友的归来。如何让接机亲友的等待体验更好呢？机场让接机的亲友看到取行李的进度条，可缓解他们的焦虑，给他们以掌控感。

> 台北机场在接机大厅设置舒适的座位和大屏幕，接机的亲友可坐下等待，也能看到行李实时动态，知道行李大致何时到，这样可以消解诸多等待焦虑。

在中转时，因机场处置行李不当，可能令旅客错失联程航班。

梅曾从上海浦东国际机场起飞，经纽约纽瓦克国际机场转机到一个小城市的机场，预留了 3 个小时转机时间。由于航班延误，待梅抵达纽约时，只剩 1 个小时转机时间，梅从安检口拿到托运行李，急匆匆地赶到转机口。转机口工作人员用手持设备再次扫描梅拟托运的行李时，不知何故系统提示异常，便示意梅到人工问询处查明原因。一头雾水的梅只得拖着大包小包在人工问询处长长的队伍后面等待，因为梅要转机飞往的城市较小，每日从纽约发出的航班也少，夜幕已降临，若错过这趟航班，就得等到第二天了。

拖着行李，焦虑的梅一边期盼排队队伍行进得快些，一边思考行李托运环节哪里出问题了：会不会是行李超重？不应该，因为上一个航班并未提示行李超重。预料之中，等梅走到人口咨询窗口时，她要搭乘的飞机早已起飞，梅向工作人员说明行李无法托运，工作人员经过一番沟通才弄明白，因为梅在托运行李时，所搭乘航班已经停止行李托运服务，故而系统提示异常。随后工作人员给梅改签了第二天的航班，并安排她住在机场附近的酒店。拿着改签单的梅想，如果系统可授权转机安检口的工作人员查询无法托运行李的原因，或许只需要把行李改签到第二天的航班，而她可以搭乘当日航班，不仅节省了她的时间，也节省了航空公司支付的酒店费用。此刻的梅只能拿着改签单，兀立在纽约 11 月的寒夜中，等着酒店巴士。

在实践中，纵然航空公司意识到上述做法增加了运营成本，也不得不这么做，因为为了安全起见，行李需跟着托运人走。

修订至此，梅的一个朋友补充道，他曾经由温哥华转机去西雅图开会，到了温哥华的机场，他顺利过境，并到了下一个航班的登机口，但是检票员不允许他登机，理由是他的行李还没有过海关、上飞机，他只能眼巴巴地看着自己要搭乘的航班飞走了！待协调好改签后，他再与航空公司确定自己的行李是否也上了改签后的航班，却被告知，行李早已随着他原计划的航班飞走了！

送行李上门。想起在机场取行李的往事，梅对出行携带行李的种种不便颇有体会。梅经常需出席一些比较重要的会议，一般会多带几套正装以备不时之需，再加上会议资料、笔记本之类的东西，提起来还是有几分重量的。

曾经，无论到什么地方出差，商人都要随身携带各种打印好的重要文件；之后，各种快递公司为出差的商人提供文件快递服务，商人再也无须担心丢了重要文件；再之后，有了数字化，出差的商人可以到了当地再打印。相对于穿衣、吃饭、出行情境中的流程，在快递行李情境中，人可以将行李留在某处，交给别人，完成行李的托运。据此，就给了一些企业以机会，帮助满足一些顾客在出行寄送行李方面对"多、快、好、省"的需求。

针对在旅行中不希望等行李的旅客，一些网站推出了行李运送 VIP 服务。比如 Maketraveleasier 网站[1]，采用项目流程，允许旅客提前在网站上输入航班信息和行李送达目的地，然后在出发机场托运行李，当旅客到达目的地后便可以跳过取行李这一等待流程，直接前往目的地，网站工作人员帮旅客取回行李并在 4 小时内送到目的地。行李运送 VIP 服务让高端商务出行人士的旅途变得轻松自如。

1　Maketraveleasier 网站的收费标准：40 英里内且只有 1~2 件行李，收费为 39.95 美元；多一件行李额外增加 10 美元，限制在 8 件行李以内；每增加 1 英里增加 1 美元，限制在 100 美元以内。

了解到旅客出门携带行李不便的苦衷，是否有企业能够帮助旅客解决难题呢？这让梅想起一本杂志里说过的关于西服的物流服务的构想：西服具有特定的运输要求，若是折叠在行李箱中，取出后还需找干洗店重新熨烫，对经常出差的人士而言，如此往复，并不是一个明智的选择。快递西服业务可实现特定服饰的特定运输要求。旅客在出行前将行程告诉公司，并将西服等需要快递的东西交给快递公司；快递公司在西服肩头、口袋、袖口采用特定工艺，提前按要求处理好西服，并按行程准时地将西服送至顾客所在的地点，保证西服到达目的地后平整完好，无须二次熨烫，减少旅客的出行压力。

与自己提着西服到处跑相比，快递西服确实使旅客轻松不少。当下有什么企业提供这类服务呢？DULF 为旅客提供高级旅行服务[1]，通过提供运输、清洁和存放服务，简化旅客的商务旅行流程。旅客将衣服寄存在 DULF 私人衣橱中，然后通过 App 选择旅行所需的衣服，并虚拟打包。行程安排好后，工作人员将干净整洁的衣服运送到旅客手中。当一次旅行结束后，工作人员前往酒店取衣服并进行清洁，之后将衣服放置于 DULF 的私人衣橱中，为旅客的下次旅行做好准备。

兰：无论是博物馆还是机场，都是一群人进入一个设施，希望获得一些服务。企业需要考虑如何设计运营服务流程，满足顾客的需求。

梅：核心是流程与需求的匹配，流程是用于服务需求的。这是个值得关注的问题。曾经我的一位朋友听闻我多年来还在研究运营管理，她

1　DULF 的定价：私人衣橱的价格为每月 9.95 美元，每次旅行的服务价格为每包行李 99 美元。

好奇我怎么还没有研究完呢。

兰：那是因为有那么多新的问题"排队"等着老师来探秘呢！

梅：我享受这个过程：根据现实中观察到的事物或出现的新情况，研究现象背后之真理，寻到解决问题之妙方。

6.4 小结

为以顾客能接受的价格提供骑行服务，企业利用平台技术，在陌生人之间实现共享单车；为满足顾客的个性化骑行需求，企业借助模块化思想，组织生产流程，较省地满足顾客的需求。为让多数人买得起汽车，企业模块化设计汽车零部件，采用多品种小批量生产模式，满足顾客的需求；为满足顾客的个性化需求，企业借助在线预订系统，并柔性化地组织生产系统，允许顾客在线定制汽车。

在室外行场景中，洞察到乘客节省交通成本的需求，企业提供公交、地铁服务，以批次生产模式运营，而乘客可以采用工作间模式使用这类服务；洞察到人们的个性化出行需求，企业提供租车、打车服务；借助智能手机、互联网技术的发展，企业为顾客提供网约车服务，以较低成本满足人们的个性化出行需求。

在室内走场景中，为了让人们在有限的时间内看尽可能多的藏品，博物馆优化门票购买、设施管理流程，引导人群合理布局；为满足游客深度参观的需求，博物馆提供从私人讲解、团队讲解到自助讲解的服务模式，甚至一些游客可以不借助任何设备与人力，而只是自由行。洞察到乘客希望快速在机场通行的需求，借助在线技术，机场将值机、安检等乘客必经环节标准化、数字化，为了让乘客快速地行走，机场提供直梯、自动扶梯与步梯，按需匹配顾客的各类需求；洞察到顾客等行李、提取行李的辛苦，机场采用技术化手段，将行李提取流程透明化，企业标准化、模块化行李提取的流程，令乘客放心地将行李提取这一任务外包给企业。

尾语：好钢用在刀刃上

梅、兰二人即将结束当日的旅行，梅张开双臂与兰拥抱告别。

兰：这些天和老师一起探讨生活中的运营管理知识实在有趣，老师在运营管理中大道至简的理念启发我开拓学术研究新思路。与老师的讨论拓展了我的学术边界，触达生活的细枝末节，也找到更多运营管理问题和更多生活乐趣。

梅：特别是丰富多变的模式让我们有机会对生活进行细致观察，发现生活中运营管理的乐趣。

兰：学者在实际生活、工作中遇到了难题需要解决，因此确定选题，开展研究。

梅：也有可能是公司遇到问题需要解决。企业遇到的瓶颈，我们能有机会去解决，本身也是乐趣；让别人享受到优化管理后的成果，也是一种乐趣。

兰：老师总能实时地觉察到层出不穷的新问题，研究做得那么有乐趣。这种精神无时无刻不感染着我。

梅：我们做研究，与企业的初心是一样的：为人民服务。

人之初，性本善。企业的初心是为人民服务。不同类型企业面临不同类型顾客的需求，企业满足这些林林总总需求的流程，可被归结为企业如何更好地为顾客提供产品，并赚取利润。

感知顾客对"多、快、好、省"的需求

本书的中心思想是：企业存在的本质是为满足顾客对"多、快、好、省"的愿望创造出有价值的产品（包括服务），而要实现这个目的，产品与生产流程（包括供应链）的设计必须匹配。否则，企业要么无力满足市场的需求，要么会由于设备和产能的过剩而造成浪费。

本书通过生活中的所见所闻，从运营管理角度，解读为何一些企业生生不息，而另一些企业正在消亡。第 1 章和第 2 章阐述了企业为满足不同顾客的需求，而要使流程与产品匹配的道理与手段的理论框架。第 3 章至第 6 章通过衣、食、住、行中商业模式的演化与创新，更细致地揭示企业如何利用技术，巧妙地创造新的生产流程，制定运营策略。本书从运营管理角度，将顾客需求概括为："多"——产品品类多；"快"——快速获取产品或服务；"好"——产品或服务质量可靠、形式便利，且具有环保或可持续发展属性；"省"——性价比高。将企业的运营管理精神归结为产品与生产流程的匹配，即为满足顾客需求的某几个特征，需要找准在产品与流程矩阵上的一个定位，充分利用资源，将好钢用到刀刃上，精准匹配企业资源与顾客需求，达到"多、快、好、省"中的某几项。若好钢没有用到刀刃上，就是浪费。只有处在产品－流程矩阵对角线上的企业，方能获得持久生命力，持续下去。

企业怎么才能在产品－流程矩阵上定位呢？需要借助"五个化"——标准化、模块化、柔性化、数智化与个性化，打造科技与创新的精神，提升企业感知与响应顾客需求的能力，实现运营管理绩效螺旋式上升。

流程：从"马力"到"算力"的螺旋式上升

为清晰地呈现本书拟表达的企业感知与响应能力的增长，我们按照时间序列，描述企业采用技术化手段实现匹配的路径。

工业革命之前，企业的生产能力有限，只能提供种类少、产量低的产品与服务。由于企业的运营成本较高，自然地，只有少数顾客支付得起。这看起来是企业为少数顾客提供了个性化的产品或服务，其实是被动的，因为企业没有太多能力感知顾客多变的需求，并对此做出及时的响应。

工业革命之后，借助机器设备，企业能够实现大规模生产，具备了为更多顾客提供产品与服务的能力。以蒸汽机为代表的工业设备是四肢发达但脑力为零的"大力士"，它能够高效地"外包"人类体力，但是，所提供的产品或服务千篇一律，不能个性化地满足不同类型的顾客需求。

进入互联网的最初阶段，计算机逐渐普及，世界之间的联系越来越紧密，机器人、超级计算机等使企业有了提供更个性化产品的能力，即企业可以做到灵活地生产，东西就多起来了，且成本也不高。但是，在互联网刚出现的年代，人们需要坐在电脑前查询信息，并且只有受过教育的人，才有更多机会使用电脑，那时的人们可能想都不敢想，将来还能移动办公。

随着互联网技术的不断成熟，顾客可以在网上购买商品，和很多品牌链接在一起了。先是在顾客端，有更多选择，从大品牌，逐渐到小品牌。再后来，人与人可以互相交换了，不仅可以交换新东西，还可以交换旧东西。所以，匹配的机会就更多了。但是，即使能够做到个人对个人的匹配，这个阶段也不是大众的，因为人们需要借助电脑，并不是很多人都有机会受到良好教育，可以或能够频繁地使用计算机，也并不是很多人的工作都需要坐下来，在电脑前完成。况且，人们还要出门吃个饭、上下班，在移动状态中，不方便随身携带电脑。

一些企业洞察到了顾客在消费流程中的种种不便，于是想尽办法，将需要在计算机上完成的业务移植到手机上。智能手机、人工智能算法、各类App，使个人对个人的匹配更普遍地发生了。特别是，中国拥有14亿人口，智能手机渗透率高，且科技创业的势头强劲，人们能通过无线网络，随时沟通、下订单，使企业获得了更多关于顾客信息的数据。与此同时，各类 App 如雨后春笋争相涌现，极大地便利了人们随时随地查询、预订的行为。这种"灵长类机器"的真正魅力不仅在于其具有"脑力"，更在于它们能够持续地演化，且呈指数级增长。

没有智能手机，人们哪能一边逛服装店，一边线上查询，线上下单线下取货，或者没有买到合适的成衣，立刻在线定制一款适合自己需求的服装。在逛街的同时，在线搜寻附近的餐厅，在线预订和排号，掐着点去吃饭。没有智能手机，人们哪能逛街逛累了，想立刻回家，就能随即预订一辆网约车，让其到指定地点接上他。没有智能手机，人们哪能拿起手机和身份证，甚至钱包都无须带着，说走就走，想停下来时，就及时在线预订一间民宿。在田间地头的农民都可以借助智能手机，将新鲜瓜果蔬菜即时地从田间地头运输到餐桌。如果在乡村的农户没有财力使用智能手机，也会有以阿里巴巴为代表的企业帮助农户实现数智化，企业之所以这么做，不仅是基于社会责任，从经济角度来看，也是因为有利可图。

当下，人工智能和大数据等相关技术迅猛发展，企业能够主动地、迅速地学习顾客的消费行为，猜顾客喜欢，让顾客行事越发便利。

回溯上述例子，我们可以发现，人们享受到的种种便利，都要归功于数字化和智能化技术的发展，从帮助人们增加"体力"与"马力"，到现在帮助人们增加"脑力"与"算力"（安德鲁·麦卡菲、埃里克·布莱恩约弗森，2018）。企业家们绞尽脑汁，利用技术，创新产品与流程，使感知与响应水平达到新高度，更好地做到为人民服务。也就是说，包括各项新基建技术在内的数字化令企业如虎添翼，使企业越来越机智。我们借助本书，把其中的指导性道理总结出来，期望启发他人思考，也向那些奋战在一线的企业家表达感激之情！

词云图

"好钢用在刀刃上"的精神无处不在

本书的讨论虽然仅涉及衣、食、住、行4个方面的话题，但是其他方面的议题也是同理。比如，我们没有过多讨论企业社会责任、环境可持续性发展、环保等议题，但是我们讨论的内容可以帮助企业提升社会责任，比如，利用自动化设备，降低工人的劳动强度，善待员工。我们没有讨论食材源头精准农业的运营管理问题，比如农民利用精准的灌溉技术，降低种植成本，并提高产量。我们也没有过多讨论区块链、"一带一路"、新冠肺炎疫情如何影响企业调整其产品与流程匹配的策略。但是，我们所要表达的核心思想——"好钢用在刀刃上"，同样适用于上述话题。

越来越多的技术手段助力企业标准化运作流程，将人从重复性的工作中解放出来，获得更多自由，从而有机会做更多创新，使生活更加丰富。人的日常生活、企业的运营组织形态在变，但是"好钢用在刀刃上"的思想不变，只是日新月异的信息和通信技术令企业更容易感知顾客的需求，创新性的运营管理理念令企业更精准地响应顾客的需求。

如果读者坚持读完了本书，了解到自己衣、食、住、行中享受到的各种产品和服务的背后，企业如何发挥聪明才智满足顾客在"多、快、好、省"上的不同侧重和需求，对生活更加感恩，那就不枉两位作者费了这么大劲，以你来我往的辨析方式，揭示产品与流程匹配的"奥秘"，也希望此书能激发普通读者的创新想法，帮助读者形成一套思考方法、价值体系，对今后的创业、学习有一定的帮助，使我们的世界越来越美好！

梅：铁打的产品－流程矩阵理论，流水的生活。

兰：生活乐趣背后有这么多产品－流程矩阵的道理！

梅：生活乐趣与运营管理的关系类似于木偶戏中木偶与他们的操纵者之间的关系。被装扮一番的木偶在台上说唱、跳舞，给观众带来了愉悦，而这种乐趣要归功于操纵者在幕后的巧妙安排、娴熟编排等。

兰：木偶戏中操纵者做的事情就类似于企业的运营管理啊！

梅：没错！我有很多生活乐趣背后的运营管理的感悟，多次想动笔写下来，都因为各种事情耽误了。不如我们合著一本，将生活中产品与流程矩阵中的匹配之美表达出来？

兰：倍感荣幸！天地有大美而不言！让我们借助一本书，将所体会到的生活乐趣里的运营管理匹配之美写下来，把这种思想传播给更多人。

梅：唯愿此心能医，后世不必长息。

兰：山水一程，终有一别。

梅：一期一会，世当珍惜。

两人回到酒店，拿到寄存的行李，告别后，梅去机场，搭乘飞机回美国，兰去高铁站，搭乘火车回南京。

暂　别

寻常中的朴素智慧

寻常生活蕴含着大学问！

梅与兰一边感叹着衣、食、住、行中的种种方便为她们增添了一种生活乐趣，一边怀抱着对世界的感激之心将所思所想撰写成书。在撰写过程中，梅和兰交流了很多生活中的感悟，也从周围朋友身上观察到了很多生活中运营管理实践的例子，感受到了技术进步引发的企业生产流程的变革。这种变革的趋势不会停留在梅与兰当下的讨论状态，比如，梅与兰在 2007 年初次见面时，还没有网红在线直播售衣、盒马鲜生、智能手机、网约车、爱彼迎等。到了 2018 年，不断发展、变化的技术极大地便利了人们的日常生活。当下，置身于 2020 年，梅与兰所处的生活场景又和 2018 年大不相同。

世界的变化在加速，是因为有了技术的"加持"，企业有动力想方设法地满足顾客各类潜在的需求，将流程管理做得越来越精细。

你从琳琅满目的货架上挑选出一条设计感十足、融合当季潮流元素且面料上乘的连衣裙，穿上它，接受同事的赞赏之时，你不仅将衣服穿在了身上，也穿进了心里——衣服背后的棉花供应链是什么，什么样的商家在售卖这款衣服。

动动手指，举办派对的食材一个小时内即可送到你的手中，你拿着手中的食材，会心一笑，不仅食在嘴上，还能往后"倒带"——汉堡的生产流程是什么，背后采用了什么类型的流程，有什么类型的供应链在支撑。

出门旅行，为找不到个性化酒店服务而苦恼时，民宿为你提供个性化的房间，解燃眉之急，进入风格迥异的客房后，你感叹民宿平台为精准匹配房主与房客而采取的项目式的服务理念。

室外倾盆大雨，会议还有半小时就要召开，你打开手机成功预约到一辆网约车，网约车司机发来消息告诉你不必着急 5 分钟后便可驶来。当你坐进汽车看着被车窗隔绝在外的雨水，你知悉为何如今的交通工具能够如此贴心，帮助乘客舒心地抵达目的地。

通过撰写本书，梅与兰的思考体系更加系统，也能为他人带去一些想法，帮助他们深刻地理解五彩缤纷的生活。这些智慧不仅可指导人们更有效地管理自己的生活与工作，也帮助人们利用知识、创造价值，理解并享受着企业聪明地利用运营管理知识创造的价值，岂不乐哉！

即将收笔，梅、兰二人对此书依依不舍。梅说，她母亲的名字里有个"兰"字，这令她看到所有和兰有关的事物，都会展开丰富联想。听到梅的这番言论，兰笑言，无巧不成书，她母亲的名字里有个"竹"字。这令她俩对花中四君子更感亲切，她们希望借助此书，表达出"菊"的意味——盛开于秋天的菊花寓意着收获与长久，据此纪念她们平凡而伟大的母亲们。

未来，当梅、兰二人再相见时，不知道又会出现什么新技术、新商业实践，影响她们的生活，或许还会激发她们围绕产品－流程矩阵再讨论一些关于运营管理与生活乐趣的话题。

参考文献

陈宏、童春阳、白立新:《联想双模式之道》,《哈佛商业评论》(中文版) 2009 年第 1 期。

陈宏、庄伟芬:《智慧健康:厦门互联网＋医疗健康》,上海高级金融学院案例库,2020。

陈宏、戴悦、顾雪芸:《孩子王的母婴"新零售"》,复旦大学管理学院案例,编号:FDC-18009-1X-P-C。

陈宏、陈俊坪:《衣得体》,上海高级金融学院案例,2018。

安德鲁·麦卡菲、埃里克·布莱恩约弗森:《人机平台:商业未来行动路线图》,林丹明、徐宗玲译,中信出版社,2018。

布拉德·斯通:《一网打尽:贝佐斯与亚马逊时代》,李晶、李静译,中信出版社,2014。

托马斯·弗里德曼:《世界是平的》,何帆、肖莹莹、郝正非译,湖南科技出版社,2008。

Allon, G., Mieghem, J.A.V., "Global Dual Sourcing: Tailored Base-Surge Allocation to Near-and-Offshore Production", *Management Science* 56 (1), 2010, pp.110-124.

Bartholdi, J.J., Eisenstein, D.D., "A Production Line That Balances Itself", *Operations Research* 44 (1), 1996, pp.21-34.

Barnes, B., "Disney Tackles Major Theme Park Problem: Lines", *The New*

York Times, Dec.27, 2010.

Bloom, N., Liang, J., Roberts, J., Ying, Z.C., "Does Working from Home Work? Evidence from a Chinese Experiment", *The Quarterly Journal of Economics* 130（1）, 2015, pp.165-218.

Chen, F., "2003.Information Sharing and Supply Chain Coordination", In *The Handbooks in Operations Research and Management Science*, Vol.11, *Supply Chain Management: Design, Coordination, and Operation*, edited by de Kok, A.G. and Graves, S.C., Elsevier, Amsterdam.

Easton, G., "Hitting the Target: Process Control, Experimentation, and Improvement in Catapult Cmpetition", Chapter 6 in *The Handbook of Behavioral Operations Management*, edited by Bendoly, E., Van Wezel, W., Bacharc, D.G., Oxford University Press, 2015.

Fisher, M.L., "What Is the Right Supply Chain for Your Product", *Harvard Business Review*, 1997, pp.105-116.

Garvin, D., "Types of Processess", Harvard Business School, No.9-682-008, 1981.

Hayes, R., Wheelwright, S., "Link Manufacturing Process and Product Life Cycles", *Harvard Business Review*, 1979, pp.133-140.

Fisher, M.L., "National Bicycle Industrial Co.", The Whartoon U.S.–Japan Management Studies Center, 1995.

Ferdows, K., Lewis, M.A., Machuca, J.A.D., "Rapid-fire Fulfillment", *Harvard business Review*, 2004, pp.104-110.

Feitzinger, E., Lee, H.L., "*Mass Customization at Hewlett-Packard: The Power of Postponement*", *Harvard Business Review*, 1997, pp.116-121.

Frei, F.X., "Breaking the Trade-off Between Efficiency and Service", *Harvard*

Business Review, 2006, 84（11）, pp.92-103.

Hopp, W.J., *Supply Chain Science*, McGraw-Hill Higher Education, 2008, pp.1-4.

Klug, J., Sasser, E. "Benihana of Tokyo", No.9-673-057, Harvard Business Case.1972.

Larson, R., "OR Forum—Perspectives on Queues: Social Justice and the Psychology of Queueing", *Operations Research* 35（6）, 1987, pp.895-905.

Lee, H.L., So, R., Tang, C.S., "Value of Information Sharing in a Two-Level Supply Chain", *Management Science* 46（5）, 2000, pp.626-643.

Lee, H.L., "Postponement for Mass Customization: Satisfying Customer Demands for Tailor-made Products", in *Strategic Supply Chain Alignment*, edited by Gattorna, J., Gower Publishing Ltd., England, 1988, pp.77-91.

Lovelock, C.H., Yip, G.S., "Developing Global Strategres for Service Business", *California Management Review* 38（2）, 1986.

Safizadeh, M.H., Ritzman, L.P., Sharma, D., Wood, C., "An Empirical Analysis of the Product-Process Matrix", *Management Science* 42（11）, 1996, pp.1576-1591.

Schmenner, R.W., "How Can Service Business Survive and Prosper", *Sloan Management Review* 27（3）, 1986, pp.21-32.

Shih, W., Toffel, M.W., "Production Processes", Harvard Business School, 2017, Case no.9-618-023.

Song, J.S., van Houtum, G.J., van Mieghem, J., "Capacity and Inventory Management: Review, Trends, and Projections", *Manufacturing &*

Service Operations Management 22（1），2020，pp.36-46.

Unglesbee，B.，Salpini，C.，"5 Retailers Making Moves in Subscription Services in 2018"，https://www.retaildive.com/news/5-retailers-making-moves-in-subscription-services-in-2018/532784/.

致　谢

感谢上海交通大学陈方若教授与中国科学院李纾教授作序。

陈方若教授是运营管理领域的学术大家，他在任美国哥伦比亚大学终身讲席教授（MUTB Professor of International Business）时，曾兼任上海交通大学安泰经济管理学院的海外院长，在此期间促成了本书中两个角色——梅与兰的相识与相知。十二载光阴过后，能有机会邀请到现任上海交通大学安泰经济管理学院院长的陈教授作序，令我们感受到缘分的神奇！

李纾教授是决策心理与决策行为研究大家，不仅写得一手好学术文章、带出一茬茬优秀学生，还写得一手真性情、小清新的学术散文，令人钦佩，是作者学术生涯的楷模。能有机会邀请到李教授点评、作序，是本书的福分。

美国特拉华大学陈滨桐教授，上海高级金融学院陈宏教授，南京大学工程管理学院陈伟书记，圣路易斯华盛顿大学董灵秀教授，厦门大学陈继光副教授、张存禄和庄伟芬教授，加州大学戴维斯分校陈蓉教授，复旦大学胡奇英教授，中国科学技术大学苟清龙教授，华中科技大学李建斌教授，同济大学梁哲教授，南京农业大学江亿平副教授，阿里巴巴集团马光锐博士，华南理工大学牛保庄教授，澳门大学练肇通教授，上海交通大学安泰经济管理学院刘少轩教授，南京市卫生健康委员会彭宇竹副主任，京东集团宋高歌博士，滴滴出行沈诗语博士，虎童基金王震国博士，申请方创始人王刚博士与美国宾夕法尼亚州立大学张越助理教授伉俪，暨南大学魏莹教授，南京理工大学杨慧副教授，上海财经大学谢磊副教授，加拿大劳瑞尔大学赵萱教授，香港中文大学（深圳）张强助理教授，西安交通大学张盛浩副教授，陕西哈贝卡汽车服务有限公司张亚峰先生和郭燕女士，上海纽约大学张任宇助理教授，北京大学郑晓娜副教授，IESE 商学院朱未名教授，上海交通大学庄晖博士分享生活、商业实践、工作经验与研究心得于我们。

本书中的图片，钢笔画来自南京大学朱亚文教授的创作，照片来自两位作者及朋友的摄影。特别感谢出镜的小朋友——雪宝、南希（Nancy）、知闲和桃桃，你们的"代言费"——北京老冰棒、旋转木马与玩一会儿乐高，那么简单又那么容易给你们带来快乐，祝愿你们健康成长！

社会科学文献出版社经管分社高雁副社长，建议加入本书两位作者的女性视角，在学术范畴上别开生面，也令行文生动有趣。本书责任编辑颜林柯老师在临交稿阶段给予了关于篇章框架布局方面的建议，并在后续文字审读环节给予了非常多有价值的建议。我们对此非常感激。

南京大学的沈厚才教授，刘烨、徐红利、杨柳副教授，赵雪舟助理教授和游天蔚老师给予贴心与温柔的支持。感谢科学出版社朱丽娜老师，她一如既往、适时地给予专业的书稿修订建议。

南京大学的学生们——陈海林、陈旦芝、何伟民、华宇、江成涛、姜修齐、陆峰、陆玮洁、吕新一、麻惠敏、倪明明、唐欣雨、孙柳、孙瑜、王乃兵、王丹、赵晓、张庆、殷祎、郑旖旎和周芳，以及中国科学技术大学笪郁文和陶智颖，上海大学唐婷婷，暨南大学的胡晓芳与刘威，西安交通大学丰豪放，在书稿早期阶段给予阅读反馈。麻惠敏、倪明明和周芳协助修订文中的图表，董姝君与翟玉佳协助编辑梅与兰的生活场景故事，陈海林、麻惠敏、倪明明和周芳反复校读书稿，提供了非常多的宝贵建议。

在临近交稿阶段，我们的同行与学生们给予了无条件的支持，快速地反馈了建议。其中有南京财经大学柴彩春博士、重庆理工大学李海燕副教授、南京理工大学杨慧副教授、中国科学技术大学杨晓林博士、暨南大学熊思佳博士、常州大学余云龙博士、任职于浙江大学的张韵茹、南京大学冯章伟和张庆、杜克大学陈舒予和李跃星博士、清华大学闵旭博士。

特别感谢上海高级金融学院陈宏教授提供诸多案例与生活经验，复旦大学胡奇英教授提供书稿框架性建议及一些关键术语表述准确性建议。

我们的家人时刻地给予全情支持，让我们心无旁骛地在业余时间做"斜杠青年"，静心地完成本书的撰写。我们的家人也从普通读者视角，帮忙校读了大部分章节。感谢他们的默默支持！

从开始思考到写作收笔的近三年时光里，我们分别身处美国与中国，偶尔在出差、开会的地方相遇，平日多是用微信、Zoom、电子邮件等沟通进展，单是在微信中的可记录通信时间就合计上万分钟。感谢发展迅猛的移动通信技术，让隔着太平洋的我们能够紧密地合作，也能够合作得更多。

宋京生感谢复旦大学科研基金与上海高级金融学院科研基金经费的支持，李娟感谢国家自然科学基金面上项目（编号：71471086）的经费支持。

我们从家人、导师、朋友与学生身上收获的，比我们能给予他们的要多得多，我们也意识到学会做人与生活远比完成一本书的撰写、一篇论文的投稿与修改的收获要多。

宋京生、李娟

2020 年 7 月 9 日

图书在版编目（CIP）数据

匹配的艺术：生活乐趣背后的运营创新／宋京生，
李娟著. -- 北京：社会科学文献出版社，2021.5（2024.12 重印）
ISBN 978 - 7 - 5201 - 8290 - 4

Ⅰ.①匹… Ⅱ.①宋… ②李… Ⅲ.①企业管理
Ⅳ.①F272

中国版本图书馆 CIP 数据核字（2021）第 076243 号

匹配的艺术
—— 生活乐趣背后的运营创新

著　　者／宋京生　李　娟

出 版 人／冀祥德
组稿编辑／高　雁
责任编辑／颜林柯
责任印制／王京美

出　　版／社会科学文献出版社·经济与管理分社（010）59367226
　　　　　地址：北京市北三环中路甲29号院华龙大厦　邮编：100029
　　　　　网址：www.ssap.com.cn
发　　行／社会科学文献出版社（010）59367028
印　　装／河北虎彩印刷有限公司

规　　格／开　本：787mm×1092mm　1/16
　　　　　印　张：19.5　字　数：259千字
版　　次／2021年5月第1版　2024年12月第3次印刷
书　　号／ISBN 978 - 7 - 5201 - 8290 - 4
定　　价／89.00元

读者服务电话：4008918866